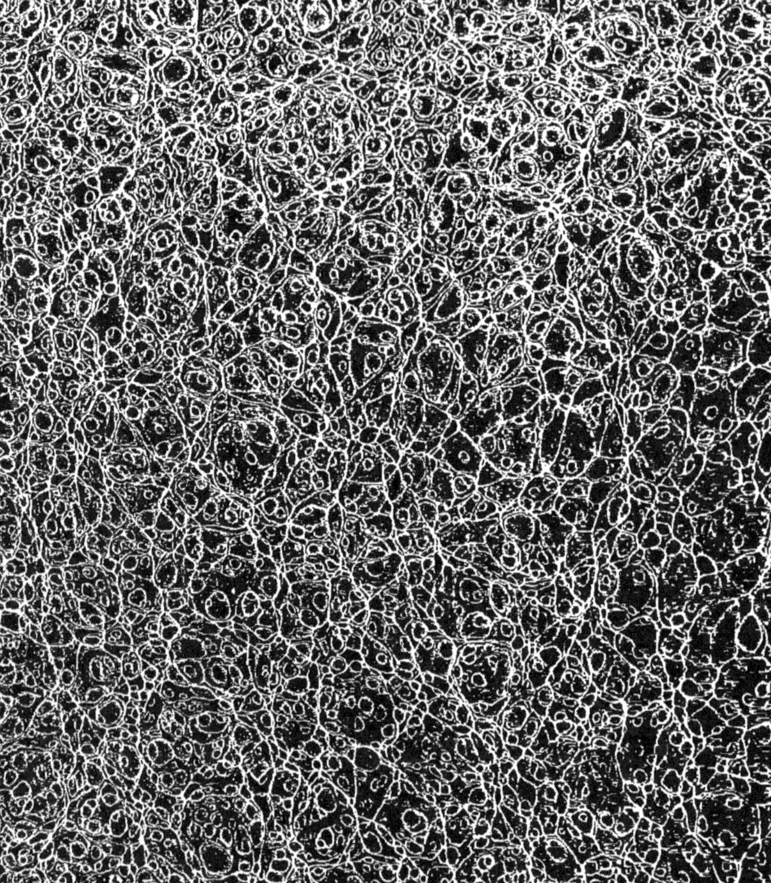

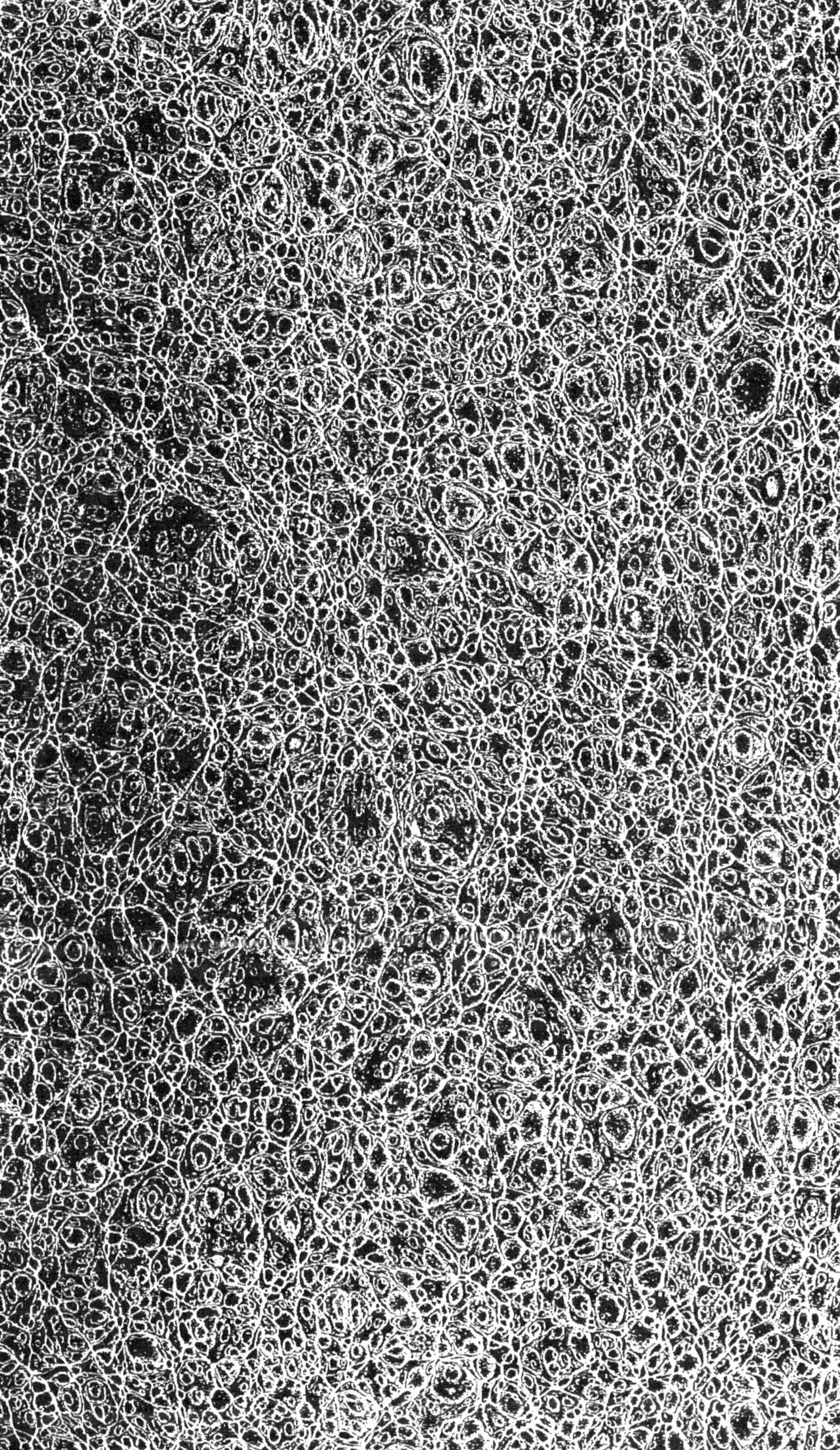

PARIS. — TYPOGRAPHIE MORRIS ET COMPAGNIE

64, rue Amelot

BIBLIOTHÈQUE MUNICIPALE

PUBLICATIONS

ADMINISTRATIVES

PAR

LOUIS LAZARE

HUGUES LE COCQ

Prévôt des Marchands, 1345

TOME NEUVIÈME

PARIS

BUREAUX

10, BOULEVARD DU TEMPLE

1867

PUBLICATIONS ADMINISTRATIVES

GRANDS TRAVAUX D'UTILITÉ PUBLIQUE

Continuation du boulevard Saint-Germain, à l'est de Paris ; pétition adressée à M. le Préfet de la Seine au sujet du prolongement de ce boulevard. — Projet de création de deux ponts.—L'ancienne île Louviers; le quartier de l'Arsenal. — En coupant en diagonale ce quartier, le boulevard Saint-Germain vient se souder au boulevard de Beaumarchais par la place de la Bastille, et le rayonnement se complète. — Origine des boulevards remplaçant les anciens remparts. — Projet de rectification de la place de la Bastille et de ses abords — l'île Saint-Louis ; l'entrepreneur Christophe Marie. — Les hôtels de Bretonvilliers et Lambert de Thorigny; la quille de maisons à la pointe occidentale de l'île Saint-Louis; demande de création d'un petit jardin décoré de la statue de saint Louis. — L'estacade de l'île Louviers. — Le quai des Célestins ; le palais de Charles V. Les fouilles des Célestins; le tombeau de la duchesse de Bedfort. Les rues de Sully et du Petit-Musc. L'hôtel de Lesdiguières dans la rue de la Cerisaie; une lettre du roi Henri IV à la marquise de Verneuil. — Le tombeau d'une chatte. Les rues Castex, de Lesdiguières et de l'Orme. — Conclusion.

Paris, le 30 mai 1867.

A MONSIEUR LE SÉNATEUR, PRÉFET DE LA SEINE

«Monsieur le Préfet,

» Les soussignés ont l'honneur de soumettre à votre appréciation éclairée la réclamation suivante :

» Un décret impérial, en date du 11 août 1855, a

sanctionné l'ouverture du *boulevard Saint-Germain* entre le quai Saint-Bernard et le boulevard Saint-Michel.

» Ce décret est la consécration d'un projet empreint d'un véritable caractère d'utilité publique. Il consiste à créer, au profit de la rive gauche, un boulevard circulaire continuant la ligne des remparts que le génie de Louis XIV avait transformés, au profit de la rive droite de la Seine, en boulevards, qui sont devenus la promenade la plus variée, la plus agréable et la plus splendide de l'Europe.

» Dans votre pensée, monsieur le Préfet, le boulevard circulaire de la rive gauche devait se *souder* à ceux de la rive droite pour former un rayonnement complet.

» Grâce aux habiles dispositions du tracé, la soudure à l'ouest de Paris est heureusement faite avec le boulevard de la Madeleine, par le pont de la Concorde et la rue Royale.

» Il n'en pouvait être ainsi à l'est de la Ville. Il fallait, pour que le boulevard Saint-Germain se rattachât au boulevard Beaumarchais, jeter deux ponts sur les deux bras du fleuve, couper en diagonale l'ancien quartier de l'Arsenal, à l'effet d'atteindre la place de la Bastille, où la fusion des deux voies doit s'opérer.

» Telle est la pensée qui a dû inspirer le décret de 1859, concernant les deux ponts à établir.

» Monsieur le Préfet, c'est précisément l'exécution de ces deux décrets que les soussignés réclament de votre bienveillance paternelle, en faisant valoir les considérations suivantes :

» S'arrêtant au quai Saint-Bernard, le boulevard Saint-Germain est sans aucun accès direct pour les quartiers de la rive droite condamnés à un long détour.

» En effet, pour atteindre cette voie publique à sa naissance, les quartiers voisins de l'Hôtel de Ville ont le pont Louis-Philippe et le quai de la Tournelle à traverser. Quant à la circulation provenant du quartier de l'Arsenal, il faut que piétons et voitures aillent chercher le pont Marie, et suivent ensuite la rue Saint-Louis, trop étroite et toujours encombrée.

» Ce manque de communication directe explique les lenteurs que les propriétaires ont apportées à la construction des terrains riverains du boulevard Saint-Germain, surtout du côté du quai Saint-Bernard.

» Les terrains de l'île Louviers restent improductifs, et le quartier de l'Arsenal est inanimé, mort.

» Les ponts construits, la trouée faite, c'est le mouvement, c'est la vie qui pénètrent dans le boulevard Saint-Germain.

» Le faubourg Saint-Antoine, tout Bercy, la ligne des boulevards de la rive droite, les communes de l'est, viennent lui déverser une circulation qui le transforme.

» Les terrains de l'île Louviers prennent de la valeur, et le prix que la Ville en reçoit diminue d'autant la dépense.

» Le quartier de l'Arsenal enfin devient l'heureux trait d'union entre la nouvelle voie et les anciens boulevards.

» Ces considérations que nous venons de faire valoir, votre haute intelligence, monsieur le Préfet, les grandira et, nous sommes assurés que vous ferez droit à une réclamation dictée dans l'intérêt des quartiers de l'est de Paris.

» Veuillez agréer, monsieur le Préfet, l'expression de notre respect. »

(Suivent les signatures.)

Cette pétition convenable dans la forme est juste au fond. C'est une excellente idée de continuer, au profit de la rive gauche, cette ligne de boulevards exécutés sur la rive droite, conformément à l'arrêt du Conseil, en date du 7 juin 1670.

Entrons en cette circonstance dans certains détails historiques très-utiles à consigner dans notre Collection municipale.

Vers le milieu du dix-septième siècle, la population parisienne, comme le flot qui déborde, brisait la digue que lui opposait le rempart. Le flot de cette marée montante poussait en avant, surtout au nord de la ville, les palais, les maisons, les rues. Les fortifications qui protégeaient Paris anciennement n'étaient que des amas de terre revêtus de murs à l'extérieur. A la porte Saint-Antoine, on voyait plusieurs bastions s'avançant vers le faubourg, et, du côté de la ville, ces remparts formaient des places vagues, le plus souvent couvertes d'immondices.

Un jour Louis XIV, revenant de Vincennes, suivait dans sa voiture la ligne que décrivait le rempart, et rentrait à son palais par la Porte-de-Richelieu. Sa Majesté fut frappée de l'état déplorable dans lequel se trouvaient ces anciennes fortifications, et des graves inconvénients que ces voiries établies çà et là autour de Paris pouvaient entraîner, sous le rapport de la salubrité de cette ville. Le Roi résolut à l'instant de remédier à un pareil état de choses.

Un premier arrêt du Conseil d'État du Roi, à la date du 7 juin 1670, ordonna de faire travailler à la construction des remparts, depuis la porte Saint-Antoine jusqu'à celle Saint-Martin. Ce travail n'allant pas au gré de l'impatience de Sa Majesté, un second arrêt du Conseil d'État du Roi, du 17 mars 1671, fut rendu ; il porte ce qui suit :

« Le Roy estant en son Conseil, s'estant faict représen-
» ter les plans que les Prévost des marchands et Esche-
» vins de sa bonne Ville de Paris ont faict faire pour la
» construction d'un nouveau *rempart planté d'arbres*
» *depuis la porte Saint-Anthoine jusques à celle de*
» *Saint-Denis,* sur lesquels plans sont marqués les ou-
» vrages que les Prévost des marchands et Eschevins
» ont faict faire en exécution de l'arrest du Conseil du
» 7 juin 1670, depuis *le grand bastion de la Porte-*
» *Saint-Anthoine jusques au pont aux Choux;* veut
» ladite Majesté que lesdits plans soyent exécutés, et
» qu'il soit incessamment travaillé aux ouvrages qu'il
» convient faire pour la continuation dudit rempart,
» l'eslargissement de la porte Saint-Anthoine, et
» pour le bastiment d'une nouvelle porte Saint-Denis
» suivant les dits plans.

» Sa Majesté, estant en son Conseil, a ordonné et
» ordonne que les dits plans seront exécutés, et, à cet

» effet, il sera incessamment travaillé tant aux démoli-
» tions des bastiments qui se trouveront dans les dits
» alignements que pour les constructions tant du dit
» rempart que des dites portes, par les ordres du Pré-
» vost des marchands qui seront déposés au greffe de
» la dite ville, par devant lesquels Prévost des mar-
» chands et Eschevins il sera procédé au bail, au rabais,
» des dits ouvrages, à l'effet de quoy pourront les dits
» Prévost des marchands et Eschevins, conformément
» au dit arrest du 7 juin 1670, employer les places des
» remparts et anciens fossés qui resteront à la despence
» des démolitions, changements et dédommagements
» des particuliers, sy aucuns sont à faire, et construc-
» tion des dits remparts et portes, pourquoy seront
» toutes lettres expédiées aux dits Prévost des mar-
» chands et Eschevins, et sera le présent arrest exécuté
» nonobstant oppositions ou appellations quelconques,
» desquelles sy aucunes interviennent, Sa Majesté s'en
» est réservé la connaissance, et icelle interdite à tou-
» tes autres cours et juridictions.

» Contre-signé : SÉGUIER et COLBERT. »

En 1684, les boulevards ne se trouvaient plantés que
dans la partie située entre la porte Saint-Antoine et la
porte Saint-Martin, c'est-à-dire dans une longueur de
2,200 mètres environ. Le 7 avril 1685, un arrêt du Conseil
d'État du Roi approuva une demande faite par le bureau
de la Ville, relativement à la continuation des nouveaux
remparts. — Voici un extrait de cet acte :

« Sa Majesté, estant en son Conseil, a ordonné et or-

» donne que lesdits Prévost des marchands et Eschevins
» feront rendre nette la place vaine et vague qui est
» au derrière des murs du couvent des religieuses Fil-
» les-Dieu, comme aussi qu'ils feront incessamment
» travailler aux ouvrages qu'il convient faire pour
» *former ledit cours, depuis la porte Saint-Honoré jus-*
» *qu'à celle Saint-Martin,* suivant le plan qui en a été
» levé, en commençant par la porte Saint-Honoré.

» A cet effet, Sa Majesté leur permet d'acquérir les
» places, marais et héritages dont ils auront besoin,
» et de disposer par vente ou autrement des places vai-
» nes et vagues, fossez, remparts, contrescarpes, por-
» tes anciennes et masures, et même des héritages qui
» sont depuis ladite porte Saint-Honoré jusqu'à celle
» de Saint-Martin, en remboursant les détempteurs
» desdits places vaines et vagues et héritages, pour être
» les deniers qui proviendront de la vente d'iceux em-
» ployés aux acquisitions des marais, maisons et places
» qui se trouveront sur le terrain où doit passer ledit
» cours, et aux despenses qu'il conviendra faire pour
» le dresser et former suivant ledit plan, et sera, ledit
» arrêt, exécuté selon sa forme et teneur. Fait au Con-
» seil d'État du Roy, Sa Majesté y estant, tenu à
» Versailles le 7 avril 1685.

» Signé : Louis. »

Vers la fin du dix-septième siècle, le rempart complétement planté atteignait la porte Saint-Honoré. Toutefois, cette promenade était impraticable pendant les
pluies d'hiver, et ce ne fut qu'en vertu d'un arrêt du

Conseil d'État du Roi, arrêt rendu le 10 avril 1772, que la chaussée des boulevards fut entièrement pavée. La largeur du rempart avait été fixée originairement à 18 toises ; malheureusement cette largeur uniforme ne fut pas maintenue rigoureusement par l'Administration Municipale.

La chaussée du rempart achevée, les terrains vagues furent vendus en grande partie aux propriétaires riverains. Dans tous les contrats de vente, il est enjoint aux acquéreurs de se clore, sur le boulevard, par un mur placé à 6 pieds des arbres extérieurs de la contre-allée, de n'élever le mur que de 7 pieds sous chaperon, de n'y percer aucune porte ni fenêtre.... et de ne pouvoir construire à moins de 12 pieds de distance du mur de clôture.

Si nous sommes entrés dans ces détails, c'est qu'ils expliquent d'une manière claire et précise les intentions de l'autorité. Louis XIV, comme ses prédécesseurs, s'effrayait des agrandissements de Paris.

Aussi Sa Majesté avait-elle ordonné que les remparts fussent réparés là où ils avaient été complétement dégradés, et construits à nouveau, en se développant vers le nord, dans les parties excentriques de la ville, où la population se trouvait trop à l'étroit. Mais les obligations de n'élever aucune construction importante, sur la ligne en bordure des remparts du côté de la campagne, démontrent parfaitement que l'intention de Sa Majesté, d'accord avec les idées de Vauban, était de fortifier Paris et de s'opposer à son agrandissement.

Le boulevard, bordé à droite de murs sans fin, devait être une promenade peu agréable pendant le jour et très-dangereuse durant la nuit. Aussi les propriétaires, pour donner du prix à leurs immeubles, résolurent de se soustraire à la stricte observance des réserves qui leur avaient été imposées. L'infraction aux contrats commença par des gentilshommes, et la bourgeoisie les suivit. Ils avaient obtenu, comme simple tolérance seulement, la permission d'ouvrir une baie, une porte, et, vingt ans après, c'est-à-dire en 1780, on comptait sur les remparts transformés en boulevards 110 maisons et 27 hôtels.

Bien que cet accroissement eût une certaine signification, on voit que les boulevards du nord, à la fin du dix-huitième siècle, étaient encore bien éloignés de leur splendeur actuelle. Disons quel fut le principe de leur prospérité.

Les jardins des somptueux hôtels qui limitaient, au nord, l'ancien quartier de Gaillon, avaient été coupés en deux tronçons par le nouveau rempart. Les grands seigneurs auxquels ces belles habitations appartenaient voulurent avoir, pour dédommagement, des vues sur le boulevard. En conséquence, ils firent bâtir sur cette ligne, tout près de la Chaussée-d'Antin, qui commençait aussi, les premières maisons qui ornèrent cette promenade. L'impulsion une fois donnée, la bourgeoisie se mit à l'œuvre: elle marcha plus rapidement, parce qu'elle était plus nombreuse, parce qu'elle devint plus riche.

L'administration si habile, si éclairée, du comte Chabrol favorisa ce déplacement de la richesse parisienne, en faisant daller les contre-allées des boulevards, jusqu'alors impraticables aux piétons. Ce déplacement s'opéra surtout aux dépens du Palais-Royal.

L'ancienne demeure du cardinal de Richelieu avait été longtemps le centre du commerce de luxe, le rendez-vous des étrangers attirés par l'éclat de ses riches magasins; mais les galeries, les portiques du Palais-Royal, étaient devenus insuffisants. On y étouffait, faute d'air. Aussi le commerce de luxe, par une attraction irrésistibile, envahit les boulevards, où tout était jeune, grand, plein d'avenir et pour ainsi dire sans limite.

Voilà comment s'est improvisée cette splendide promenade qu'on appelle les *boulevards intérieurs*. Avant cette merveilleuse création, on rencontrait dans d'autres villes, parfois au raccourci, en miniature, ce qu'on voyait dans Paris, c'est à dire de belles rues, d'imposantes églises, de riches palais; mais depuis l'achèvement des boulevards, Paris possède une de ces beautés sans rivales dans le monde.

Cette promenade offre à l'étranger un de ces panoramas curieux, pleins d'une grandeur féerique qui dépasse tout ce que l'imagination de l'artiste peut rêver de plus beau pour la capitale d'un grand Empire.

Les boulevards du nord, qui ne forment qu'une seule et même ligne de la Bastille à la Madeleine, sont au nombre de onze, savoir : boulevard Beaumarchais, — des Filles-du-Calvaire, — du Temple, — Saint-Martin, — Saint-Denis, — Bonne-Nouvelle, — Poissonnière, — Montmartre, — des Italiens, — des Capucines, — de la Madeleine. Leur longueur totale est de 4,502 mètres.

Le projet de faire rayonner les boulevards autour de Paris est donc une excellente idée, en même temps qu'un acte de justice bien dû aux quartiers de la rive gauche de la Seine.

Pour faire suite aux anciens remparts, l'Administration a commencé le boulevard Saint-Germain au sud-est de Paris. La section entre le quai Saint-Bernard et le boulevard Saint-Michel est exécutée depuis quelques années.

N'eût-il pas été plus rationnel de continuer la voie en jetant deux ponts sur la Seine pour traverser ensuite le quartier de l'Arsenal, que d'entreprendre une nouvelle section du boulevard Saint-Germain à l'ouest de Paris, où les rues sont larges, parfaitement aérées, où le luxe et la richesse n'ont plus rien à rêver pour la splendeur de cette partie de la Ville ?

Pourquoi le superflu en cette circonstance a-t-il encore cette fois la priorité sur l'utile, sur le nécessaire ? Quel intérêt de circulation générale dans l'exécution de ces deux tronçons entrepris aux deux extrémités de Paris ? L'Administration a créé sans raison aucune deux impasses qui ne profiteront pas davantage aux quartiers riches qu'aux localités pauvres.

La réparation, espérons-le, ne se fera pas attendre, et sans aucun doute M. le Préfet de la Seine s'occupera bientôt de la continuation du boulevard Saint-Germain à l'est de Paris et jusqu'à la place de la Bastille.

Nous allons de nouveau en indiquer le tracé.

Nous avons dit que deux ponts seront jetés sur le fleuve; pour se réunir, ils couperont la pointe de l'île Saint-Louis en démolissant plusieurs maisons du quai de Béthune; puis, débouchant sur le quai des Célestins, le tracé atteindra la rue de la Cerisaie, écornera la rue Castex, traversera la rue de Lesdiguières, franchira la rue de l'Orme pour aboutir à la place de la Bastille, où le boulevard Saint-Germain opérera sa jonction avec le boulevard Beaumarchais.

L'achèvement, à l'est de Paris, du boulevard Saint-Germain doit amener certainement, et dans un avenir prochain, la transformation bien nécessaire de la place de la Bastille et de ses abords.

Comparée à sa sœur, la place de la Concorde, si riche, si princièrement décorée, la place de la Bastille, qu'on laisse dans un accoutrement si triste et si déguenillé, fait naître d'amères réflexions.

Les provinciaux et les étrangers, au sujet de ces préférences que rien ne justifie, ne se sont pas fait faute de nous cingler au visage de dures vérités.

En qualité de Parisien, quoique nous ayons rompu bien des lances en l'honneur de notre belle maîtresse, la Ville de Paris, cependant nous avons dû garder le silence et refuser le combat, alors qu'on opposait le luxe et le superflu des quartiers de l'ouest à l'abandon et à la misère de certaines localités à l'est de la Capitale.

Nous n'avons pu trouver une seule parole en faveur de nos Édiles, alors qu'on nous a dit : Vos places Vendôme et de la Concorde sont merveilleuses de grandeur et de beauté, tandis que les places de la Bastille et du Trône soulèvent le cœur par leur aspect misérable et leur difformité.

Il existe, il est vrai, un projet de transformation de la place de la Bastille. Bien qu'il n'ait pas encore été sanctionné par l'autorité supérieure, certaines dispositions que nous avons pressenties nous semblent tellement satisfaisantes, si heureuses que nous ne saurions résister au désir d'en faire la description.

La place de la Bastille aura la forme d'un carré long. On sait que le faubourg Saint-Antoine, dont le numérotage, pour être régulier, devrait commencer à la place du Trône et suivre le cours du fleuve, forme une espèce de ligne courbe pour aboutir à la place de la Bastille. Au lieu de subir cette courbe si fâcheuse, la voie se poursuivra directement à pleins jalons pour se compléter par une ligne droite.

On sait également que la rue de Charonne fait un circuit assez long et jette tout à coup dans le faubourg Saint-Antoine un pêle-mêle de voitures et de piétons qui viennent paralyser la circulation. A la hauteur de la rue de Lappe, la rue de Charonne sera rectifiée et doit se poursuivre en ligne droite jusqu'à la place de la Bastille.

On connaît aussi les dangers de toute nature auxquels les piétons sont exposés, dans la rue de la Roquette à son debouché dans la place de la Bastille; ces inconvénients cesseront, la rue de la Roquette doit recevoir un élargissement considérable jusqu'aux rues de Lappe et Daval.

Telles sont les principales combinaisons qui doivent donner à la place de la Bastille une forme régulière et des abords convenables.

Par suite de la continuation du boulevard Saint-Germain, qui doit le couper en diagonale, l'ancien quartier de l'Arsenal, le plus curieux de tout Paris au point de vue de l'histoire de cette Ville, sera transformé ; au moment où sa physionomie doit changer, n'est-ce pas un devoir pour nous de consigner ici les faits qui l'intéressent et qui sont de nature à exciter la curiosité de nos lecteurs ?

Il est juste toutefois de commencer par l'île Saint-Louis, puisque les deux ponts qui doivent être construits s'uniront pour ainsi dire l'un à l'autre, comme nous l'avons dit, à la pointe orientale de cet ancien quartier également intéressant sous le rapport historique.

L'ILE SAINT-LOUIS.

Au commencement du dix-septième siècle, on voyait encore en cet endroit deux îles dont l'une s'appelait l'*île Notre-Dame* l'autre l'*île-aux-Vaches*. Ces deux îles offraient un délicieux séjour ; elles étaient semées de gazons, plantées de vergers, ornées de jardins où se promenait la rêverie studieuse et bien nourrie des chanoines de Notre-Dame.

Pour atteindre ces deux îles, vers leur extrémité orientale, un seul pont existait ; on l'appelait le *Pont-*

de-Fust (le pont de bois) *d'emprez Sainct-Bernard aux Barrez.*

Le 19 avril 1614, Christophe *Marie*, entrepreneur général des ponts de France, signait un traité par lequel il s'obligeait à réunir les deux îles, à tracer et bâtir sur leur emplacement des rues et des quais larges de 10 toises, à construire un pont en remplacement du pont de bois. En échange, on lui conférait le droit de lever sur chaque maison pendant soixante ans, une contribution de 12 deniers, avec la faculté, en outre, d'établir un Jeu de Paume et des Étuves.

Cette opération, considérable pour l'époque, marcha lentement, ainsi que nous en fournit la preuve le document suivant :

Ordonnance du bureau de la Ville, **27 *juin*** 1618.

« Veu les lettres Patentes du 6 may 1614 pour la
» construction d'un pont de pierre à travers la rivière
» de Seyne, en conséquence du contract faict par Sa
» Majesté au sieur *Marie* (Christofle). Veu le rapport
» à nous addressé, avons ordonné que iceluy pont
» sera basty et construict vis-à-vis de la rue des Non-
» nains d'Ières pour aller de droict allignement au
« travers de la rivière sur le quay de la Tournelle... »

La construction de l'île Saint-Louis suscita de nombreux débats ; il fallut plaider, et cela pendant un quart de siècle. Enfin, en 1644, tout le quartier de l'île Saint-Louis était bien et dûment bâti. Il devint un des plus beaux, des plus élégants, des mieux habités de tout Paris.

A la pointe orientale de l'île, à l'endroit où s'appuyait la passerelle de Damiette, incendiée en 1848, on voyait encore, à la fin du siècle dernier, un hôtel somptueux, bâti par Du Cerceau pour M. le *Ragois de Bretonvilliers*, président de la Chambre des Comptes. En 1719, les fermiers généraux y transportèrent le bureau des Aides. En 1790, il servait à la régie de la Ville, et ses magnifiques jardins, ouverts au public, attiraient tous les habitants du quartier. — Une rue de l'île Saint-Louis porte le nom de Bretonvilliers.

L'*hôtel Lambert* était plus remarquable encore que son voisin, l'hôtel de Bretonvilliers. Pendant deux siècles, il a vu se grouper dans ses salons toutes les illustrations qui ont honoré les lettres, les arts et la magistrature.

Cette magnifique habitation, construite par Louis Le Veau pour le président *Lambert de Thorigny*, appartint ensuite au fermier général Dupin, puis au marquis du Châtelet-Laumont. La cour est entourée de bâtiments décorés d'ordre dorique. Un perron, placé en face de la porte, conduit à un grand palier, où prennent naissance deux escaliers qui mènent aux appartements.

Dans un enfoncement cintré, on voit une grisaille de Lesueur : elle représente un fleuve et une naïade. D'admirables tableaux ornent cette résidence princière. On y remarquait le chef-d'œuvre du Bassan : l'*Enlèvement des Sabines*, des paysages d'Herman et de Patel, cinq tableaux de l'histoire d'Énée, par Romanelli. Ces richesses furent données en partie au ro-

Louis XVI pour le musée du Louvre, par la famille de La Haye, propriétaire de l'hôtel.

Les plus belles peintures conservées dans l'hôtel Lambert se trouvent dans les *salles de l'Amour* et dans le *cabinet des bains*. Au premier étage, on voit la galerie dite *de Lebrun*. Ce grand artiste a dessiné, sur le plafond, avec toute la vigueur de son coloris, *neuf Travaux d'Hercule*.

Parmi les améliorations les plus utiles que réclame l'île Saint-Louis, la plus urgente, sans contredit, est l'élargissement de la *rue des Deux-Ponts*. Cette voie est beaucoup trop étroite pour desservir sans danger une circulation surabondante d'activité. Aussi voitures et piétons s'engouffrent dans cette rue qui forme entonnoir. On dépense tant de sommes folles pour des choses inutiles ou pour des créations fastueuses qui peuvent attendre, que ce serait faire acte de sagesse, par intervalles au moins et par hasard, que de donner le nécessaire aux quartiers qui en manquent et le réclament vainement depuis longues années.

Il est une autre réclamation bien juste à laquelle l'Administration Municipale devrait, selon nous, faire droit et le plus tôt possible, nous voulons parler de la démolition des maisons formant *quille* à la pointe occidentale de l'île Saint-Louis.

Lors de la reconstruction du pont Louis-Philippe, il y a quelques années, l'Administration Municipale a dû procéder également au prolongement de ce pont dans l'île Saint-Louis. L'exécution de cette espèce de trouée laisse à droite un groupe de maisons qui défigurent la perspectivité des quais, contournant autrefois si agréablement vers l'ouest.

L'Administration a eu le tort aussi de laisser établir un chantier de démolition, un véritable dépôt de vieux matériaux et d'immondices, dans ce quartier si bien tenu, si propre et si honnêtement habité. M. le Préfet de la Seine pourrait voir de son palais et sans se déranger cet accoutrement si déguenillé qui fait honte à l'île Saint-Louis et l'horrible quille de maisons qui défigure de ce côté le splendide panorama de Paris.

Les habitants de l'île Saint-Louis demandent donc par notre organe à l'Administration Municipale de les débarrasser au plus tôt de cette espèce de voirie, de ce dépôt de matériaux et de vermine, en créant sur l'emplacement de l'îlot de maisons en question un petit jardin public, qu'on pourrait décorer de la statue de Louis IX, de saint Louis, patron de ce quartier.

L'ANCIENNE ILE LOUVIERS.

Les deux ponts construits, le boulevard Saint-Germain atteint l'ancienne île Louviers à son extrémité vers l'ouest. — Rappelons son origine.

L'île Louviers s'appelait en 1370 *l'île aux Javeaux* puis en 1445, *l'île aux Meules. Javeau* est un vieux mot français qu'on employait pour désigner une île formée de sable et de limon, par suite d'un débordement. Vers 1445 on lui donnait le nom d'*île Louviers* parce que Nicolas de *Louviers* seigneur de Cannes, qui fut Prévôt des Marchands en 1468, en était devenu propriétaire. En 1549, la Ville fit élever sur cette île un fort, un pont et une espèce de havre pour donner à Henri II et à Catherine de Médicis le spectacle d'un combat naval et de la prise d'une forteresse.

En vertu d'un arrêt du Conseil du 2 octobre 1671, arrêt contre-signé *Séguier et Colbert*, le Roi ordonne au Prévôt des Marchands d'acheter l'île Louviers pour le compte de la Ville de Paris.

Cette acquisition s'effectue au prix de 65,000 livres.

Par une fausse application de la loi du 24 août 1793, le Domaine s'empara de l'île Louviers alors affectée à un service d'utilité publique. Cette propriété fut restituée à la Ville, conformément à un avis du Conseil d'État du 5 avril 1806.

La Ville afferma bientôt les terrains de l'île Louviers aux marchands de bois de Paris, moyennant une location annuelle de 40,000 fr. Par ordonnance royale du 10 février 1841, le marché au bois à brûler fut supprimé, et deux années de délai furent accordées aux marchands de bois pour l'abandon de cet emplacement. En 1843 on combla le petit bras du fleuve, et l'on traça bientôt un quai et deux rues ; le quai fut nommé *quai Henri IV*, et les deux autres voies, *rues de Coligny* et *de l'île Louviers*.

Les terrains de l'île Louviers, contenant une superficie de 33,638 mètres, furent affectés après l'insurrection de juin, à des baraquements de troupes, le surplus servit de chantiers de démolitions. Aujourd'hui on y voit une construction dans laquelle est déposé le *matériel de l'Hôtel de Ville*, et la plus grande partie de cet emplacement est encore envahie par des matériaux provenant des innombrables démolitions effectuées dans Paris.

Tels sont les faits qui se rattachent à l'ancienne île Louviers, dont l'aspect, alors qu'on arrive du pont d'Austerlitz, a quelque chose de hideux et de repoussant.

Nos lecteurs ont sans doute déjà fait la réflexion suivante :

Pourquoi la Ville s'est-elle privée bénévolement, et cela pendant 25 années, d'un revenu de 40,000 fr., pour substituer à une île parfaitement salubre, plantée de peupliers séculaires et d'un effet gracieux, un amas de vieilles portes, de fenêtres tronquées, d'horribles débris enfin, qui font de l'ancienne île Louviers la triste reproduction d'un village démoli par le canon, dévoré par l'incendie.

L'Administration Municipale nous répondra : ces terrains sont restés en partie improductifs, cela est vrai ; c'est une perte de plus d'un million. Mais comme le prix de ces terrains a singulièrement haussé, l'attente, en fin de compte est loin d'être préjudiciable aux intérêts financiers de la Ville de Paris.

Nous répliquons tout de suite :

Il n'est pas simplement et platement question de savoir si la Ville de Paris a dans sa caisse, véritable tonneau des Danaïdes, un million de plus ou de moins, mais bien et avant tout d'apprécier si nos Édiles ont fait acte de sage et paternelle administration, en laissant dans un abandon aussi déplorable l'ancienne île Louviers.

Notons que ce n'est pas seulement une perte sèche d'un million qu'il faut enregistrer ici. Depuis vingt années, si l'on avait construit sur cet emplacement 80 ou 100 maisons, il est certain que la Ville en eût bénéficié par l'octroi et par l'impôt.

Mais pour nous servir des expressions d'un ancien Magistrat :

L'argent passe après le devoir.

Un fait trop cruellement avéré, c'est que l'état d'abandon dans lequel on a laissé l'ancienne île Louviers, dont l'aspect est si repoussant pendant le jour, dont la situation est si dangereuse durant la nuit, a causé un préjudice considérable au quartier de l'Arsenal, principalement au quai des Célestins et aux rues voisines.

L'ESTACADE.

Voici encore une autre observation qui est prise dans le vif de la vérité.

A l'ouest de l'île Louviers on voit une estacade ou pont de bois, dont la laideur est le triste complément de la misère et de l'abandon de ce quartier déshérité. Ce pont, qui s'élève au-dessus du sol, entre l'île Louviers et la pointe orientale de l'île Saint-Louis, est dans une situation déplorable. Les bois du plancher sont tellement vermoulus, qu'ils s'écartent et tombent en laissant des interstices dans lesquels les pieds des petits enfants surtout se prennent comme dans des traquenards. C'est à ne pas croire à de pareilles négligences, dont ne souffrent jamais les quartiers riches de Paris.

LE QUAI DES CÉLESTINS.

Le quartier de l'Arsenal, dont nous venons de déplorer l'abandon et la misère, était autrefois le plus riche de tout Paris. Sur ce quai des Célestins, si triste maintenant, s'ouvrait la principale porte du palais de nos Rois.—Ce palais était dénommé *hostel Saint-Paul*.

Son vaste emplacement s'étendait depuis le cours de la Seine jusqu'à la rue Saint-Antoine, et depuis la rue Saint-Paul jusqu'aux fossés de l'Arsenal et de la Bastille.

Le Dauphin Charles, régent du royaume pendant la captivité du Roi Jean, acheta plusieurs hôtels, maisons et jardins, dont il forma un ensemble auquel il donna le nom d'*hôtel Saint-Paul*, en raison du voisinage de l'église ainsi appelée.

Par lettres datées de Juillet 1364, Charles V réunit l'hôtel Saint-Paul au domaine de la couronne, et l'érigea en habitation du Roi, pour tenir rang après le Palais-Royal (aujourd'hui le Palais de Justice).

Dans le préambule de l'acte de réunion, on lit : *Considérant que nostre hostel de Paris, l'hostel Saint-Paul, lequel avons acheté et fait édifier de nos propres deniers, est l'hostel solemnel des grands esbatements...* Le même Souverain agrandit sa demeure de l'hôtel des archevêques de Sens, situé sur le quai des Célestins, de ceux de l'abbé de Saint-Maur et de Put-y-Muse. Charles, son fils, occupa l'hôtel Saint-Maur, situé sur l'emplacement où depuis a été percée la rue Neuve-Saint-Paul.

Sur ces vastes terrains Charles V fit aussi construire l'hôtel de la Reine, les bâtiments dits de Beautreillis, des Lions, de la Pissotte, et l'hôtel neuf du Pont-Perrin. Ces constructions d'un genre différent, réunies dans une même enceinte et élevées à diverses époques, ne purent jamais former un ensemble régulier. Le Roi logeait dans l'hôtel de l'archevêque de Sens, qui se trouvait sur le quai des Célestins.

Les historiens nous ont conservé quelques détails assez curieux sur l'appartement du Souverain.

Il consistait d'abord en une vaste antichambre et une chambre de parade, appelée la *chambre à parer*. Cette pièce, qui avait 30 mètres de longueur sur 12 de largeur, était aussi nommée *chambre de Charlemagne*.

A la suite de cette pièce on trouvait successivement celle du gîte du Roi, celle des nappes, la chambre d'é tude, celle des bains, etc. Les poutres et solives des principaux appartements étaient ornées de fleurs de lis d'étain doré. Il y avait des barreaux de fer à chaque fenêtre, avec un treillage de fil de fer *pour empêcher les oiseaux de venir faire leurs ordures dans les chambres.*

Les vitres, peintes de différentes couleurs et chargées d'armoiries, de devises et d'images de saints, étaient semblables aux vitraux de nos anciennes basiliques. On n'y voyait d'autres sièges que des bancs ou des escabelles ; le Roi seul avait des chaises à bras garnies de cuir rouge, avec franges de soie. Les lits, qu'on nommait couches alors, étaient recouverts d'un drap d'or. Les mémoires du temps nous apprennent que les chenets de fer de la chambre du Roi pesaient 180 livres.

Dans l'hôtel Saint-Maur, aussi nommé de la *Conciergerie*, où logeaient le dauphin Charles et Louis, duc d'Orléans, on remarquait une pièce appelée le *retrait où dit ses heures monsieur Louis de France*. Les jardins n'étaient point plantés d'ifs et de tilleuls, mais de pommiers, de poiriers, de vignes et de cerisiers. On y voyait la lavande, le romarin, des fèves, de longues treilles. On sait que c'est d'une belle treille, qui faisait le principal ornement de ces jardins, et d'une longue allée de cerisiers, que l'hôtel, la rue Beautreillis et celle de la Cerisaie ont pris leurs noms.

Les basses-cours étaient flanquées de colombiers et remplies de volailles, que les fermiers des terres et domaines du Roi étaient tenus de lui envoyer, et qu'on engraissait pour sa table et pour celle de ses commensaux. On y voyait aussi une volière, une ménagerie pour les grands et petits lions.

Cet hôtel, comme toutes les maisons Royales de ce temps, était flanqué de grosses tours ; l'on trouvait alors que ces constructions massives donnaient à de tels édifices un caractère de puissance et de majesté.

Le Roi, la Reine, les enfants de France, les princes du sang, le connétable, les chanceliers et les grands en faveur y avaient d'immenses appartements, accompagnés de chapelles, de jardins, de préaux, de galeries.

On y comptait plusieurs grandes cours ; une entre autres, très-spacieuse, où se faisaient les exercices de chevalerie, avait pris le nom de *cour des Joutes.*

Cette habitation, où l'on respirait un air fétide, produit par le voisinage des fossés dè la Ville, fut abandonnée par nos Rois, qui préférèrent le palais des Tournelles.

L'hôtel Saint-Paul, délaissé, tombait en ruines, lorsqu'en 1516 François Ier voulut en vendre une partie à Jacques Genouillac, dit Gaillot, grand maître de l'artillerie. Sur cet emplacement on établit, plus tard, l'Arsenal. Toutes les autres parties de cette habitation furent successivement aliénées, et aux seizième et dix-septième siècles on ouvrit sur leur terrain des rues, dont les noms rappellent les principaux ornements du palais de Charles V.

LA CASERNE DES CÉLESTINS.

Cette caserne occupe l'emplacement de l'ancien couvent des Célestins (1).

---

(1) Les documents que renferme cet article sont extraits, en partie, de rapports au Préfet de la Seine sur les fouilles des Célestins. — Voici quelques explications à ce sujet.

Les travaux auxquels donna lieu en 1847 l'appropriation de la caserne des Célestins au service de la garde municipale de Paris, entraînèrent la démolition de l'ancienne église des Célestins. Les fouilles préparatoires opérées pour reconnaître la profondeur des fondations du

En voici l'origine. Saint Louis avait amené de la Palestine six religieux du Mont-Carmel, depuis connus sous le nom de *Carmes*, et qu'on appelait alors les *Barrés*, en raison de leurs manteaux rayés de noir et de blanc. Le Roi fit don à ces religieux d'un vaste terrain, qui se trouvait enclavé dans le Champ-au-Plâtre. Ces moines ayant abandonné cet emplacement, où tout agrandissement leur était impossible, se rendirent à la place Maubert pour fonder un couvent de leur ordre. En conséquence, ils vendirent le terrain qu'ils tenaient de la munificence royale à Jacques Marcel, bourgeois de Paris. Ce dernier fit bâtir deux chapelles, et les dota chacune de 20 livres de rente amorties.

Le terrain et les deux chapelles passèrent à Garnier Marcel, fils du précédent qui, par contrat du 10 novembre 1352, en fit don aux Célestins.

Ces moines étaient ainsi nommés parce qu'ils avaient été institués par Célestin V.

Touché de la piété de ces religieux, Charles V résolut de leur faire édifier une nouvelle chapelle.

Ici le rapport de la commission dont nous venons de parler nous apprend que lors des fouilles, en 1847, on découvrit la première pierre ou assise de cette cha-

---

monument, ayant amené la découverte d'objets d'antiquité présentant un certain intérêt, M. le comte de Rambuteau s'empressa de nommer une Commission chargée de surveiller les travaux et de recueillir avec soin tous les débris curieux à conserver. C'est aux rapports de cette Commission que nous empruntons en partie les documents dont notre article se compose.

pelle, dont voici la description : « Sa forme est à peu
» près cubique ; le dessus est chargé d'une croix fleur-
» delisée, gravée en creux. Sur la face principale
» se lisent les mots suivants :

L'AN M CCC LXV LE XXIV

JOVR DE MAY MASSIT

CHARLES ROY DE FRANCE.

Une autre inscription non moins importante est celle
d'Anne de Bourgogne, femme du duc de Bedfort régent
de France pendant l'occupation anglaise.

Cette inscription, gravée au ciseau sur une lame de
plomb pliée en deux pour en protéger les caractères,
est ainsi conçue :

CY GIST TRES HAVLTE PVISSANTE MADA

ME ANNE DE BOVRG[NE] FILLE DE FEV TRES HAVLT ET PVISSAT

PRINCE JEHAN DVC DE BOVRG[NE] CONTE DE FLANDRES DAR

TOIS ET DE BOVRG[NE] FAME DE TRES HAVLT ET PVISS. PRINCE

JEH. GOWNAT ET REGENT LE ROY[ME] DE FRANCE DVC DE BED

FORT QVI TRESPASSA EN LOSTEL DE BOVRBON A PARIS LE XIII[c]

JOVR DE NOVEMBRE MIL QVATRE CENS TRENTE DEVX.

Le passage suivant d'un contemporain contient un
bel éloge de cette princesse, et donne sur ses funé-
railles quelques détails intéressants.

«... En cellui temps, dit l'écrivain, estoit toujours
» la mortalité à Paris, laquelle assaillit la duchesse de
» Betfort, femme du régent de France, sœur du duc
» de Bourgogne, nommée Anne, la plus plaisante de
» touttes dames qui adoncques fussent en France ; car

» elle estoit bonne et de bel aage ; car elle n'avoit que
» vingt-huit ans quand elle trespassa, et certes elle
» estoit bien âmée du peuple de Paris, et vray est
» qu'elle trespassa en l'ostel de Bourbon emprès le
» Louvre, le treizième jour de novembre, deux eures
» après mynuit, entre le jeudy et le vendredy, dont
» ceulx de Paris perdirent moul de leur espérance ;
» mais à souffrir leur convint.

» Item, le sabmedy en suivant, elle fut enterrée aux
» Célestins, et son cœur aux Augustins, et au porter
» le corps en terre, estoient tous ceulx de Sainct-Ger-
» main et les prêtres de la confrairie des bourgeois,
» chascun une étolle noire et ung cierge ardent en
» leur main, et ils chantoient en allant en portant le
» corps en terre seulement, les Angloys en la guise du
» pays moult piteusement.

» Item le jeudi 8e jour de janvier fist le régent l'ob-
» sèque de sa femme aux Célestins, et fist faire une
» donnée à chacun de deux blancs, et furent bien
» quatorze milliers à leur donnée, et y eut bien quatre
» cents luminaires de cire. »

La duchesse de Bedfort fut enterrée sous une tombe
de marbre noir placée à l'entrée du chœur, du côté de
l'Évangile. Sur cette tombe était l'effigie de la princesse, en marbre blanc. Cette statue se trouve aujour-
d'hui à Versailles.

La duchesse avait pris en affection les Parisiens.
Souvent elle disait à son mari : « Je suis Françoise de
» cœur et ne puys m'empescher de vous dire, que bien-

» tôt l'Angloys n'aura plus à luy une seule province de
» France. »

Une chose difficile à comprendre, c'est que la Commission dont nous venons de parler, et qui était chargée des fouilles des Célestins, eut la singulière idée antifrançaise de remettre à l'Angleterre les restes de la duchesse de Bedfort. Lord Normanby, sur les ouvertures qui lui furent faites, répondit que les restes de la duchesse appartenant à une princesse du sang royal de France, ne pouvaient être conséquemment revendiqués par l'Angleterre.

Les restes de la duchesse de Bedfort ont été transportés à Dijon, par MM. Thierry et d'Affry commissaires délégués à cet effet par le Ministre de l'Intérieur. Ils ont été déposés au pied du cercueil de Philippe le Hardi, duc de Bourgogne.

Revenons au couvent des Célestins.

Un nombre considérable de princes et de princesses avaient leur sépulture dans leur église. Parmi leurs fastueux mausolées on distinguait une tombe modeste. Au-dessus était une urne toute petite et simple comme la tombe. Cette urne renfermait le cœur d'un enfant, duc de Valois, et portait cette épitaphe :

Blandulus, eximius, pulcher, dulcissimus infans
Deliciæ matris, deliciæque patris,
Hic situs est, teneris raptus Valesius annis
Ut rosa quæ subitis imbribus icta cadit.

Le cloître des Célestins, construit en 1539, était un des plus beaux de Paris. Le plafond de l'escalier, peint par Bon Boulogne, représentait l'apothéose du fondateur de l'ordre, Pierre Moron, enlevé au ciel par un groupe d'anges. Leur jardin, spacieux et bien situé, s'étendait le long des murs de l'Arsenal.

Supprimé en 1790, le couvent des Célestins devint propriété nationale. En vertu d'un décret du 21 juillet 1791, les bâtiments furent affectés à l'établissement des sourds-muets et des aveugles-nés. Les ouvrages d'art que renfermait l'église ont été transportés plus tard au musée des Monuments français. Depuis, les bâtiments ont été affectés à une caserne.

En vertu d'une ordonnance royale du 5 février 1841, trois immeubles ont été cédés par l'État à la Ville de Paris pour l'établissement de ce grand poste militaire: 1° la caserne proprement dite, moyennant le prix de 1,277,385 fr. 34 c. ; 2° un bâtiment contigu et dépendant de la bibliothèque de l'Arsenal, 74,480 fr. 95 c. ; 3° une maison domaniale sur la rue de Sully, 15,774 fr. 50 c. — Total, 1,367,640 fr. 79 c.

Devenue propriétaire, l'Administration de la Ville décida que la caserne serait affectée à la garde municipale ; mais les bâtiments se trouvaient en grande partie dans un état à peu près complet de dégradation ; il fallut les restaurer, puis construire une nouvelle façade sur la rue de Sully, et dont la dépense s'est élevée à 140,000 francs.

L'ancienne église des Célestins, située à l'angle des rues de Sully et du Petit-Musc n'a été démolie qu'en 1847. — Telle est l'origine du couvent auquel une caserne a été substituée. Cette caserne sera démolie en grande partie pour l'ouverture du boulevard Saint-Germain, dans la section comprise entre le quai et la place de la Bastille.

RUE DE SULLY.

« Au palais de Bayonne, le 16 juin 1808.

» Napoléon... Article 1er, le Préfet de la Seine est autorisé à traiter, au nom de notre bonne Ville de Paris, avec le sieur Charpentier, dans les formes prescrites par la loi du 16 septembre 1807, de l'acquisition d'une maison dont il est propriétaire à l'Arsenal, et dont la démolition devient nécessaire pour la formation de la nouvelle rue de Sully. »

On sait que le ministre du roi Henri IV était grand maître de l'artillerie, et qu'à ce titre Sully occupait une partie des bâtiments de l'ancien Arsenal, dont nous allons rappeler l'origine.

On comptait anciennement, outre son hôtel, plusieurs emplacements qui servaient de dépôts d'armes et de munitions de guerre.

L'établissement le plus vaste était situé derrière le couvent des Célestins, sur une partie du terrain connu anciennement sous le nom de *Champ-au-Plâtre*. Le surplus de cet emplacement fut possédé par la Ville jusqu'en 1533. A cette époque François Ier, ayant résolu de faire fondre des canons, emprunta une des granges qu'on y avait élevées. Le Roi demanda quelque temps après une seconde grange. La Ville ne la céda cette fois qu'avec répugnance. En effet, François Ier n'accorda aucun dédommagement.

Henri II construisit sur ce terrain plusieurs logements pour les officiers de l'artillerie, sept moulins à poudre, deux grandes halles et plusieurs autres bâtiments. Toutes ces constructions furent ruinées, le 28 janvier 1562, par l'explosion de vingt milliers de poudre.

Henri IV, ayant fait l'acquisition d'un vaste terrain appartenant aux Célestins, augmenta l'étendue de l'Arsenal, l'embellit d'un jardin, et fit planter le long de la rivière un mail qui fut détruit vers le milieu du siècle dernier. Louis XIII et Louis XIV ajoutèrent quelques embellissements à l'Arsenal. En 1713, on détruisit une grande partie des anciens bâtiments. En 1718 , on leva de nouvelles constructions, sous la direction de l'architecte Germain Boffrand.

Édit portant suppression de l'Arsenal, de son gouvernement et de sa juridiction.

« Louis, par la grâce de Dieu, etc..... Le dessein de » procurer du soulagement à nos peuples en appliquant » aux dépenses de l'État les revenus et le produit d'an- » ciens établissements devenus inutiles, nous a déter- » miné à supprimer l'Arsenal de Paris, près de notre » château de la Bastille, ainsi que les offices militaires » et de justice qui y sont attachés. Cet établissement, » essentiel dans son origine, a cessé d'être nécessaire au » moyen des fonderies, des forges et des manufactures

» d'armes et de poudre établies dans différentes pro-
» vinces de notre royaume.

» Par la réunion à notre personne de la charge de
» grand maître et capitaine général de l'artillerie, les
» fonctions des officiers militaires et de justice sont
» restées sans objet ou ne sont plus relatives à l'insti-
» tution des offices, etc.

» A ces causes..... — Art 1ᵉʳ. Nous avons supprimé
» et supprimons dès maintenant et à toujours le gou-
» verneur et grand maître de l'Arsenal, le gouverne-
» ment, la garde ordinaire, etc.....

» Art. 5. Il sera incessamment et sans délai, à la
» diligence du procureur du roi et de la Ville de Paris,
» fait un état des terrains, bâtiments et logements qui
» sont renfermés dans l'enclos dudit Arsenal, et tous
» les terrains et bâtiments et celui des fossés qui le bor-
» dent seront divisés par plusieurs rues de largeur suf-
» fisante, formées dans la direction la plus utile et la
» plus convenable, conformément aux plans qui nous
» seront présentés et qui seront par nous agréés. Donné
» à Versailles, l'an de grâce 1788, et de notre règne
» le 14ᵉ.   *Signé* : LOUIS. »

BIBLIOTHÈQUE DE L'ARSENAL.

Ce magnifique établissement littéraire doit son origine à deux grands seigneurs qui firent un noble usage
de leur fortune. Le Voyer de Paulmy, marquis d'Argenson, né le 26 octobre 1722, l'un des descendants de
l'illustre magistrat dont nous avons glorifié le talent et
    IX.

l'énergie dans nos publications, avait formé une bibliothèque composée de 100,000 volumes très-curieux pour l'histoire et les lettres. En 1784, Le Voyer de Paulmy augmenta sa précieuse collection de 26,537 articles des ouvrages provenant de la seconde partie de la bibliothèque du duc de La Vallière. Pour éviter que ses livres ne fussent disséminés après sa mort, d'Argenson vendit en 1785, au comte d'Artois, cette bibliothèque, qui prit à cette occasion le nom de *Monsieur*. Après 1830 on lui donna le nom de bibliothèque de l'Arsenal, sous lequel on la désigne encore aujourd'hui. Cet établissement renferme maintenant 230,000 volumes imprimés et 7,000 manuscrits. Cette riche collection est essentiellement historique. Une dotation de 36,000 francs est affectée à cette bibliothèque. La bibliothèque de l'Arsenal occupe les anciens appartements habités par Sully, qui remplissait entre autres fonctions, comme nous l'avons dit, celle de grand maître de l'artillerie de France.

RUE DU PETIT-MUSC.

Cette rue, qui commence au quai des Célestins et à la rue de Sully et finit à la rue Saint-Antoine, se trouvait en dehors de l'enceinte de Paris construite sous Philippe-Auguste. Cette rue étroite et peu fréquentée servit longtemps de refuge aux filles publiques. Son nom actuel n'est qu'une altération de *Put y muse*, c'est-à-dire *putain s'y promène*, du vieux mot français *muser*, flâner.

Le boulevard Saint-Germain n'entamera, dans la rue

du Petit-Musc, que la caserne des Célestins, pour la partie située à l'angle de la rue de Sully.

RUE DE LA CERISAIE.

Cette rue, qui part du boulevard Bourdon, a été ouverte en 1516, sur une partie du jardin de l'hôtel Saint-Paul.

Elle a remplacé une belle allée de cerisiers dont elle a retenu le nom.

L'hôtel de Lesdiguières avait son entrée dans cette rue. Construit par Sébastien Zamet, les héritiers du financier le vendirent à François de Bonne, duc de Lesdiguières et connétable de France.

Une partie de cet hôtel avait été habitée par Henriette d'Entragues, marquise de Verneuil et maîtresse du roi Henri IV. Il paraît que les amants n'étaient pas toujours d'accord, ainsi que le prouve la lettre suivante :

« J'ay bien connu par vostre lettre que vous n'avez
» pas les yeux bien ouverts, ny les conceptions aussy,
» car vous avez pris la mienne d'un autre biais que je
» ne l'entendois. Il faut cesser ces brusquettes, si vous
» voulez l'entière possession de mon amour, car comme
» Roy et comme Gascon, je ne le sçay pas endurer ;
» aussy ceux qui ayment parfaittement comme moy
» veullent estre flattez non rudoyez. Quand monsieur
» d'Antragues sera icy, je vous tesmoigneray si je vous
» ayme. Cependant, il vous sied mal d'en doutter, et
» cela m'offence. Hier au soir votre diamant tomba

» hors d'œuvre, et fort heureusement je l'ay retrouvé.
» Dieu sçay si j'en fus en paine, car j'eusse mieux
» aymé perdre le doigt, tenant si cher à tout ce qui
» vient de vous que rien n'approche en comparaison.
» Nau n'est pas encore venu, j'espère vous voir en
» public, puisque ne l'avez daigné en particulier. Bon
» jour mes chères amours, je ne suis pas bien satisfait,
» je ne vous le puis taire. Je baise vos yeux un million
» de fois. — Le 7 octobre.

» HENRY. »

L'hôtel de Lesdiguières passa ensuite par succession dans la famille de Villeroy.

Pierre le Grand y fut logé en 1717. Ses magnifiques jardins ne contenaient plus en 1742 qu'un petit monument : c'était le tombeau d'une chatte bien regrettée de sa maîtresse, Françoise-Marguerite de Gondy, veuve d'Emmanuel de Créqui, duc de Lesdiguières. Sur la tombe de la chatte, plus longtemps pleurée que l'époux grand seigneur, on lisait l'épitaphe suivante, dont le tour élégant révèle un égoïsme bien naïf :

> Cy gist une chatte jolie,
> Sa maîtresse, qui n'aima rien,
> L'aima jusqu'à la folie.
> Pourquoi le dire? on le voit bien.

Au fond de la cour de la maison n° 12, rue de la Cerisaie, on voit encore une charmante construction vingt fois menacée par le marteau des démolisseurs. Cet hôtel est celui de Philibert Delorme, qui en fut à la fois l'architecte et le propriétaire.

RUE CASTEX.

« Au palais de Saint-Cloud, le **11 juin 1806**.

» Napoléon, etc... — Article 1ᵉʳ. La rue bordant la
» partie latérale gauche de l'ancienne église des Dames
» Sainte-Marie, allant de la rue Saint-Antoine à celle
» de la Cerisaie, et devant être prolongée jusqu'au
» quai Morland, prendra dans toute sa longueur, de
» la rue Saint-Antoine au quai, le nom de *rue Castex,*
» en mémoire du colonel du 13ᵉ régiment d'infanterie
» légère, tué à la bataille d'Austerlitz. »

Le tracé du boulevard enlève en totalité ou en partie
à la rue Castex les immeubles portant les numéros 14,
16, 18, 20, 21, 23, 25, 27, 29, 31, 33, 35, 37 et 39.

RUE DE LESDIGUIÈRES.

La rue de Lesdiguières, qui commence aujourd'hui
à la rue de la Cerisaie et finit à la rue Saint-Antoine,
n'était encore, en 1737, qu'une impasse dont l'entrée
se trouvait à côté de la Bastille, dans la rue Saint-
Antoine.

Des lettres patentes du 12 février 1740 autorisèrent
Jérôme Parat, sieur Depuisneuf, à la transformer en
une rue sur les dépendances de l'hôtel de Lesdiguières.
La nouvelle voie prit d'abord le nom de l'Arsenal, et
peu de temps après celui de Lesdiguières, qui rappelle
l'hôtel possédé par le connétable.

Le tracé du boulevard Saint-Germain, dans le quartier de l'Arsenal, enlève six maisons à la rue de Lesdiguières.

RUE DE L'ORME.

*Première partie, comprise entre la rue de Mornay et
la place de l'Arsenal.*

C'était, dans le principe, une avenue plantée d'*ormes*,
qui servait de communication au petit Arsenal : on l'avait nommée *chaussée de l'Arsenal.* Le côté droit de
cette avenue longeait le jardin de l'Arsenal ; celui des
Célestins limitait le côté opposé. Jusqu'en **1841**, le sol
de cette partie de rue appartint au domaine de l'État,
qui l'a cédé à la ville de Paris. En vertu d'une ordonnance royale du **24** septembre de la même année, cette
partie de rue est devenue voie publique, et sa largeur
est fixée à **12** mètres.

*Deuxième partie, comprise entre la place de l'Arsenal
et la rue Saint-Antoine.*

L'emplacement traversé par cette rue était composé
d'une cour dite *des Ormes*, et d'un passage appelé *des
Fontaines de la Bastille.*

Une ordonnance Royale du **25** février 1829, porte :

« Article 1er. Il sera ouvert sur le terrain appartenant à l'État, cour des Ormes, à l'Arsenal, dans la ville
de Paris, une nouvelle rue, conformément au plan ci-annexé, et sous les conditions relatées dans la délibération du Conseil Municipal du 27 juin 1828, etc. »

La largeur de cette partie de rue est de **12** mètres.

BOULEVARD BOURDON.

« Napoléon..... Nous avons décrété et décrétons ce
» qui suit : Le boulevard de la Porte-Saint-Antoine
» sera prolongé jusqu'à la rivière, au travers de l'em-
» placement de la Bastille, dans l'alignement de la
» courtine des fossés, sur **28** mètres de largeur et
» **670** mètres environ de longueur, à partir de la façade
» extérieure de l'hôtel de Montbarey.

» Ce boulevard sera nommé *boulevard Bourdon*, en
» mémoire du colonel du **11**e régiment de dragons, tué
» à la grande armée. Une grande allée et deux autres
» allées formeront ce boulevard ; les plantations en
» seront exécutées avant le printemps prochain. — Au
» palais des Tuileries, le **14** février **1806**.

» Signé : N_{APOLÉON}. »

Pour atteindre la place de la Bastille, le boulevard
Saint-Germain démolira plusieurs maisons du boulevard Bourdon.

En ce qui concerne la place de la Bastille, nous renvoyons nos lecteurs aux articles publiés dans notre
collection au sujet de l'origine de l'ancienne forteresse
et sur l'époque de sa démolition.

Tels sont les documents administratifs et historiques
concernant la prolongation du boulevard Saint-Germain, à l'est de Paris.

Insistons une dernière fois sur le droit de priorité
qu'on devait accorder à cette partie de la ville dans la
continuation de ce boulevard :

« *Gardons-nous de donner la picorée à nostre glo-*
» *riolle,* répétaient souvent nos vieux et dignes Échevins
» de Paris, *mais augmentons, si faire se peut, l'amour*
» *que le populaire ressent pour le Roy, nostre cher Syre.*
» *Il faut songer à pétrir du pain pour les pôvres et*
» *menus avant de servir le gâteau aux riches et*
» *dodus.* »

Voilà, selon nous, la véritable école de sagesse et de prud'homie ; elle nous enseigne la seule administration utile au Souverain, agréable à Dieu.

Louis Lazare.

FAITS DIVERS

LE BOULEVARD DAVOUT.

Les différentes sections de la rue Militaire qui entoure la Ville de Paris, ont été formées conformément à la loi du 3 avril 1841, mais sur une largeur à peu près uniforme et toujours insuffisante de 12 mètres.

Un décret du 2 mars 1864 donnait à chacune de ces différentes sections le nom d'un maréchal du premier Empire.

En ce qui concerne le boulevard Davout, disons qu'il commence au Cours et à la porte de Vincennes, et se développe dans une longueur de 1,900 mètres jusqu'aux rue et porte de Bagnolet.

En ce moment, on ne voit çà et là sur le boulevard Davout, que de pauvres et chétives constructions élevées à l'alignement de 12 mètres de largeur.

Ce serait l'occasion d'exproprier ces cahutes pour donner à cette voie les dimensions convenables, et déterminées par le décret du 9 septembre 1861, qui fixe à 40 mètres la largeur de ce boulevard.

Ne laissez pas hausser les prix des terrains dans cette partie du 20e arrondissement.

Il y aurait une grande économie et de précieux avantages à marcher vite, en faisant tout de suite du boulevard Davout une voie convenable.

Voici, en quelques lignes, la biographie du maréchal dont le nom décore ce boulevard.

Davout (*Louis-Nicolas*), naquit à Annoux, près Noyers en Bourgogne, le 10 mai 1770. Élève de l'école de Brienne, il en sortit à quinze ans pour entrer comme sous-lieutenant au régiment de Champagne-cavalerie. En septembre 1791, il était chef de bataillon au 3e régiment de volontaires de l'Yonne dans l'armée de Dumouriez, puis général de brigade aux armées de la Moselle et du Rhin, en 1793 et 1795. Davout suivit Bonaparte en Égypte, et contribua puissamment à la victoire d'Aboukir.

ORDRE

Quartier général au Caire,
19, vendémiaire, an VII (10 octobre 1798).

« Le général en chef, voulant donner au général de
» brigade Davout un témoignage de la satisfaction du

» gouvernement pour les services qu'il a rendus dans
» les armées de la République ;

» Voulant également récompenser les services de
» Charles Davout, son frère, qui, depuis l'âge de seize
» ans, a servi comme volontaire dans le 3ᵉ bataillon
» de l'Yonne et le 9ᵉ de hussards, et s'est toujours con-
» duit avec zèle, moralité et intelligence,

» **Nomme** ledit citoyen Charles Davout sous-lieute-
» nant au 20ᵉ de dragons.

» Par ordre du général en chef,

» Bonaparte. »

(*Correspondance de Napoléon Iᵉʳ*, Vol. 5, P. 66.)

De retour en France, Louis Davout reçut de Bonaparte la lettre suivante :

Au général de brigade, Davout.

« Lausanne, 24 floréal, an VIII (14 mai 1800).

» J'apprends avec plaisir, citoyen, que vous êtes
» arrivé à Toulon. La campagne ne fait que commen-
» cer; les hommes de votre mérite nous sont fort né-
» cessaires. Croyez que je n'ai pas oublié les services
» que vous nous avez rendus à Aboukir et dans la
» haute Égypte. Quand votre quarantaine sera finie,
» rendez-vous à Paris.

» Bonaparte. »

(*Même correspondance*, Volume VI. Page 345.)

Le 3 juillet de la même année, Davout fut nommé
général de division, et le 28 novembre 1801, comman-

dant des grenadiers de la garde Consulaire, puis maréchal de l'Empire le 19 mai 1804.

Le 14 octobre 1806, le même jour que l'Empereur
gagnait la bataille d'Iéna, Davout, avec la droite de
l'armée française, remportait la victoire d'Auerstaed.

Napoléon le récompensa en lui adressant la lettre
suivante.

« Weimar, 16 octobre 1806 (7 heures du soir).

» Mon cousin, je vous fais mon compliment de tout
» mon cœur sur votre belle conduite. Je regrette les
» braves gens que vous avez perdus, mais ils sont
» morts au champ d'honneur. Témoignez ma satis-
» faction à tout votre corps d'armée et à vos généraux.
» Ils ont acquis pour jamais des droits à mon estime et
» à ma reconnaissance. Donnez-moi de vos nouvelles,
» et faites reposer quelques moments votre corps d'ar-
» mée à Naremburg.

Napoléon.

(*Même correspondance*, Volume XII, Page 443.)

Le 2 juillet 1808, l'Empereur conférait au maréchal
Davout le titre de duc d'Auerstaed, et, le 15 août 1809,
Napoléon adressait au Sénat un message dont voici un
extrait :

« Sénateurs, nous avons jugé utile de reconnaître
» par des récompenses éclatantes les services qui nous
» ont été spécialement rendus par nos cousins, le
» prince de Neufchâtel et les maréchaux ducs d'Auer-
» staed et de Rivoli... Nous avons érigé en princi-
» pauté, sous le titre de principauté d'Eckmühl, le

» château de Bruhl que nous avons acquis de la Légion
» d'honneur, avec les domaines qui en dépendent pour
» être possédée par notre cousin le maréchal duc
» d'Auerstaed et ses descendants.... Donné en notre
» camp impérial de Schoenbrunn, le 15 août 1809.

» NAPOLÉON. »

(*Même correspondance*, Volume XIX, Page 404).

Pendant la première restauration, le maréchal Davout vécut retiré dans sa terre de Savigny-sur-Orge. Après le retour de l'île d'Elbe, il fut appelé par Napoléon au ministère de la guerre, et organisa en trois mois, sous les ordres de l'Empereur, l'armée française en créant d'immenses ressources militaires pour la défense du pays. Après le désastre de Waterloo, il reçut le commandement général de l'armée réunie sous les murs de Paris. Le 3 juillet, il se disposait à livrer bataille, et toutes les chances de succès lui semblaient favorables, lorsqu'il reçut du gouvernement provisoire l'ordre de traiter.

Dès qu'il connut l'ordonnance du 24 juillet qui proscrivait les généraux Gilly, Grouchy, Exelmans, Clausel, etc., il écrivit au maréchal Gouvion Saint-Cyr, ministre de la guerre, pour demander qu'on substituât son nom à celui de ces généraux, attendu qu'ils n'avaient fait qu'obéir à ses ordres.

Lors du procès du maréchal Ney, Davout interpellé sur l'extension que devait avoir la convention du 3 juillet, relativement au prince de la Moskowa, répondit avec courage, que si la sûreté des militaires qui se trouvaient alors à Paris, n'eût pas été garantie, il aurait rejeté la convention, aimant mieux combattre que de livrer ses anciens compagnons d'armes.

Le maréchal Davout mourut le 1er juin 1823.

Louis Lazare.

ÉCLAIRAGE PUBLIC.

Voici une réclamation qui nous est adressée par des habitants des quartiers excentriques. On se plaint que les lanternes ne soient pas toutes allumées dans le parcours de ces voies. Afin de nous assurer de l'exactitude du fait, nous avons parcouru plusieurs fois les arrondissements annexés. En effet, nous avons constaté l'absence d'éclairage sur plusieurs points, notamment dans le 20e arrondissement.

A Dieu ne plaise, que nous adressions à la Compagnie du gaz, en 1867, le reproche qu'on faisait, en 1784, à la Société de l'éclairage à l'huile, dont Tourtille Sangrain était le directeur concessionnaire.

Cet éclairage avait lieu toute l'année, excepté pendant la durée du *clair de lune*. Mais il arrivait souvent que l'astre s'éclipsait au moment où le concessionnaire avait le plus compté sur sa présence.

Cela ne faisait guère le compte des Parisiens, qui tourmentaient, à cette occasion, le lieutenant de police Lenoir.

Voici une lettre qu'on lui écrivit à cette occasion :

A M. Pierre Lenoir, lieutenant général
de police, etc.

« Dans les quartiers excentriques de Paris, il n'y a
» ni réverbère ni lune, et ce qu'il y a de plus clair,
» c'est qu'on n'y voit goutte.

» On dit que la police a des yeux par devant et par
» derrière, vous devez donc savoir que certaines pen-
» sions assez rondes sont servies sur les économies que
» procure la suspension de l'éclairage, et que nous ap-
» pelons des *pensions sur le clair de la lune*. Or,
» comme nous vous savons honnête et digne magis-
» trat, vous penserez sans aucun doute qu'il y a lieu de
» suspendre ces pensions et de rétablir l'éclairage.

» Votre respectueux administré, Gélain. »

Nous recommandons à l'Autorité Municipale, la réclamation des habitants des arrondissements annexés ;
elle s'empressera, nous n'en doutons pas, de remédier
à l'inconvénient qu'ils signalent.

Louis Lazare.

NÉCESSITÉ D'ÉLARGIR LE CARREFOUR A L'ANGLE DES RUES SAINT-HONORÉ, DE MARENGO ET CROIX-DES-PETITS-CHAMPS.

Parmi les voies desservant la circulation la plus
active dans Paris, il n'en est pas de plus importante
que celle qui commence à la rue Saint-Honoré par la
rue Croix-des-Petits-Champs, se continue, après la

place des Victoires, par la rue d'Aboukir jusqu'à la rue Saint-Denis.

Malheureusement, à certaines heures, l'après-midi surtout, cette voie est littéralement encombrée.

Sans doute on ne saurait songer sérieusement à l'élargissement de cette grande artère ; mais il serait facile de pratiquer à la rencontre des rues Saint-Honoré, Croix-des-Petits-Champs et de Marengo un carrefour bien précieux pour la sécurité des piétons, si souvent compromise par l'augmentation toujours croissante des voitures de toute espèce circulant dans la Ville de Paris ?

La rue de Marengo, devant laquelle nous voudrions que l'Administration Municipale créât une petite place pour dégager la rue Croix-des-Petits-Champs, portait autrefois le nom de rue du Coq.

Nos grand'mères se souviennent du rigoureux hiver de 1783 à 1784. Il tomba dans le mois de décembre une grande quantité de neige à Paris, puis le froid devint si vif que le malheureux qui s'endormait sans feu dans son grenier ne se réveillait plus le lendemain.

Le Roi Louis XVI écrivit au contrôleur général des finances de mettre à la disposition du lieutenant de police Lenoir l'argent nécessaire pour donner du bois et des vêtements aux indigens.

Dans la lettre de Sa Majesté, on remarque cette phrase touchante :

« Les malheureux sont surtout mes enfants, et je ne » veux pas qu'ils souffrent. »

Louis XVI donna plus de 600,000 livres; la famille Royale et la Cour complétèrent un million.

Le 15 janvier, une députation des dames de la halle se présentait aux Tuileries pour remercier sa Majesté. Celle qui devait porter la parole était une belle jeune fille qu'on avait surnommée la *Reine des Halles*. L'émotion lui fit oublier son compliment officiel, et voici comment elle le remplaça : « Sire, je n'ai pas de mémoire, mais j'ai du cœur ; vous êtes un brave homme, et je voudrais bien vous embrasser. »

Le Roi ne se fit pas prier, et lui donna deux bons gros baisers qui firent plaisir à entendre.

Le lendemain, ce fut le tour des hommes. Les forts de la halle, après avoir mis en réquisition tous les gamins de Paris, érigèrent dans la rue du Coq-Saint-Honoré, en face de la porte du Louvre, un singulier monument. C'était une pyramide de neige, de la hauteur d'un étage. Parmi les inscriptions placées sur le monument, il en est une qui fit pleurer le Roi Louis XVI.

La voici :

> Louis, les indigens, que ta bonté protége,
> Ne peuvent t'élever qu'un monument de neige.
> Mais il plaît davantage à ton cœur généreux
> Que le marbre payé du pain des malheureux.

LA VOIE MILITAIRE.

Dans l'exposé des motifs du projet de loi ayant pour objet d'autoriser la Ville de Paris à émettre en 1860

287,618 obligations au capital de 500 francs on lit ce qui suit :

« Les abords de l'enceinte nouvelle doivent offrir toutes les facilités nécessaires, soit aux relations des populations environnantes, soit au transport des marchandises en transit, soit à la surveillance des agents de perception ; la route militaire actuelle, qui est l'unique moyen de communication directe d'une porte de la ville à l'autre, n'a que douze mètres de largeur.

» Huit cent mille francs ont été employés à la mise en état de viabilité et à l'installation des appareils d'éclairage de cet étroit chemin ; l'Administration Municipale semble disposée à en porter la largeur à quarante mètres et à la transformer en un boulevard digne de l'immense Capitale dont il décrit le contour ; il faudrait acquérir une bande de **22** mètres sur **32,000** de développement, c'est une dépense qui s'élèvera probable- *à un peu plus de* **18** *millions de francs.* »

Au sujet de ce boulevard militaire, de nombreuses observations nous sont adressées. Comme elles nous paraissent empreintes d'un véritable caractère d'utilité publique, nous croyons de notre devoir de les transmettre à l'Administration Municipale.

Jusqu'ici, en ce qui concerne cette voie circulaire, voici de quelle manière la Ville a opéré :

Lorsque des propriétaires ont demandé à bâtir, l'Administration leur a donné l'alignement consacré par le décret impérial, puis le terrain livré a été payé soit à l'amiable, soit d'après les allocations déterminées par le Jury d'expropriation.

IX.   4

Mais, quant aux maisons bâties à l'ancienne largeur de 12 mètres, comment procédera-t-on à leur égard? par l'expropriation ou par mesure ordinaire de voirie?

Si le premier moyen est employé, on doit forcément l'appliquer à tous les immeubles d'une même section, c'est-à-dire entre deux entrées ou deux portes de la Ville.

Si l'on opère par simple mesure de voirie, au contraire, c'est-à-dire au fur et à mesure des reconstructions, lorsque les maisons actuelles tomberont de vétusté, il faudra plus d'un demi-siècle avant d'arriver à la mise à l'alignement complet d'une seule section. Puis, n'est-ce pas frapper les immeubles existant aujourd'hui d'une dépréciation énorme? Ne peut-il pas arriver même que les 28 mètres à livrer à la voie publique constituent toute la profondeur d'une partie des maisons, qui se trouveront complétement absorbées. Dans cette situation, indemniserait-on justement les propriétaires, forcés à démolir leurs maisons, en ne leur payant que le prix du terrain dévolu entièrement au boulevard Militaire?

Ces observations nous paraissent dignes en tous points d'attirer l'attention de l'Autorité Municipale parce qu'elles intéressent le bien-être et l'existence de plus de cinq cents familles.

Mieux vaudrait, selon nous, opérer radicalement par section, au fur et à mesure des ressources que la Ville pourrait consacrer à cette transformation si désirable. Sans doute la dépense serait plus considérable pour le présent, mais on économiserait dans l'avenir; car, si l'on laissait de nombreux terrains, aujourd'hui d'un prix relativement minime, s'utiliser avec le temps, on créerait ainsi une plus-value à leur profit, mais au détriment des finances municipales, et ce ne seraient plus 18 millions qui pourraient alors, comme le dit M. le préfet, réaliser cette transformation. Dans vingt ou trente années, elle coûterait bien davantage: 60, 80, 100 millions peut-être.

PROGRESSION FACHEUSE DES CITÉS, VILLAS, COURS ET PASSAGES PARTICULIERS.

La session du Conseil général de la Seine doit s'ouvrir dans quelque mois. C'est un devoir pour nous de profiter de cette occasion pour formuler un vœu non moins important que celui que ce Conseil a bien voulu prendre en considération, le 5 novembre 1859, sur notre mémoire traitant de l'étude du plan d'ensemble de Paris jusqu'aux fortifications.

La question que nous avons à soumettre au Conseil général concerne la salubrité de Paris et principalement les habitations des classes ouvrières.

Il s'agit de mettre un terme à la progression déplolorable des cités, cours ou passages particuliers qui se construisent dans Paris et sa nouvelle banlieue, en dehors de l'action municipale, au mépris des principes de l'hygiène et de la salubrité.

Tandis que nos Édiles font pénétrer l'air et la lumière dans le vieux Paris, en ouvrant de larges boulevards, en créant de précieux ventilateurs, on voit se former aux extrémités de la ville des groupes de maisons étroites et malsaines dans lesquelles une déplorable spéculation entasse nos ouvriers.

Ces groupes de masures, appellés villas, cités, cours ou passages, selon la fantaisie des propriétaires, sont au nombre déjà de plus de 500 dans le Paris actuel.

Si nos édiles ont consacré en quinze années près de 300 millions pour assainir le vieux Paris, combien de millions ne faudra-t-il pas dépenser encore dans un quart de siècle pour purifier les extrémités de la Capitale?

Le remède doit être prompt, énergique.

Examinons la législation en matière de voirie.

Avant d'obtenir la permission d'ouvrir une rue, il faut au préalable que le détenteur d'un terrain se soumette à certaines prescriptions édictées dans un intérêt général.

Ces prescriptions remplies, toutes les clauses exécutées par le propriétaire, la rue est reconnue voie publique et mise à l'entretien de la Ville.

Mais si le détenteur du terrain se refuse aux justes conditions imposées par l'Administration Municipale, on le laisse libre de construire un passage particulier de 3 ou 4 mètres de largeur, selon son bon plaisir. Il n'a qu'une chose a faire : c'est d'obéir aux prescriptions de la voirie seulement en ce qui concerne l'entrée de son passage sur la voie publique.

Après cela, il construit à sa guise et loue comme il veut.

La loi du **13 avril 1850, sur les** logements insalubres, permet à l'Administration, il est vrai, d'intervenir dans le but d'assainir l'habitation de l'ouvrier. Mais si cette habitation fait partie d'un passage particulier, trop étroit pour que l'air y circule librement, pour que le soleil y fasse pénétrer ses rayons, que devient la loi? Elle détruit l'effet et laisse subsister la cause.

Armée du **décret du 26 mars 1852,** l'Administration Municipale peut exproprier les îlots de cahutes, les ruelles étroites et fangeuses composant ce passage particulier, cette cité malsaine. L'abus sera détruit, il est vrai ; mais, détruit dans un endroit, il reparaîtra bientôt dans un autre. Avec le produit de l'expropriation, le spéculateur peut construire impunément une nouvelle cité tout aussi insalubre.

La loi devrait avoir non-seulement une action répressive, mais encore une action préventive, pour être vraiment utile.

Tous les droits doivent avoir leurs limites, le droit de propriété comme les autres. Le détenteur d'un terrain ne saurait, dans un intérêt de spéculation, compromettre impunément la vie de ses semblables. En louant des logements, il fait un commerce ; or il faut que sa marchandise soit de bon aloi.

Répétons le à nos Édiles :

Ne laissez pas plus longtemps nos ouvriers parisiens s'étioler, se flétrir dans ces bouges étroits et malsains qui sont la honte de Paris et de la civilisation.

Louis Lazare.

LA MAIRIE DU 20ᵉ ARRONDISSEMENT.

Voilà plus de six années que nos édiles ont promis au 20ᵉ arrondissement une mairie convenable, et cet établissement d'une urgence constatée est toujours à l'état de projet. Qu'il nous soit permis d'insister sur les conséquences de ce retard.

De toutes les mairies à créer par le fait des nouvelles circonscriptions administratives de la Ville de Paris, celle du 20ᵉ était sans contredit la plus utile. La mairie provisoire, qui se trouve à la limite extrême de l'arrondissement, s'était installée dans une guinguette nommée : l'*Ile d'Amour*.

En dépit de son nom, l'*Ile d'Amour* est antipathique à la grande majorité de la population du 20ᵉ arrondissement. Les habitants de Charonne et de l'avenue de Vincennes, par exemple, lorsqu'ils sont forcés de se rendre à la mairie, ont à faire un parcours de 3,500 mètres.

Nous prions M. le Préfet d'ordonner au plus tôt l'achèvement de la rue de Puebla jusqu'à l'avenue de Vincennes.

DEMANDE DE CONSTRUCTION D'UN PORTAIL
POUR L'ÉGLISE SAINT-NICOLAS DU CHARDONNET.

S'il est une réclamation fondée, c'est celle des habitans du 5ᵉ arrondissement (ancien 12ᵉ), qui sollicitent de l'équité de l'Administration Municipale l'achèvement de l'ancienne et très-remarquable église de Saint-Nicolas du Chardonnet.

Par suite de l'ouverture du boulevard Saint-Germain, il a fallu raccorder le chevet de Saint-Nicolas du Chardonnet avec la nouvelle voie. Il eût été rationnel de profiter de cette circonstance pour compléter cette église, l'une des plus remarquables de Paris, autant par son architecture que par les œuvres d'art qu'elle renferme.

L'entrée principale de cet édifice religieux, sur la rue Saint-Victor, a un triste aspect. L'église s'ouvre sur une espèce de cour, de terrain vague couvert d'immondices. C'est au nom d'une population de plus de vingt mille âmes que nous réclamons contre un état de choses qui est un manque de respect envers la religion.

Voici succinctement l'origine de l'église Saint-Nicolas.

Guillaume d'Auvergne, ayant obtenu de l'abbaye Saint-Victor cinq quartiers de terre dépendant du fief du Chardonnet, y fit bâtir, en 1230, une chapelle qui fut érigée en paroisse en 1242. En 1661, l'on entreprit sa reconstruction; les travaux, bientôt suspendus, ne furent continués qu'en 1707; ils n'ont jamais été complétement terminés.

Cependant Saint-Nicolas du Chardonnet mériterait bien qu'on s'occupât de son achèvement. Cette église, située au milieu d'une population agglomérée, possède des peintures remarquables, parmi lesquelles on admire la *Vierge et le Christ mort*, énergique composition de Valentin ; les *Pèlerins d'Emmaüs*, de Saurin; *Saint Charles Borromée*, de Lebrun ; un *Miracle de Moïse*, du même artiste ; la *Manne*, de Charles Coypel ; *Saint Bernard,* par Lesueur ; un *Christ au tombeau*, par Mignard, etc.

La sculpture occupe aussi dans l'église Saint-Nicolas du Chardonnet une place importante. La chapelle
Saint-Charles, richement ornée, renferme un admirable
tombeau de la mère de Lesueur. Ce tombeau a été exécuté par Collignon, sur les dessins du peintre de
Louis XIV. On admire aussi un autre monument élevé
à la mémoire du grand artiste, et qui consiste en une
pyramide, avec un médaillon de Lebrun, par Coysevox.

Les destinées de Saint-Nicolas du Chardonnet ont
toujours été malheureuses. Cette église, supprimée
en **1792**, devint propriété nationale.

Voici quel fut le triste sort de son ancien curé pendant la Terreur. C'est Nougaret, l'un des historiens de
cette époque, qui raconte :

« Dans le nombre des quatre-vingt-onze prêtres égor-
gés à Saint-Firmin (1) , un des plus remarquables
est Joseph-Marie Gros, curé de Saint-Nicolas du Chardonnet, député à l'Assemblée constituante, pasteur qui
avait pour ses paroissiens la tendresse d'un père pour

---

(1) La fondation du séminaire Saint-Firmin remontait
au treizième siècle. Le célèbre réformateur Jean Calvin
habita pendant quelque temps cette maison, dont faisait
également partie le collége des Bons-Enfants. Vincent de
Paul en fut nommé principal et chapelain le 1er mars
1624.

Le séminaire Saint-Firmin fut converti en prison pendant la révolution. La rue du Cardinal-Lemoine a été ouverte sur l'emplacement de ce séminaire et du collége
des Bons-Enfants.

ses enfans. Parmi ses bourreaux, il vit un de ses paroissiens et lui dit : « Mon ami, je te reconnais ; —
» Eh oui ! lui répondit l'homme, moi aussi, je vous re-
» connais ; je sais qu'en plusieurs occasions vous m'avez
» rendu service. — Comme tu m'en payes ! répliqua le
» bon curé. — Je ne saurais qu'y faire, reprit le bour-
» reau ; ce n'est pas ma faute, la *nation* le veut ainsi,
» et la *nation* me paye. »

» Ayant achevé ces mots, l'homme fit signe à ses ca-
marades ; tous ensemble saisirent ce vénérable prêtre et
le jetèrent par la fenêtre ; sa cervelle se répandit sur
le pavé, ses membres palpitèrent pendant plusieurs
minutes. Depuis sa mort on a ouvert son testament,
on a trouvé qu'il léguait tous ses biens aux pauvres de
sa paroisse. »

L'église Saint-Nicolas du Chardonnet, devenue propriété nationale, fut vendue le 3 vendémiaire an VIII.
L'acquéreur n'ayant pas satisfait à ses engagements, la
vente fut résiliée, et cet édifice, conservé, a été remis,
le 23 fructidor an X, à la disposition de l'archevêque
de Paris.

Le 16 février 1818 on transporta dans cette église le
corps du poëte *Santeuil,* mort à Dijon en 1697.

Tels sont les faits historiques se rattachant à cette
église, l'une des plus remarquables de la ville de Paris.
L'Administration Municipale devrait accéder au plus
tôt à la demande des habitants, qui réclament depuis
tant d'années une amélioration complémentaire vraiment
indispensable.

Il faudrait profiter de la construction du portail pour

procéder tout de suite à l'isolement de l'édifice religieux ainsi qu'à la formation d'une place au midi de
l'église Saint-Nicolas du Chardonnet.

L'Administration agit très-sagement lorsqu'elle fait
construire de nouvelles églises pour les quartiers qui
en sont privés. Mais ce serait un complément de sagesse si elle terminait simultanément les édifices religieux qui ont des droits acquis au respect et à la sollicitude de nos Édiles.

Louis Lazare.

AGRANDISSEMENT ET ISOLEMENT DE L'ÉCOLE
DE MÉDECINE.

Dans un mémoire présenté par M. le Préfet de la
Seine, nous remarquons cette phrase au Conseil Municipal.

«..... La nécessité d'agrandir l'École de médecine,
» est signalée depuis longtemps au Ministère de l'in-
» struction publique, et, sans aucun doute, le concours
» de la Ville sera encore demandé pour cette opération,
» qu'on évalue à 7,200,000 fr. »

La continuation du boulevard Saint-Germain doit
amener, dans un temps assez rapproché, l'agrandissement et l'isolement de l'École de médecine, dont nous
allons rappeler l'origine, au point de vue de la construction.

Elle a été bâtie sur l'emplacement du collège de Bourgogne, en vertu d'un arrêt du Conseil d'État du Roi, à la date du 7 décembre 1768.

Jeanne, comtesse de Bourgogne et d'Artois, femme de Philippe le Long, par son testament de 1332, voulut que le produit de la vente de son hôtel de Nesle fût employé à la fondation d'un collége destiné aux pauvres écoliers séculiers et réguliers du comté de Bourgogne.

Les exécuteurs testamentaires firent, en conséquence, l'acquisition d'une propriété située en face du couvent des Cordeliers. On appela cette propriété *la Maison des escholiers de Madame Jeanne de Bourgogne, reyne de France.*

Le collége de Bourgogne fut réuni, vers 1763, à l'Université.

Telle est l'origine du collége que l'École de médecine a remplacé. Ce second établissement, très-suffisant autrefois, ne l'est plus aujourd'hui.

Aussi est-il question de consacrer à la Faculté de médecine, pour l'enseignement, la bibliothèque et les services intérieurs, le terrain compris entre la rue des Écoles, la rue Hautefeuille, le boulevard Saint-Germain et la rue Larrey; pour les musées et les services d'anatomie, l'emplacement limité par les rues des Écoles, Racine, Monsieur-le-Prince et Antoine Dubois.

La réalisation de ce projet, qui donnerait à l'École de médecine une façade monumentale sur le boulevard Saint-Germain, aurait en outre deux excellents résultats; elle amènerait la destruction de l'hôpital des Cliniques, qui passe pour insalubre, et la suppression des amphithéâtres de Clamart, relégués dans le faubourg Saint-Marceau, à **2,500** mètres environ de l'École de médecine.   DE BERNAGE.

NÉCESSITÉ DE PROLONGER LA RUE BEAUBOURG.

L'ouverture du boulevard de Sébastopol est précieuse d'utilité publique. C'est évidemment la voie perpendiculaire à la Seine, la plus favorable à la circulation, celle qui a donné satisfaction aux besoins les plus urgents, aux nécessités les mieux constatées. Toutefois, il faut bien le reconnaître, cette voie n'est pas suffisante pour mettre en correspondance complète les quais avec les grands boulevards. D'autres voies perpendiculaires à la Seine seraient encore bien utiles, surtout à l'est du boulevard de Sébastopol.

En effet, la rue du Temple, qui décrit des courbes comme les anneaux entortillés d'un serpent, est beaucoup trop étroite. Son élargissement et sa rectification seraient d'ailleurs effrayants de dépenses.

La rue Vieille-du-Temple présente les mêmes défauts, plus difficiles encore à faire disparaître.

Ces vérités expliquent suffisamment la nécessité de prolonger la rue Beaubourg, destinée à former une grande communication entre le côté nord de la place de l'Hôtel-de-Ville et la nouvelle place créée à la rencontre des rues de Turbigo et de Réaumur.

Le tracé de cette voie perpendiculaire à la Seine, en continuant la rue de la Poterie, traverserait les rues de la Verrerie, Neuve-Saint-Merri, Pierre-au-Lard, Simonle-Franc, Geoffroy-l'Angevin, de Rambuteau, des Petits-Champs, du Maure, l'impasse des Anglais, les rues Grenier-Saint-Lazare, Montmorency et Chapon, en élargissant ou mieux en transformant la rue Beaubourg jusqu'au carrefour où viendront se croiser les rues de Réaumur et de Turbigo.

Il est vraisemblable que le prolongement de la rue Beaubourg ne s'arrêtera pas à la place formée à la rencontre des rues de Réaumur et de Turbigo. Un jour il sera continué jusqu'au boulevard Saint-Martin, en coupant ensuite les rues du Vert-Bois, Notre-Dame de Nazareth et Meslay.

Parmi les voies publiques dont nous venons de parler à propos du prolongement de la rue Beaubourg, il en est trois qui rappellent des souvenirs historiques ; ce sont les rues *de la Poterie, de la Verrerie et Grenier-Saint-Lazare.*

Rue de la Poterie. Cette voie était construite en 1120. Des comédiens de province obtinrent, en 1600, la permission d'ouvrir un théâtre à l'hôtel d'Argent, situé dans cette rue, du côté de la Grève. En juillet 1609, le Prévôt de Paris, à l'occasion de quelques désordres survenus à l'hôtel d'Argent, rendit une ordonnance dont voici quelques dispositions :

«... Faisons très expresses deffenses auxdits comédiens, depuis le jour de la Saint-Martin jusqu'au quinzième février, de jouer passé quatre heures et demie au plus tard ; auxquels pour cet effect enjoignons de commencer précisément, avec telles personnes qu'il y aura, à deux heures après midi... Deffendons aux comédiens de prendre plus grande somme des habitans et autres personnes que de cinq sols au parterre et de dix sols aux loges et galleries... »

Rue de la Verrerie. Cette rue existait dès 1185. Selon la tradition, la maison n° 42 aurait été bâtie sur l'emplacement de l'hôtel habité, vers 1140, par l'abbé Suger.

L'émailleur Jacquemin Gringoneur, inventeur des cartes à jouer sous Charles VI, avait ses ateliers dans la rue de la Verrerie, au n° 24 actuel.

Un arrêt du 20 février 1672 porte ce qui suit :

« Sa Majesté, désirant procurer la décoration de sa bonne ville de Paris pour le passage dans les rues d'icelle, principalement en celle de la *Verrie*, qui est le passage ordinaire pour aller de son chasteau du Louvre en celuy de Vincennes, et le chemin par lequel se font les entrées des ambassadeurs des princes étrangers... Ordonne l'élargissement de ladite rue de la Verrie. »

Rue Grenier-Saint-Lazare. L'enceinte de Paris construite sous Philippe-Auguste atteignait la rue Saint-Martin précisément à l'angle aujourd'hui formé par cette voie publique et la rue Grenier-Saint-Lazare, qui se trouvait alors dans la campagne.

Une partie du Beau-Bourg, qui a donné son nom à la rue dont nous nous occupons, fut enfermée dans Paris lors de la construction de cette enceinte.

A droite du Beau-Bourg était le Bourg-l'Abbé, que le boulevard de Sébastopol a coupé par le milieu, perpendiculairement à la Seine.

Louis Lazare.

PROLONGEMENT

DE

LA RUE DE RÉAUMUR

Voir dans ce volume le plan de la partie comprise entre les places de la Bourse et du nouvel Opéra.

Description du tracé complet. — La rue Thévenot. — Madame de Beauharnais. — La Cour des Miracles, le Roi Louis XIV et le lieutenant général de police La Reinie. — Le Père Duchesne et l'Administration Municipale de Paris durant la Terreur. — La rue de Cléry et le poëte André Chénier. — Le Palais-Cardinal, le poëte Régnard et la rue de Richelieu; l'hôtel Lecoulteux, Frascati, etc.

Dans notre Collection municipale, nous avons décrit en plusieurs circonstances le tracé du prolongement de la rue de Réaumur, à l'est de cette voie publique; nous allons nous occuper présentement des différentes sections qui vont être exécutées à l'ouest de Paris.

La rue de Réaumur s'arrête aujourd'hui en face de la rue Thévenot. En se prolongeant, le tracé doit entamer le massif des maisons du côté des numéros pairs. Quant aux immeubles impairs, ils devront avancer pour se mettre à l'alignement de la nouvelle voie, circonstance qui entraînera leur expropriation.

A l'extrémité droite de la rue Thévenot, le tracé coupe la cour des Miracles, détruit l'impasse de l'Étoile pour déboucher dans la rue des Petits-Carreaux, dont la surélévation présentera des difficultés de nivellement qui entraîneront l'expropriation d'un certain nombre d'immeubles. Voici seulement les numéros des maisons qui doivent être démolies d'après le plan officiel : n°s 20, 22, partie du 23, 24, 25, partie du 26, 27, 29, 31 et partie du n° 33. Après avoir dépassé la rue des Petits-Carreaux, le tracé rencontrera la rue d'Aboukir, qui doit abandonner à la nouvelle voie les immeubles ci-après : 55, 57, 59, 61, 63, 65, 62, 64, 66, 68, 70, 72, 74, et partie du 76.

Le tracé atteint ensuite la rue de Cléry et lui enlève une partie des n°s 13, 14 et 15 avec la totalité des n°s 16, 18, 20, 22, 24 et partie du 26.

En quittant la rue de Cléry, le tracé écorne la rue du Sentier à l'endroit où elle commence, et lui enlève les n°s 1 et 2, ainsi qu'une partie du n° 3. De là, il pénètre dans la rue Montmartre et absorbe en partie les n°s 124 et 97 et la totalité des n°s 126, 128, 130, 99, 101, 103, 105, 107 et partie du 109. — Puis, pour former un évasement bien utile au croisement avec la rue d'Aboukir, les maisons ci-après devront être démolies dans la rue Montmartre : **73, 75, 77, 79** et **81**.

En quittant la rue Montmartre, le tracé de la rue Réaumur coupe la rue Joquelet et lui enlève les maisons n^os **7, 9, 11, 12, 13** et partie du n° **5**.

De la rue Joquelet le tracé pénètre dans la rue Notre-Dame des Victoires, et lui prend une partie des n^os **32, 34** et **36**.

Le tracé de la rue de Réaumur atteint ensuite la rue Vivienne, où il supprime le n° **27**. La largeur de cette rue est portée à **12** mètres, en vertu du décret du **14** mai **1853**.

En quittant la rue Vivienne, le tracé se poursuit dans la rue des Filles-Saint-Thomas et lui enlève les n^os **4, 6, 8, 10** et **12**.

Ensuite, la voie coupe à son extrémité la rue des Colonnes, qui doit livrer à la nouvelle voie les n° **1, 2, 3** et partie des **4** et **5**. Aucun alignement officiel ne doit modifier les dispositions symétriques de la rue des Colonnes, dont la formation date du commencement de ce siècle.

En quittant la rue des Colonnes, la voie pénètre dans la rue de Richelieu et enlève les n^os **70, 72**, partie du **74** et le **79**.

Après avoir dépassé la rue de Richelieu, la voie entre dans la rue Ménars et absorbe les n^os **1, 3, 5, 7, 9, 14** et **16**, ainsi qu'une partie des n^os **1** et **12**.

De la rue Ménars, le tracé se continue dans la rue Grammont, qui verra disparaître les n° **7, 8**, et partie du n° **5**.

La nouvelle voie pénètre alors dans la rue de

Choiseul, qui lui abandonne les n⁰ˢ 10, 11 et partie des n⁰ˢ 8, 12 et 13.

De la rue de Choiseul, le tracé entre dans la rue Delamichiodière et enlève les n⁰ˢ 13 et 15 ainsi qu'une partie des n⁰ˢ 10 et 12.

De la rue Delamichodière, le tracé se prolonge dans la rue de Hanovre et fait disparaître le n⁰ 21.

Après la rue de Hanovre, le tracé rencontre la rue de Port-Mahon, qui livre à la voie partie du n⁰ 11 et les n⁰ˢ 14 et 16.

Le tracé pénètre ensuite dans la rue Louis-le-Grand et enlève une partie des n⁰ˢ 24, 29, 33 et le n⁰ 31.

Le prolongement de la rue de Réaumur débouchera sur le boulevard des Capucines avec la rue qui partira de la place du Théâtre-Français pour aboutir en face du nouvel Opéra. Il est probable que la fusion de ces deux grandes voies nécessitera la formation d'une place, indispensable en cet endroit.

Tel est le tracé du prolongement de la rue de Réaumur.

Maintenant occupons-nous de l'origine des rues qui seront traversées par la grande artère, rappelons les documents administratifs et les souvenirs historiques se rattachant au prolongement de la rue de Réaumur.

Vingt-trois voies publiques ou particulières sont intéressées à ce percement ; elles s'appellent : rue Thévenot, cour des Miracles, impasse de l'Étoile, rues des Petits-Carreaux, d'Aboukir, de Cléry, du Sentier, Montmartre, Joquelet, Notre-Dame des Victoires, Vivienne, des Filles-Saint-Thomas, des Colonnes, de Richelieu, Ménars, Grammont, Choiseul, Delamichodière, de Hanovre, de Port-Mahon, Louis-le-Grand, de la Paix et boulevard des Capucines.

RUE THÉVENOT.

La rue Thévenot n'était encore à la fin du quatorzième siècle qu'une impasse située dans la rue des Petits-Carreaux; on l'appelait cul-de-sac des Cordiers ou de la Corderie. En 1676, la partie de cette impasse qui formait une ligne droite fut prolongée jusqu'à la rue Saint-Denis. La seconde partie, qui obliquait à gauche de la rue des Petits-Carreaux, est devenue l'impasse de l'Étoile. La nouvelle rue prit le nom de *Thévenot* en l'honneur d'André Thévenot, ancien contrôleur en chef des rentes de l'Hôtel de Ville, qui fit construire dans cette rue plusieurs maisons. Un des ancêtres du contrôleur, Jean Thévenot, avait figuré au nombre des Échevins de la Ville de Paris, en 1608, sous la Prévôté de Jacques Sanguin.

Une ordonnance royale du 21 juin 1826 avait fixé la largeur de la rue Thévenot à 10 mètres.

Dans la maison portant le n° 12, en face de la rue des Deux-Portes Saint Sauveur, a demeuré *Joséphine* avec sa tante, Mme de Renaudin, et le marquis de Beauharnais son beau-père. La future impératrice quitta cette habitation vers le mois d'août 1785.

COUR DES MIRACLES.

L'un des premiers jours du mois de mai 1667, dans le petit salon bleu du palais du Louvre, deux personnages causaient avec animation. Le premier était assis devant une table couverte d'un magnifique plan de Paris ; le second se tenait tête nue et debout.

L'un était Louis XIV, l'autre s'appelait Gabriel-Nicolas de La Reinie.

Après avoir écarté le plan, « Monsieur de La Reinie, dit Sa Majesté, par nos lettres patentes du 29 mars dernier, nous vous avons nommé Lieutenant général de police, et créé cette fonction comme un hommage au talent et à la fermeté que vous avez déployés au présidial de Bordeaux. Notre pensée a été que vous feriez encore mieux dans notre bonne Ville de Paris, où la nécessité d'une police habile et vigilante s'accuse chaque jour davantage, en raison des développements considérables que prend cette Capitale.

» N'est-ce pas une honte de voir sous notre règne, qui comptera, nous l'espérons, dans l'histoire, quatre repaires connus sous le nom de *Cours des Miracles*. L'un de ces bouges est voisin du rempart, tout près du couvent des Filles-Dieu. Il renferme au moins quinze cents bandits, qui rançonnent, pillent et tuent impunément dans notre bonne Ville de Paris, et parfois à quelques pas de notre palais du Louvre.—Qu'en dites-vous, monsieur de La Reinie ?

— Sire, vous m'avez fait l'insigne honneur de me nommer Lieutenant général de police le 29 mars dernier ; nous sommes au 3 mai : dans huit jours il n'y aura plus de *Cours des Miracles* dans votre Capitale.

— En vous interrogeant, je prévoyais une réponse à peu près semblable.

— Sire, j'ai dû prendre des précautions pour éviter l'effusion du sang. Je me suis renseigné, j'ai étudié, j'ai creusé cette organisation formidable de bandits, je l'ai sapée sourdement, je l'ai minée lentement, elle va sauter et tomber en poussière. Si Votre Majesté daignait m'accorder encore quelques instants, je lui communiquerais quelques renseignements qui ne manquent pas d'intérêt.

— Parlez, monsieur de La Reinie.

— L'existence de ces bouges, ou mieux le développement de ces repaires remonte au règne de Charles VI, pendant l'occupation anglaise.

— Malheureuse époque, que je voudrais de mon sang effacer de notre histoire.

— Le gouverneur de Paris, le duc de Bedfort, savait combien les dignes enfants de Paris détestaient le joug de l'étranger. Aussi, pour les dominer, le gouverneur anglais ne trouva qu'un moyen, celui de faire entrer dans la Capitale enchaînée, mais frémissante, tous les bandits de l'Europe, que l'appât du pillage attire d'ordinaire dans les grandes villes.

» Ces bohèmes accourus de tous les pays formèrent dans Paris de ces formidables compagnies qui rappelaient celles que le connétable Du Guesclin avait jetées sur l'Espagne, seul moyen alors d'en purifier la France.

» On voyait dans Paris ou ses faubourgs plusieurs emplacements que le commerce et l'industrie n'avaient pas encore utilisés, ou des espaces vagues servant autrefois de voirie ou de dépôt d'immondices. Le duc de Bedfort les leur abandonna. Ces bandits improvisèrent des réseaux de ruelles étroites, presque inaccessibles, bâtirent à la hâte des cahutes où s'entassèrent pêle-mêle, hommes, femmes, vieillards, enfants. Bientôt ils devinrent la terreur des bourgeois de Paris. Aussi, pas un marchand courageux, pas un seul clerc d'une vaillance reconnue, qui osât se risquer après le couvre-feu dans un de ces repaires.

» Plusieurs soldats du guet qui avaient pénétré dans ces Cours des Miracles pour exécuter les ordres du Prévôt de Paris, n'avaient pas reparu : seulement la Seine rejetait de temps en temps sur la grève des cadavres défigurés ; on distinguait sur leur poitrine une croix rouge dessinée avec la pointe d'un poignard.

» Or il arriva que ces bandits ne firent aucune distinction entre amis et ennemis, et qu'ils pillèrent et tuèrent avec la même indifférence Anglais et Français. Seulement, le duc de Bedfort décida que pour chaque soldat anglais assassiné, on s'emparerait au hasard de vingt-cinq bandits des Cours des Miracles, pour les pendre à l'instant et sans rémission.

» Cette façon de procéder, cette extension à la peine du talion ne fut guère du goût de ces bohèmes, qui proposèrent à Michel Lallier, maître changeur au pont de la Marchandise, de s'adjoindre aux bourgeois de Paris pour chasser ensemble les Anglais de la Capitale. Votre Majesté sait ce qui s'ensuivit...

— Mais lorsque le roi Charles VII, l'un de nos progéniteurs, rentra dans sa bonne ville de Paris, Michel de Lallier anobli, puis élu Prévôt des Marchands, chercha sans doute à transformer en honnêtes gens les bohèmes de ces Cours des Miracles.

— Oui Sire, mais toutes les tentatives du Magistrat échouèrent contre les vices de ces bandits, qui devinrent encore plus insolents et plus dangereux. Ils crurent que les services qu'ils avaient rendus leur conféraient des droits à l'impunité; les assassinats et les pilleries se multiplièrent à l'infini. Ces bohèmes devinrent surtout formidables pendant les guerres de religion, sous Charles IX et Henri III; ils rançonnèrent à l'envi catholiques et protestants, voire même les juifs. Durant la Fronde, ils devinrent les auxiliaires les plus dévoués du cardinal de Retz, de ce prélat qui portait un poignard en guise de bréviaire.

— C'est à ne pas croire à cette impunité plusieurs fois séculaire.

— Leur organisation va vous expliquer, Sire, les difficultés qui arrêtèrent vos prédécesseurs.

— J'aimerais mieux cesser d'être roi de France que de subir désormais pareille insolence.

— Cette association de bandits constitue, pour ainsi dire, un État dans l'État : il y a un royaume de France et un royaume de l'Argot. Chaque sujet argotier obéit à une espèce de code ou de formulaire dont je vais rappeler à Votre Majesté les principales dispositions.

»Pour être admis dans l'association, il fallait et il faut encore :

» 1° Être présenté par trois membres faisant partie d'une des Cours des Miracles existant dans la ville de Paris ou ses faubourgs ;

» 2° Avoir assassiné au moins une fois, ou prouver cinq vols difficiles, dangereux et lucratifs ;

» 3° Faire serment qu'on n'appartient à aucune religion, qu'elles sont toutes également indifférentes, et qu'on est prêt à se débarrasser avec la même facilité de tous, catholiques, protestants et juifs, que l'association vous ordonne de tuer ;

» 4° Déclarer si l'on est marié ou célibataire.

» Dans le premier cas, s'engager à quitter sa femme, et au plus tôt, afin d'en prendre une autre parmi les *associées;* en changer de mois en mois, pour éviter tout enchaînement, le véritable argotier se devant uniquement à l'association.

» 5° Les enfants nés ou à naître dans une des Cours des Miracles ne peuvent être revendiqués par ceux qui se croiraient leurs pères. Ces enfants appartiennent en toute propriété à l'association, qui les élève, les instruit pour en disposer ensuite à son gré.

»6° Le butin provenant *des opérations* doit être versé à la caisse commune, et le samedi de chaque semaine, l'argent est partagé entre les argotiers, sauf une retenue pour subvenir aux besoins de l'association.

»Telles sont encore, Sire, les principales obbligations imposées à ceux qui veulent faire partie de cette étrange société. Les argotiers ont donc une association politique en lutte perpétuelle contre l'autorité. Ils sont classés en différentes catégories ; tous obéissent à un chef qu'on appelle le roi de Thunes ou Grand Coësre.

» Les catégories principales sont celles des Capons, des Francs Mitoux et des Rifodés. Le roi de Thunes est électif ; il a des gardes qui veillent à la porte de son réduit, comme on en voit à la porte du Louvre. Le signe principal de sa dignité est un gros martinet nommé *boullaye*, avec lequel il caresse les épaules de ses sujets, lorsque la fantaisie lui en prend.

» Il a droit au cinquième des produits de tous les vols et pilleries, et chaque associé est tenu de le déposer dans un bassin toujours aux pieds du roi de Thunes ; de là vient l'expression vulgaire : *cracher au bassinet*. La bannière du roi est un chien mort accroché aux dents d'une fourche. Dans les processions, lors de la fête des Fous, le roi de Thunes marche après le duc d'Égypte, mais il a droit de préséance sur tous les autres dignitaires de l'empire de Galilée.

» Maintenant, Sire, d'après les documents que j'ai recueillis, cette association se compose de plus de *sept mille hommes* valides, bien armés, que rien n'arrête, qui incendieraient, pilleraient étrangleraient la Ville de Paris, si la fantaisie leur en prenait. Leur association se recrute d'ambitieux qui manquent d'horizon dans vos provinces ; ceux-là sont les chefs ; les soldats sont d'anciens militaires que la discipline contrarie, des paysans qui trouvent que la terre est trop lourde à remuer, ou des ouvriers qui estiment que le vol est moins fatigant et surtout moins ennuyeux que le travail.

» Mais, Sire, toutes mes mesures sont prises, et dans Paris assaini, purifié, bientôt il n'y aura plus de Cours des Miracles.

— Vous nous avez demandé huit jours, monsieur de La Reinie.

— Et je tiendrai parole à Votre Majesté, » dit le Magistrat en s'inclinant.

Le **12** mai 1667, dès cinq heures du matin, la Cour des Miracles était cernée par deux régiments qui se déployaient dans les rues Saint-Denis, Neuve-Saint-Sauveur, aux Petits Carreaux et le long du mur du couvent des Filles-Dieu. Six pièces de canon étaient espacées dans la rue Saint-**Denis**, et trois dans la rue Neuve-Saint-Sauveur.

A six heures une compagnie de fusiliers entrait dans la cour par une porte donnant sur la rue de l'Étoile, alors une des dépendances de ce repaire.

Un homme précédait les soldats ; c'était le Lieutenant général de police, La Reinie.

Bientôt de toutes ces cahutes on vit sortir une population de déguenillés. Leur chef, le roi de Thunes, s'avança vers le magistrat.

« Monsieur de La Reinie, dit le souverain des gueux, le royaume de l'Argot a cessé d'exister ; j'abdique, mais aux conditions que vous savez.

— Sa Majesté Louis XIV veut que la cour des Miracles

cesse d'être un repaire de bandits et de vagabonds pour devenir l'asile des travailleurs. Les ouvriers honnêtes, les artisans tranquilles qui viendront l'habiter, y entreront *en franchise* et seront exempts de payer la maîtrise et de fournir le chef-d'œuvre. — Telle est la volonté du Roi.

— Ce n'est pas la nôtre, hurlèrent quelques bandits. On entendit plusieurs coups de feu, et le roi de Thunes tomba mort aux pieds du Magistrat.

— Les coups de feu sont partis de ce groupe, dit le Lieutenant général de police au capitaine des fusiliers, emparez-vous des assassins. »

Les soldats obéirent.

« Que faut-il faire de ces truands? demanda l'officier au Magistrat.

— Qu'on les pende.

— Mais je n'ai pas de cordes.

— Nous avons pris nos précautions, répondit La Reinie, en désignant un soldat du guet chargé de crampons de fer et de cordes solides. A la besogne, Messieurs, » ajouta le Lieutenant général de police.

Cinq minutes après la besogne était faite.

Il est des rues qui sont prédestinées comme certaines existences ; quant à la cour des Miracles, une espèce de fatalité s'est longtemps attachée à ses habitants.

Dans cette cour demeurait, en 1793, Hébert, rédacteur du journal *le Père Duchesne.* Après le 10 août, il fut nommé membre de la Commune de Paris, Procureur puis Syndic de cette sanglante administration. Il est assez curieux de rappeler ici la composition du Corps Municipal de Paris durant la période révolutionnaire.

Du 16 juillet 1789 au 2 janvier 1796, sur un chiffre de plus de 400 Magistrats municipaux, nous sommes parvenu à connaître l'origine de 200 d'entre eux ; ils sont classés ainsi :

Marseillais et Provençaux 31 ; — Lyonnais 21 ; — Artésiens 19 ; — Auvergnats 18 ; — Champenois 17 ; — Picards ; — Normands ; — Bretons 16 ; — Limousins 15 ; — Bordelais 14 ; — Suisses 12 ; — Piémontais 11 ; — Prussiens 5 ; — Danois 3 ; — Allemands 3 ; — Italiens 3 ; — Autrichiens 3 ; — Américains 2 ; — Suédois 1 ; — Parisiens 6.

Comme on le voit, l'élément parisien était tellement amoindri qu'il n'aurait pu exercer une certaine influence, en admettant même qu'il eût osé entrer en lutte avec la majorité, d'origine provinciale.

Revenons à Hébert. Sa conduite odieuse, lors du procès de Marie-Antoinette, révolta contre ce misérable les ennemis mêmes les plus acharnés de cette Reine infortunée. Dénoncé par Saint-Just à la Convention comme l'un des chefs d'une faction qui menaçait la tranquillité de l'État, Hébert fut mis en accusation avec Ronsin, Vincent, Anacharsis Clootz et autres. Le 4 germinal an II, ils furent tous guillotinés.

Le folliculaire qui avait outragé la Reine, insulté la femme, perdit plusieurs fois connaissance pendant le trajet de la prison à l'échafaud ; — Hébert mourut lâchement.

IMPASSE DE L'ÉTOILE.

Elle faisait anciennement partie de la cour des Miracles et portait le nom de *cul-de-sac de la Corderie*. La rue Thévenot, lors de son exécution en 1676, absorba une partie de cette impasse. La section qui fut conservée prit d'une enseigne le nom de l'Étoile. Voici un acte officiel qui rappelle la situation fâcheuse de l'impasse de l'Étoile.

ARRÊT DU CONSEIL.

« Le Roy ayant esté informé que le cul-de-sac de
» l'Étoile, au quartier Montorgueil près la Ville neuve,
» servoit de retraite presque toutes les nuits à toutes
» sortes de gens de mauvaise vie, et qu'il s'y commet-
» toit quantité de désordres au préjudice de la sûreté
» publique et des bourgeois qui y ont leurs entrées et
» issues, et qu'il seroit très facile d'y remédier en l'élar-
» gissant, pour y mettre une porte de fer à son entrée,
» dont les propriétaires qui y ont des maisons auroient
» chacun une clef; à quoy voulant remédier, le Roy
» étant en son Conseil, de l'avis du duc d'Orléans, ré-
» gent, a ordonné et ordonne que par les Prévôt des
» Marchands et Échevins, il sera donné avis à Sa Ma-
» jesté de la commodité ou incommodité de l'élargis-
» sement et de la fermeture par une porte de fer dudit
» cul-de-sac de l'Étoile, proposez par les habitants du
» quartier Montorgueil; pour ledit advis estre veu et

» rapporté à Sa Majesté, et estre par elle ordonné ce
» qu'il appartiendra.

» Fait au Conseil d'État, Sa Majesté y estant, à
» Versailles, le 11ᵉ jour de mai 1716.

» Signé : Louis. »

RUE DES PETITS-CARREAUX.

On ne la distinguait pas autrefois de la rue Montorgueil, dont elle portait la dénomination. Dans un
censier de l'Évêché, du mois de mai 1575, on lit ces
mots : *Méson rue Mont-Orgueil, emprez les Petits Carreaux.*

On y avait en effet, établi une fabrique de petits carreaux, sur l'emplacement de laquelle a été construite la
maison qui porte aujourd'hui le n° 24.

Une ordonnance royale du 23 juin 1845 a fixé la
largeur de la rue des Petits-Carreaux à 12 mètres.

RUE D'ABOUKIR.

Les maisons prises par le prolongement de la rue
de Réaumur font partie de la voie dénommée encore
il y a moins d'une année *rue Neuve-Saint-Eustache.*

Cette voie publique a été ouverte au mois d'août
1634, en vertu d'un arrêt du Conseil du 23 novembre 1633, registré au Parlement le 5 juillet de l'année
suivante. Elle fut bâtie sur l'emplacement des fossés
de l'enceinte de Paris construite sous les règnes de
Charles V et Charles VI. En 1641, elle prit le nom de

rue Neuve-Saint-Eustache, en raison de sa proximité du petit Saint-Eustache, appelé depuis chapelle Saint-Joseph. On lui a donné, ainsi qu'à la rue des Fossés-Montmartre et à la rue de Bourbon-Villeneuve, le nom d'Aboukir, pour perpétuer le souvenir glorieux du combat livré le 19 juillet 1799.

RUE DE CLÉRY.

Un arrêt du Conseil du mois d'août 1634 ordonna l'ouverture de cette rue, qui prit son nom de l'hôtel de Cléry, dont les dépendances aboutissaient alors aux fossés de la Ville. Une ordonnance royale du 21 juin 1826 a fixé la moindre largeur de la rue de Cléry à 10^{m},70.

Dans la maison de la rue de Cléry portant le n° 97, à l'angle de la rue Beauregard, demeurait, au moment de son arrestation, le poëte André Chénier.

RUE DU SENTIER.

Les anciens plans l'indiquent dès l'année 1704. Elle a été formée en vertu d'un arrêt du Conseil à la date du 3 juillet 1703. Elle avait prit d'une enseigne le nom de *rue du Gros-Chenêt*. Conformément à une décision ministérielle du 28 août 1849, la rue du Gros-Chenêt a été réunie à la rue du Sentier.

RUE MONTMARTRE.

Presque toutes les grandes voies parisiennes étaient dans l'origine des chemins ou des routes conduisant à des abbayes ou monastères célèbres.

Ainsi les rues Saint-Martin, Saint-Denis, Saint-Antoine, Montmartre, etc.....

Pour indiquer les agrandissements successifs de la rue Montmartre, nous dirons que la porte Montmartre, qui faisait partie de l'enceinte de Paris construite sous le règne de Philippe-Auguste, était placée entre les maisons portant aujourd'hui les n°' 15 et 32.

Vers l'année 1380, la Ville de Paris avait étendu ses limites; l'ancienne porte fut alors démolie et reconstruite dans la même rue, aux angles méridionaux des anciennes rues des Fossés-Montmartre et Neuve-Saint-Eustache, confondues l'une et l'autre sous le nom de rue d'Aboukir (1). Le mur d'enceinte se développait entre la rue des Fossés-Montmartre et l'impasse Saint-Claude; cette dernière s'appelait alors rue du Rempart.

Cette deuxième porte fut abattue en 1633, et vers la fin du règne de Louis XIII, une troisième fut construite entre la fontaine et la rue des Jeûneurs, presque en face de la rue Saint-Marc. Cette dernière fut démolie vers l'année 1700.

Une ordonnance royale du 25 mars 1845 avait déclaré d'utilité publique l'élargissement à 15 mètres de la rue Montmartre, sur le côté des numéros pairs, entre la place de la Pointe-Saint-Eustache et la rue Neuve-Saint-Eustache.

L'élargissement en question n'a été réalisé que jusqu'à la rue Mandar.

---

(1) On voit combien certaines dénominations nouvelles sont hostiles à l'histoire de Paris.

RUE JOQUELET.

Cette rue, qui doit son nom à un propriétaire, a été ouverte en vertu d'un arrêt du Conseil, à la date du 17 avril 1705. Une ordonnance Royale du 21 novembre 1837 a déclaré d'utilité publique l'élargissement à 10 mètres de la rue Joquelet. Cette amélioration a été exécutée en 1841.

RUE NOTRE-DAME DES VICTOIRES.

Ce n'était au commencement du dix-septième siècle, qu'un sentier nommé *le chemin Herbu.*

Il fut converti en rue conformément à un arrêt du Conseil du 23 novembre 1633, registré au Parlement le 5 juillet suivant. En 1636, le côté droit de cette voie publique était presque entièrement bâti. Elle doit sa dénomination actuelle à l'église des Petits-Pères consacrée sous le vocable de *Notre-Dame des Victoires.* De 1793 à 1806, on l'appela *rue des Victoires-Nationales.*

Une ordonnance Royale du 23 juillet 1828, relative aux abords de la Bourse, avait sanctionné la disposition suivante : « Prolonger en ligne droite la rue Notre-Dame des Victoires sur une largeur de 12 mètres, jusqu'à sa rencontre avec la rue Montmartre. »

Ce prolongement, commencé vers 1837, était terminé en 1841. Mais pour le compléter, il faudrait démolir la maison n° 27. Le bon sens public réclame vainement cette amélioration depuis un quart de siècle.

PLACE DE LA BOURSE.

Cette voie a été formée sur une partie de l'emplacement du couvent des Filles-Saint-Thomas d'Aquin, dont voici l'origine. Ces religieuses, de l'ordre de Saint-Dominique, furent établies à Paris, sous les auspices d'Anne de Caumont, épouse de François d'Orléans, comte de Saint-Pol et duc de Fronsac.

Cette dame ayant obtenu du cardinal Barberini, légat du pape Urbain VIII, la permission nécessaire, fit venir de Toulouse sept religieuses, qui arrivèrent à Paris le 27 novembre 1626.

Elles s'installèrent d'abord dans une maison de la rue Neuve-Sainte-Geneviève. Cette propriété portait alors le nom d'*hôtel du Bon Air*. Elles y restèrent jusqu'en 1632, qu'elles s'établirent dans la rue Vieille-du-Temple. Mais cette maison n'étant pas assez grande pour une communauté religieuse, elles firent construire un couvent à l'extrémité de la rue Neuve-Saint-Augustin, depuis nommée dans cette partie rue des Filles-Saint-Thomas. Ayant pris possession de leur nouvelle maison le 7 mars 1642, jour que l'Église consacre à la célébration de la fête de saint Thomas, ces religieuses prirent le nom de ce saint docteur. Supprimé en 1790, ce couvent devint propriété nationale. Une partie de son emplacement fut cédée plus tard par l'État à la Ville de Paris pour construire le palais de la Bourse et former une place autour du monument.

RUE VIVIENNE.

*Première section, entre les rues Neuve des Petits-
Champs et des Filles-Saint-Thomas*

C'était, à la fin du seizième siècle, un chemin qui
aboutissait au rempart. En vertu d'un arrêt du Conseil
du 3 octobre 1597, ce chemin fut élargi sur des terrains
appartenant à la famille Vivien, qui les céda *gratuite-
ment* à la Ville de Paris pour réaliser cette utile amélioration. *Louis Vivien*, seigneur de Saint-Marc était
Échevin de la Ville de Paris en 1599, sous la Prévôté
de Jacques Danès. Au milieu du dix-septième siècle, la
rue Vivien aboutissait à celle Feydeau. Cette partie,
qui commençait à la rue des Filles-Saint-Thomas, fut
supprimée lors de l'agrandissement de cette communauté religieuse dont nous venons de parler. Une décision ministérielle du 3 ventôse an X, signée CHAPTAL,
fixa à 10 mètres la largeur de cette voie, dénommée
rue Vivienne par altération. Cette largeur devra être
portée à 12 mètres pour l'exécution du décret Impérial
du 14 mai 1853.

*Deuxième partie, comprise entre les rues des
Filles-Saint-Thomas et Feydeau*

Elle a été formée presque entièrement sur les terrains du couvent des Filles-Saint-Thomas.

*Troisième partie, depuis la rue Feydeau jusqu'au
boulevard.*

Une décision ministérielle du **15** février 1809, signée
CRETET, prescrivit le prolongement de la rue Vivienne
sur une largeur de **10** mètres. Ce projet ne reçut point
alors d'exécution. Repris en 1824, il motiva l'ordonnance Royale du 16 juin de la même année, et la largeur de ce prolongement fut fixée à **12** mètres. Une
autre ordonnance du **17** janvier 1830, est ainsi conçue :
« Le Préfet du département de la Seine est autorisé à
accepter, aux conditions stipulées dans la délibération
du Conseil Municipal du **13** novembre 1829, l'offre
faite par le sieur Achille Pêne, propriétaire, de se
charger moyennant la somme de un million, d'exécuter
le prolongement de la rue Vivienne depuis la rue Feydeau jusqu'au boulevard Montmartre. » Cette ordonnance a reçu une exécution immédiate.

RUE DES FILLES-SAINT-THOMAS.

Elle a été ouverte en vertu d'un arrêt du Conseil, à
la date du **3** août 1650, sur des terrains appartenant
pour partie aux *religieux Augustins*, et pour l'autre
aux *Filles Saint-Thomas*. En vertu d'une ordonnance
Royale du **4** mai 1826, la largeur de la rue des Filles-
Saint-Thomas a été fixée à **10** mètres. Conformément
à une décision ministérielle du **21** juin 1844, la partie
de cette voie publique, comprise, entre les rues Notre-
Dame des Victoires et Vivienne, a pris le nom de place
de la Bourse.

RUE DES COLONNES.

*Séance du **26** vendémiaire an **VI**.*

« L'Administration centrale du département de la
» Seine, lecture faite de l'arrêté pris par l'Administra-
» tion le **26** floréal dernier, portant qu'il n'y a lieu à
» délibérer sur la pétition du citoyen Baudecourt, ten-
» dant à faire comprendre au nombre des rues de
» Paris le passage dit *des Colonnes*, près le théâtre
» Feydeau, et qui oblige ce propriétaire à faire poser
» des grilles à chaque extrémité de cette communica-
» tion, sur le fondement qu'elle n'a que **24** pieds de
» largeur, et que, suivant la déclaration du **10** avril
» **1783** (vieux style), il ne peut être ouvert aucune rue
» nouvelle dans Paris à moins de **30** pieds ; lecture
» également faite de la nouvelle pétition du citoyen
» Baudecourt, contenant que le passage dont est ques-
» tion a **42** pieds y compris les galeries couvertes, les-
» quelles sont infiniment utiles pour le débouché du
» théâtre Feydeau, à cause de l'abri qu'elles procurent
» au public pour le garantir des voitures, et des facilités
» qu'elles offrent à ceux qui s'en servent, *les colonnes*
» n'empêchant point la libre communication des gale-
» ries couvertes avec le passage des voitures ; consi-
» dérant 1° que la déclaration du **10** août **1783** (vieux
» style) n'a pas prévu le cas où il serait établi des gale-
» ries en forme de trottoir, et que la largeur détermi-
» née par cette loi pour l'ouverture des rues nouvelles
» n'est que de **30** pieds, tandis que celle dont il s'agit

» en a 42, y compris ces galeries ; 2° que l'on doit les
» considérer comme partie intégrante de la rue, au
» moyen de ce qu'elles donnent au public la faculté de
» circuler, à l'abri des voitures et du mauvais temps ;
» 3° que le théâtre Feydeau est très-fréquenté, et, que,
» sous ce rapport, l'Administration doit surveiller les
» accès de ce théâtre et favoriser tout ce qui tend à lui
» procurer des débouchés sûrs et commodes ; le com-
» missaire du Directoire exécutif entendu, arrête ce
» qui suit :

» Article 1ᵉʳ. La communication ouverte entre la rue
» des Filles-Thomas et celle Feydeau est comprise au
» nombre des rues de Paris, aux conditions ci-après.

» Art. 2. Les galeries qui la bordent feront doréna-
» vant partie intégrante de la rue, au moyen de quoi
» les règlements de voirie seront applicables à ces ga-
» leries, de même qu'aux autres murs de face sur rue.

» Art. 3. Il sera établi et entretenu sous ces galeries,
» aux frais des propriétaires des maisons ou bâtiments
» qui bordent cette communication, suivant les offres
» du citoyen Baudecourt, par l'entrepreneur de l'illu-
» mination de Paris, un nombre suffisant de réver-
» bères pour les éclairer convenablement pendant la
» nuit...

» Art. 4. Les frais de premier établissement pour le
» pavé et l'illumination de la rue seront également à la
» charge desdits propriétaires, et la réception en sera
» faite à la manière accoutumée.

» Art. 5. Cette rue portera le nom de rue *des Colon-*
» *nes*, etc. » (Registre XVIᵉ, page 79).

Une ordonnance royale du 4 mai 1826 a maintenu les dimensions actuelles de cette voie publique.

RUE DE RICHELIEU.

L'enceinte de Paris construite sous Charles V et Charles VI suivait à l'ouest de la Ville, la direction de la rue Traversière Saint-Honoré, aujourd'hui dénommée rue de la Fontaine-Molière. La porte Saint-Honoré, qui faisait partie de cette enceinte, était située à l'endroit où l'ancienne rue Traversière prenait naissance dans la rue Saint-Honoré.

Cette porte et cette enceinte subsistèrent de ce côté jusque sous le règne de Louis XIII. Sur l'emplacement des hôtels d'Armagnac et de Rambouillet, le cardinal de Richelieu fit bâtir en 1629, par son architecte Jacques Lemercier, un hôtel qui d'abord porta le nom de Son Éminence.

Mais l'habitation du Ministre se trouvait en quelque sorte étouffée par le mur d'enceinte. Richelieu, dont la fortune et la puissance grandissaient de jour en jour, se sentit trop à l'étroit dans cette demeure d'un gentilhomme. Par arrêt du Conseil en date du 7 octobre 1631, le mur d'enceinte est abattu, le fossé comblé, et grâce à de nouvelles acquisitions, l'hôtel de Richelieu devient en 1636 *le Palais Cardinal*. Avant cette époque, des lettres patentes du 27 avril 1632 avaient ordonné la formation d'une rue longeant à l'ouest l'habitation du grand Ministre, et jusqu'à la porte Sainte-Anne, qui s'élevait à l'endroit où commence aujourd'hui la rue Feydeau.

Par son arrêt du Conseil du 18 octobre 1704, le Roi ordonna que la rue de Richelieu serait prolongée jusqu'au rempart.

Le 30 octobre 1793, on substitua le nom de rue de la Loi à celui de rue de Richelieu. La première appellation a été rendue à cette voie publique en 1806.

Une ordonnance Royale du 8 mars 1839 a porté la moindre largeur de la rue de Richelieu à 12 mètres.

En vertu des décrets Impériaux des 15 novembre 1853 et 3 mai 1854, les maisons 1 et 3 ont été expropriées et démolies. Conformément à ce deuxième décret, la largeur de la rue de Richelieu sera portée à 17 mètres entre la rue Saint-Honoré et celle de Montpensier.

Le cardinal de Richelieu n'est pas la seule illustration que rappelle à notre souvenir cette belle voie publique. Molière, rendit le dernier soupir dans une chambre modeste du deuxième étage de la maison qui porte aujourd'hui le n° 34.

Aux n°s 60 et 62 est l'ancien *hôtel Talaru*. Une de ces vicissitudes si communes pendant les révolutions avait forcé le marquis de Talaru de louer son hôtel à un particulier qui l'offrit au comité révolutionnaire de la section, alors à la recherche d'un local pour en faire une maison de détention. Le marquis de Talaru y fut enfermé un des premiers, et payait dix-huit livres par jour pour la location d'une chambre dans son propre hôtel, qu'il ne quitta que pour monter sur l'échafaud.

A l'angle de la rue de Richelieu et de celle Feydeau,

à côté de la porte de Richelieu, dans la maison n° 80, demeurait le poëte Regnard. — L'auteur du *Joueur* nous fait ainsi connaître son habitation :

Au bout de cette rue où ce grand Cardinal,
Ce prêtre conquérant, ce prélat amiral,
Laissa pour monument une triste fontaine
Qui fait dire au passant que cet homme, en sa haine,
Qui du trône ébranlé soutint tout le fardeau,
Sut répandre le sang plus largement que l'eau,
S'élève une maison modeste et retirée
Dont le chagrin surtout ne connaît pas l'entrée.
. . . .
Mes voisins ont appris l'histoire de ma vie
Dont mon valet, bavard, souvent les désennuie.
. . . .
Demande-leur encore où loge en ce marais
Un magistrat qu'on voit rarement au Palais,
Qui, revenant chez lui lorsque chacun sommeille,
Du bruit de ses chevaux bien souvent les réveille ;
Chez qui l'on voit entrer pour orner ses celliers,
Force quartauts de vin et point de créanciers ;
Si tu veux, cher ami, leur parler de la sorte,
Aucun ne manquera de te montrer ma porte.

Regnard avait acheté, vers 1683, une charge de trésorier de France au bureau des finances. Il avait aussi l'intendance des chasses de Dourdan. Regnard, dans sa maison de Paris citée pour sa table et sa cave, comptait parmi ses hôtes, outre l'élite des littérateurs, le prince de Conti et le grand Condé.

Au n° 112 était l'*hôtel Lecoulteux*, où demeurait, en 1793, *Lavoisier*. Cet hôtel fut transformé en jardin public sous le nom de *Frascati*. Cet établissement, qui

fut longtemps le plus célèbre café de l'Europe, avait
été fondé sous le Directoire, par le Napolitain Garchi.
Une magnifique terrasse ayant vue sur le boulevard
s'étendait jusqu'à l'hôtel de Montmorency (aujourd'hui
passage des Panoramas). Quelque temps après un
nommé Perrin y transporta la banque qu'il avait établie rue de Richelieu, n° 110. Ce Perrin se retira avec
une fortune de seize millions, ce qui ne l'empêcha pas
de mourir insolvable. A Perrin succéda Bernard, qui
céda la place au marquis de Chalabre, mort, il y a une
trentaine d'années, dans la plus profonde misère.
Enfin Boursault, qu'il ne faut pas confondre avec
l'auteur du *Mercure galant*, y accrut son patrimoine
déjà considérable; et la famille Benazet y commença
une fortune qu'elle arrondit à Baden-Baden. Frascati
n'était pas une maison de jeu ouverte au premier venu;
on y était d'une sévérité extrême pour la tenue et les
manières. Le jeu commençait à quatre heures et se
prolongeait jusqu'à deux heures du matin. C'était la
seule de ce genre ouverte aux femmes galantes. Plusieurs d'entre elles, dont la beauté et l'élégance étaient
à la mode, recevaient de l'Administration des ap-
pointements considérables, sans préjudice d'autres tri-
buts que leur payaient les étrangers et certaines célé-
brités politiques et financières de l'époque. Cette
propriété a été démolie et reconstruite en 1837.

RUE MÉNARS.

Ce n'était encore en 1726 qu'une impasse qui avait
été formée sur des terrains appartenant au président

Ménars. Des lettres patentes du 19 février de la même année ordonnèrent que cette impasse serait prolongée sur l'emplacement de l'hôtel de Grammont, et que cette rue nouvelle d'une largeur de 4 toises, porterait le nom de rue Ménars.

Ces dispositions n'eurent pas alors de suite; mais, renouvelées par lettres patentes du 1ᵉʳ juillet 1765, elles reçurent leur exécution le 30 septembre suivant. En vertu d'une ordonnance Royale du 16 avril 1831, la largeur de la rue Ménars a été portée à 10 mètres.

RUE GRAMMONT.

La maréchale duchesse de Grammont et le duc de Noailles, agissant comme exécuteurs testamentaires du maréchal de Grammont, exposèrent en 1726 à Sa Majesté, qu'étant obligés de vendre les biens provenant de cette succession, dans lesquels se trouvait compris l'hôtel de Grammont, situé rue Neuve-Saint-Augustin, il leur serait facile de trouver des acquéreurs si Sa Majesté voulait leur permettre d'ouvrir, sur l'emplacement dudit hôtel, deux rues qui seraient d'ailleurs très-utiles au public. Des lettres patentes données à Marly le 19 février de la même année autorisèrent 1.° l'ouverture d'une rue de 4 toises de largeur, qui serait nommée *rue de Grammont*, et dont le tracé serait fait en deux lignes parallèles depuis la rue Neuve-Saint-Augustin jusqu'au rempart planté d'arbres..... Il ne fut point alors donné suite à cette autorisation.

Plus tard, un certain abbé Clément se rendit adjudi-

cataire de l'hôtel et sollicita en 1765, le renouvellement
des lettres patentes de 1726, en demandant toutefois
une légère modification au tracé de cette voie. — Un
arrêt du Conseil d'État du Roi, à la date du 26 février
1765, accorda cette autorisation, qui fut confirmée
par lettres patentes du 1er juillet suivant, et registrées
au Parlement le 19 du même mois. Procès-verbal
d'alignement fut dressé par le bureau de la Ville le
30 septembre de la même année.

Une décision ministérielle du 18 pluviôse an X,
signée CHAPTAL maintint la largeur primitive de la
rue Grammont.

Cette largeur a été portée à 10 mètres, en vertu
d'une ordonnance Royale du 16 avril 1831. Toutes les
propriétés du côté des numéros pairs sont alignées,
celles du côté opposé devront reculer de 2m,20.

RUE DE CHOISEUL.

Madame la comtesse de Choiseul douairière et M. le
comte de Choiseul son fils, propriétaires d'un hôtel
dont le jardin s'étendait jusqu'au rempart, obtinrent,
par arrêt du Conseil du 26 avril 1776, l'autorisation
d'ouvrir un renfoncement ou impasse de 24 pieds de
largeur. Cette impasse fut immédiatement construite.
Le 19 juin 1799 ils obtinrent des lettres patentes ainsi
conçues.

« Article 1er. Il sera ouvert et formé, en continuité
» du renfoncement dont la permission a été accordée à
» la dame comtesse de Choiseul, douairière et au comte

» de Choiseul-Gouffier, son fils, une nouvelle rue sur
» le terrain des jardins et bâtiments de leur hôtel, et à
» leurs dépens, dont l'une des issues sera sur le rem-
» part et l'autre rue Neuve-Saint-Augustin; ladite rue
» sera nommée *rue de Choiseul*, sa largeur sera de
» 24 pieds, et son alignement droit et parallèle dans
» toute sa longueur. »

Une ordonnance Royale du 27 mars 1831 a fixé à
10 mètres la largeur de cette voie publique.

Choiseul Gouffier (Marie-Gabriel-Auguste-Florent
comte de) né à Paris, le 27 septembre 1752, fit d'excel-
lentes études au collége d'Harcourt; les leçons de l'abbé
Barthélemy lui inspirèrent le désir de visiter la Grèce.
Il partit en 1776 avec plusieurs artistes, fouilla tous
les débris, recueillit les traditions et les usages, fit des-
siner les costumes, les sites et les monuments, qu'il
publia sous le titre de *Voyage pittoresque en Grèce*. Le
premier volume parut en 1782; le second en 1809, et le
troisième en 1820. C'est un ouvrage intéressant et
d'une clarté parfaite. Élu membre de l'Académie des
Inscriptions en 1776, il remplaça d'Alembert en 1784
à l'Académie française. Nommé ambassadeur à Constantinople, il s'efforça d'introduire en Turquie la civilisation européenne. Par ses conseils, des officiers
d'artillerie et du génie furent appelés par le sultan, à
l'effet de créer des fonderies de canon et de réparer les
places fortes. En 1791, le comte de Choiseul fut nommé
ambassadeur en Angleterre. Il refusa ce poste pour
rester à Constantinople. Des pièces et documents saisis
en Champagne le firent décréter d'arrestation, le 22 no-

vembre 1792. Ne pouvant rentrer en France, ni demeurer à Constantinople, il partit pour la Russie, et fut admis dans l'intimité de Catherine II. Paul Ier le nomma conseiller privé et le fit directeur de l'Académie des Beaux-Arts et de toutes les bibliothèques impériales. — Rentré en France en 1802, le comte de Choiseul devint sous la Restauration ministre d'État, puis pair de France. Il mourut le 20 juin 1817.

RUE DELAMICHODIÈRE.

Les plaques officielles qui sont apposées aux angles de cette voie portent: *rue de la Michodière*. Ce nom est évidemment estropié par l'Administration municipale, qui devrait au moins savoir écrire correctement les noms de nos anciens magistrats.

Nous avons calqué sur pièces officielles la signature du Prévot des Marchands *Delamichodière*, et le document qui suit ayant trait à la voie décorée du nom du premier magistrat de la Ville de Paris, ne laisse aucun doute sur la véritable et sincère orthographe de ce nom, qui rappelle une de nos plus pures illustrations municipales.

Ordonnons ce qui suit: « Louis, etc.

» Article 1er. Il sera ouvert et formé une nouvelle rue, sous le nom de RUE DELAMICHODIÈRE, sur l'emplacement des bâtiments, cours et jardins de l'hôtel de Deux-Ponts, dont un côté aboutira rue Neuve-Saint-Augustin, en face de la rue Gaillon, et l'autre sur le rempart de la ville, près la chaussée d'Antin; ladite nouvelle rue sera alignée sur celle Gaillon dans la moitié environ de sa longeur, où elle formera coude et sera continuée jusqu'au rempart, dans une direction parallèle au mur qui sépare actuellement ledit hôtel des Deux-Ponts de l'hôtel de Richelieu, sans aucun pli ni coude; sa largeur sera de 24 pieds...

» Donné à Versailles, le 28e jour d'avril, l'an de grâce 1778. »

Ces lettres patentes furent registrées au Parlement le 17 juillet suivant, et la rue fut ouverte le mois d'août de la même année.

Messire Jean-Baptiste Delamichodière, chevalier, comte d'Hauteville, seigneur de Romène, conseiller d'État fut élu à l'*unanimité, moins sa voix*, Prévôt des Marchands de la Ville de Paris, le 17 mars 1772 en remplacement de feu Bignon. Il exerça les fonctions de premier magistrat jusqu'au 16 août 1777.

C'était un très-habile et surtout un très-honnête administrateur que messire Delamichodière. Le jour même de son élection, en rentrant chez lui, il donna l'ordre à son intendant de vendre au plus tôt toutes les propriétés qu'il possédait dans Paris et ses faubourgs. — « Je ne veux pas, dit le Magistrat, qu'un » seul de mes administrés puisse supposer que je » cherche à favoriser mes intérêts aux dépens de » ceux de la Ville. »

Ce désintéressement coûta soixante mille livres à Delamichodière, mais le Prévôt y gagna l'estime de ses administrés. En effet, lorsque les Parisiens voulaient complimenter la droiture d'un homme, ils lui disaient : Vous êtes honnête comme Delamichodière.

Ce proverbe, bien souvent appliqué pendant la vie du Prévôt des Marchands, était bien plus flatteur pour le digne magistrat, que la particule nobiliaire dont sa droiture et son désintéressement ne se souciaient guère.

Un jour, un grand seigneur auquel le Prévôt des Marchands avait simplement rendu justice comme au dernier des *menus* , crut devoir récompenser Delamichodière en lui faisant un magnifique cadeau d'argenterie. Le magistrat fit vendre toute cette vaisselle, dont il versa le montant dans la caisse de l'Hôtel-Dieu ; puis il écrivit au gentilhomme :

« Monsieur le duc,

» Je vous remercie d'avoir fait passer par mes » mains, le présent que vous destiniez aux pauvres » malades; c'est une bonne œuvre dont je vous sais » gré comme premier magistrat de la ville de Paris.

» DELAMICHODIÈRE. »

(Ci-joint le reçu des administrateurs de l'Hôtel-Dieu de Paris.)

« Une grande administration publique, répétait sou- » vent Delamichodière, n'est pas un établissement de ban- » que. Toutes spéculations sur les maisons ou terrains » lui sont interdites; elles doit toujours les vendre aux » plus offrants et derniers enchérisseurs... Les tripo- » teurs d'affaires, qu'elle doit écarter, ressemblent à » ces mollusques qui s'attachent aux navires et finis- » sent par les trouer. Tout échevin ou conseiller de ville

» qui prendrait un intérêt d'argent, dans un affaire
» quelconque, je le dénoncerais comme prévaricateur,
» et s'il était pendu je ne couperais pas la corde. »

RUE DE HANOVRE.

La partie comprise entre les rues de Choiseul et De-
lamichodière a été formée vers l'année 1780. Elle est
indiquée sur le plan de Verniquet, mais sans dénomination. En 1795, on la désignait sous le titre de *rue*
projetée Choiseul.

Le document qui suit complète l'histoire de cette
voie.

« Le citoyen Chéradame est autorisé à ouvrir à ses
» frais, sur le terrain dépendant de la maison dite de
» Richelieu, deux rues nouvelles. La première, qui for-
» mera le prolongement de la rue projetée Choiseul,
» n'aura, comme cette dernière, que 24 pieds de lar-
» geur, et elle communiquera de la rue Delamichodière
» à celle des Piques (Louis-le-Grand). La deuxième, qui
» prendra naissance à l'angle de la fontaine dite de Ri-
» chelieu, aboutira dans la rue des Piques, à l'extrémité
» de la rue projetée Choiseul, sera ouverte sur 30 pieds
» de largeur, et il sera formé aux frais du citoyen Ché-
» radame, de chaque côté de cette rue, un trottoir de
» 5 pieds de large dont l'entretien sera à sa charge.
» (Voyez rue DE PORT-MAHON). A Paris, ce 7 vendé-
» miaire an III de la République française une et indi-
» visible.   *Les membres de la Commission*
                       des travaux publics :
» *Signé* RONDELET, LE CAMUS. »

Les conditions imposées furent immédiatement exécutées. Quant à la rue qui fait l'objet du présent article, elle reçut, ainsi que la partie qui s'étend de la rue de Choiseul à celle Delamichodière, la dénomination de *rue de Hanovre*. Ce nom lui vient du pavillon dit de *Hanovre*, que le maréchal de Richelieu fit construire sur le boulevard avec le produit des contributions qu'il avait fait lever sur le pays de Hanovre, lors de la guerre de 1756 à 1757.

Une décision ministérielle du 29 janvier 1822 et une ordonnance Royale du 27 octobre 1847 ont maintenu la largeur de 24 pieds.

RUE DE PORT-MAHON.

Cette rue a été ouevrte en 1795, sur une partie de l'emplacement de l'hôtel de Richelieu. Un arrêté de la commission des travaux publics du 7 vendémiaire an III autorisa ce percement, dont la largeur fut fixée à 30 pieds. Une ordonnance Royale du 16 avril 1831 a maintenu cette largeur ; les constructions riveraines sont alignées.

Le nom de Port-Mahon, assigné à cette voie publique, rappelle la prise de Port-Mahon en 1756, par le duc de Richelieu.

RUE LOUIS-LE-GRAND.

« Le Roi ayant, par arrêt de son Conseil du 22 mars » 1701, ordonné, pour la commodité des habitants des » quartiers de Saint-Roch et de Saint-Honoré, que la

» rue Neuve-Saint-Augustin seroit continuée depuis la
» rue Neuve-Saint-Roch ou Gaillon, de quatre toises et
» demie de largeur à prendre en ligne droite depuis
» l'encoignure, et suivant l'alignement du devant du
» mur de face de l'hôtel de Lorges jusqu'à la distance
» d'environ onze toises du mur de clôture du couvent
» des Capucines, et que de cet endroit il seroit formé
» *une autre rue* en retour de cinq toises, parallèle, à la
» même distance d'onze toises ou environ du mur de
» l'enclos des Capucines, *laquelle seroit appelée rue de*
» *Louis-le-Grand*, pour communiquer à la rue Neuve-
» des-Petits-Champs et conduire à la place de Louis-le-
» Grand ; et Sa Majesté étant informée qu'il seroit
» nécessaire, pour la commodité de ce quartier, de con-
» tinuer ladite rue de Louis-le-Grand sur la même
» largeur de cinq toises jusqu'au boulevard, comme de
» supprimer ladite rue de Gaillon depuis le coin dudit
» hôtel de Lorges jusqu'au rempart..... Sa Majesté,
» étant en son Conseil, a ordonné et ordonne que,
» conformément audit arrêt du Conseil du 22 mars
» 1701, ladite rue Neuve-Saint-Augustin sera conti-
» nuée depuis la rue Neuve-Saint-Roch ou de Gaillon,
» de quatre toises et demie de largeur à prendre en
» ligne droite et suivant l'alignement du devant du mur
» de face de l'hôtel de Lorges, jusqu'à la rencontre de
» la rue qui doit être appelée *de Louis-le-Grand*, la-
» quelle rue sera ouverte de cinq toises de largeur à
» douze toises ou environ du mur des Capucines, et
» continuée depuis la rue Neuve-des-Petits-Champs
» jusqu'au rempart, près la barrière de Gaillon, etc.

» Fait au Conseil d'État du Roi, Sa Majesté y étant,
» tenu à Marly le 3 juillet 1703. »

La rue Louis-le-Grand fut ouverte conformément à cet arrêt. Le procès-verbal qui constate ce percement est à la date du 8 octobre 1703.

Une décision ministérielle du 28 brumaire an VI, signée LETOURNEUX, et une ordonnance Royale du 4 octobre 1826, ont maintenu la largeur primitive de cette voie publique (9^m,74). Toutes les constructions riveraines sont alignées.

La rue Louis-le-Grand n'est pas seulement intéressée au prolongement de la rue de Réaumur, mais l'exécution de la voie dite de l'Impératrice doit lui enlever encore en totalité ou en partie les numéros de 17 à 29.

RUE DE LA PAIX.

Cette rue a été ouverte sur l'emplacement du couvent des Capucines, en vertu d'un décret du 19 février 1800, qui porte : « § 4. L'ancien terrain des Capucines et ses bâtiments seront divisés en 32 lots, conformément au plan général n° 1, et il sera procédé le plus tôt possible, à l'adjudication de ces lots, dans la forme usitée pour la vente des biens nationaux... » Le plan joint au décret indiquait le percement de deux rues, la première, qui est celle qui nous occupe, dans l'axe de la place Vendôme et devant aboutir au boulevard. Dès 1807 on commença les constructions en bordure de cette voie, qui reçut le nom de Napoléon, auquel on substitua en 1814 celui de rue de la Paix.

BOULEVARD DES CAPUCINES.

Ce boulevard a été formé en vertu des lettres patentes du mois de juillet 1676. Il doit sa dénomination
au couvent des Capucines, dont les dépendances s'é-
tendaient jusqu'à l'ancien rempart.

Tels sont les documents historiques et administratifs
qui se rattachent au prolongement de la rue de Réaumur.
Comme nous l'avons déjà dit, cette voie est précieuse
d'utilité publique, et son exécution fera le plus grand
honneur à l'Administration actuelle.

Louis Lazare.

DE
LA PUBLICITÉ
NÉCESSAIRE A LA CONSÉCRATION DES ACTES
DE L'ADMINISTRATION MUNICIPALE

1° Lorsque les études concernant le plan d'ensemble
de Paris ont été terminées, pourquoi n'avoir pas classé
les voies à réaliser par dates d'exécution toujours dé-
terminée par leur degré d'utilité publique?

2° Pourquoi n'avoir pas convié toutes les compagnies

à l'exécution des voies dont l'Administration ne voulait pas se charger, en donnant la préférence, pour chaque percement à la Société financière qui eût offert à la Ville les garanties les plus sérieuses et les meilleures conditions?

3° Lorsque l'Administration municipale a cru devoir réaliser avec ses seules ressources des percements dans Paris, d'où vient, après l'exécution de ces voies, et alors qu'il lui restait des terrains plus ou moins considérables et en bordure, pourquoi les a-t-elle vendus sans faire un appel à la publicité qui eût assuré une plus-value profitable aux finances municipales?

C'est à l'Administration à répondre à ces trois questions, si elle croit utile de le faire.

Quant à nous, il importe de rappeler que nos anciens Échevins de Paris appelaient la publicité comme la plus utile et la meilleure consécration de leurs actes. La Royauté elle-même s'imposait ce devoir, et pas un domaine n'était vendu qu'aux plus offrants et derniers enchérisseurs.

Voici, entre plusieurs, un document qui témoigne de cette vérité:

Permission du Roy pour vendre les maisons de Bourgogne, Arthois, Flandres et autres.

20 septembre 1543.

Françoys, par la grace de Dieu, Roy de France, à tous ceulx qui ces presentes lettres verront, salut, nous avons esté bien deuement adverti et informez mesme-

ment par noz receveur et controlleur de notre domaine
en noz ville prevosté et viconté de Paris pour le deu de
leurs offices, que en nostre dicte ville de Paris y a noz
hostelz de Bourgongne, Arthois, etc. . . . .

. . . .

qui à present sont faictz inutiles, inhabitcz et delais-
sez en ruyne ou décadence et n'en tirons aucun ou bien
peu de profict ne commodité mais ne servent que de en-
combrer empecher et diformer grandement notre dicte
ville de Paris. . . . .

. . . .

Scavoir faisons que nous désirons singulierement la
décoration de notre ville de Paris, Capitale de nostre
royaume, et subvenir à la commodité, utilité et soulagement du peuple résident en icelle, ayant aussi en recommandation et affection le bien, augmentation et
conservation de nostre domaine du quel pour nous ayder
et subvenir à la nécessité de nos dites affaires nous
avons esté et sommes contrainctz à nostre tres grant
regret interest et dommage vendre et aliener certaines
portions. . . . .

. . . .

pour ces causes. . . . . avons par advis et délibération des gens de nostre Conseil dict, déclaré, voulu et
ordonné, disons, declarons, voulons et ordonnons. . .
que nos dits hostelz, maisons etc. . . . .
*Soient vendus, baillez et délivrez aux plus offrans et
derniers enchérisseurs.* . . . .
Donné a Ste-Menehoust le XXᵉ jour de septembre,
l'an de grace mil Vᶜ XLIII et de nostre regne le XXIXᵉ.

Ainsi signé soubz le reply FRANÇOIS et dessus le dict reply : Par le Roy, en son Conseil, BAYARD.

« Lecta, publicata et registrata, audito procuratore
» generali Regis hoc requirente, absque prejudicio op-
» positionum formatarum actum Parisiis in Parla-
» mento, undecima die octobris anno Domini millesimo
» quingentesimo quadragesimo tercio.

» *Sic signatum* : BERRUYER. »

GALERIES MUNICIPALES

LES

GRANDS MAGISTRATS DE LA VILLE DE PARIS

D'ARGENSON

Le courage chez un magistrat vaut mieux que la bravoure du soldat. Cette bravoure est une espèce de surexcitation fébrile. L'esprit de corps, l'odeur de la poudre, le canon, le drapeau, surtout le drapeau, tout cela donne de la chaleur au sang et produit le courage. Mais regarder la mort en face, la toiser, la provoquer, n'ayant ni épée au côté ni pistolet au poing, voilà le courage à froid, l'illustre courage, ce fut celui du Magistrat dont nous allons rappeler la noble existence.

Marc-René Le Voyer de Paulmy, marquis d'Argenson, naquit à Venise le 4 novembre 1652. Son père était ambassadeur de France près cette république.

Son Excellence représentait si dignement la grande nation, elle était si estimée, que par une bienveillance sans précédent, la Sérénissime République voulut être la marraine du fils de l'ambassadeur. Le Doge le fit chevalier de Malte, et le Procurateur Contarini tint le nouveau-né sur les fonts de baptême. Il reçut le nom de l'évangéliste *saint Marc*, patron de la République.

D'Argenson est nommé avocat au Parlement le 12 novembre 1669. Le 8 janvier 1677 il est reçu chevalier de l'ordre de Saint-Lazare, et lieutenant général du bailliage d'Angoulême le 9 août 1679.

Nous retrouvons, quelques années après, d'Argenson Maître des requêtes. Dans cette fonction, il donna des preuves d'une si haute capacité, que M. de Pontchartrain, interprète des vœux unanimes, réclama de Sa Majesté la nomination du jeune d'Argenson aux fonctions de Lieutenant général de police.

Le lendemain, le nouveau Magistrat, selon l'usage, alla rendre sa visite au Président du Parlement de Paris. De Harlay, absorbé par un travail difficile, entr'ouvrit la porte de son cabinet, et dit au Magistrat de la Ville de Paris ces trois mots : CLARTÉ! PROPRETÉ! SURETÉ! — *Oui!* monseigneur, répliqua d'Argenson. Ainsi finit l'entretien ! — Une heure après, le Lieutenant de police était à l'œuvre.

Voyons la tâche que d'Argenson avait à remplir.

La population de Paris était, à cette époque, de 530,000 habitants environ, parmi lesquels on comptait 30,000 voleurs, mendiants, gens sans aveu ou sans ressources.

A chaque instant on était exposé à rencontrer un spadassin qui, sous le prétexte le plus frivole, vous dépouillait publiquement. Les laquais et les pages, souteneurs de filles, étaient d'ordinaire complices des filous. Les grands seigneurs rossaient le guet méprisé, bafoué, ou volaient des manteaux par distraction, et coupaient les bourses par amusement.

Moins d'un demi-siècle avant la nomination de d'Argenson, Boileau, dans sa sixième satire, avait esquissé le tableau de Paris au commencement du dix-septième siècle. Ce tableau est mieux qu'un morceau de poésie, — c'est une page d'histoire.

Le chantre immortel du *Lutrin* s'exprime ainsi dans ses vers :

> ... Sitôt que du soir les ombres pacifiques
> D'un double cadenas font fermer les boutiques ;
> Que, retiré chez lui, le paisible marchand
> Va revoir ses billets et compter son argent ;
> Que dans le Marché-Neuf tout est calme et tranquille,
> Les voleurs à l'instant s'emparent de la ville.
> *Le bois le plus funeste et le moins fréquenté*
> *Est auprès de Paris un lieu de sûreté.*
> Malheur donc à celui qu'une affaire imprévue
> Engage un peu trop tard au détour d'une rue :
> Bientôt quatre bandits, lui serrant les côtés,
> La bourse !...

La situation de Paris ne s'était pas sensiblement améliorée lorsque d'Argenson fut nommé Lieutenant général de police. — Six mois après, les rues étaient propres et bien éclairées; la tranquillité régnait partout dans la ville.

Les habitants d'une grande cité, qui s'endorment le soir dans une sécurité complète, ne se rendent pas compte des veilles que le Magistrat s'impose pour leur procurer cette douce tranquillité.

Être l'âme toujours agissante et cachée de ce grand corps; faire mouvoir ou arrêter, à son gré, une multitude immense; être présent ici, là, partout, dans le salon du riche comme dans la chambre du pauvre; savoir ce qui se passe en haut et ce qui se trame en bas; vouloir, à chaque instant, sentir sous sa main battre le cœur de Paris : tout cela constitue le génie de l'administration.

On va voir, en ce qui concerne d'Argenson, que le courage était chez le magistrat à la hauteur de l'intelligence.

A la fin de l'année 1709 la récolte avait été mauvaise; le pain était cher à Paris; bientôt il manqua dans nos faubourgs. Le peuple qui souffrait, s'en prit à d'Argenson, qui passait les nuits à travailler pour les Parisiens, qui le méconnaissaient.

Malgré le zèle du lieutenant général de police, qui usait sa vie au labeur le plus pénible, la situation empira, et le 19 janvier, là populace ameutée s'attroupa devant l'hôtel du Magistrat. « A bas d'Argenson ! hurlait la foule irritée; au feu le damné ! faisons rôtir le bourreau du peuple!... » Et d'Argenson travaillait toujours.

Bientôt la porte est brisée. Les bandits, armés de

torches, font irruption dans l'hôtel qu'ils veulent incendier. Une pierre lancée de la cour brise une vitre et vient tomber sur le bureau du Magistrat.

D'Argenson se lève et descend l'escalier; il est au milieu des mutins. — « Où sont, dit-il, ceux qui en veulent à ma vie? Depuis quand les enfants de Paris osent-ils insulter leur Magistrat et méconnaître leur père? » Alors, avisant un de ces bandits: — « Ceux qui veulent assassiner et tout saccager sont des étrangers qui déshonorent Paris ; en voici un qui a déjà passé par mes mains ; c'est un faussaire, c'est un Marseillais. Il crie la faim : tenez mes amis ! » Et le Magistrat secoue fortement le bandit, dont les poches laissent tomber des morceaux de pain.

La multitude entoure l'accapareur populaire. Elle va le mettre en pièces, lorsqu'une escouade du guet entre heureusement dans l'hôtel. Les soldats dispersent les mutins et s'emparent du coupable ; d'Argenson remonte l'escalier et se remet au travail.

Mais cette livraison est un cadre trop étroit pour une si noble figure; contentons-nous de citer un second fait en l'honneur du digne Lieutenant général de police.

Quelque temps après l'événement que nous venons de raconter, le Magistrat fut éveillé pendant la nuit par les cris: au feu ! au feu ! c'était le chantier de la porte Saint-Bernard qui brûlait.

Aussitôt d'Argenson se lève, il arrive un des premiers sur le théâtre de l'incendie. Le feu faisait de rapides progrès et menaçait d'envahir tout le quartier Saint-Victor, peuplé de cahutes qui eussent propagé l'incendie. Pour prévenir l'embrasement général, il fallait traverser un long chemin, étroit et formé entre deux piles de bois qui brûlaient. Les gens du port et le régiment des gardes hésitaient; le feu, lui, rongeait l'espace petit à petit, lentement, mais toujours. D'Argenson se dévoue. — « A moi, mes enfants! s'écrie le Lieutenant général de police, suivez votre Magistrat; » et il s'élance au milieu des flammes; — l'incendie est arrêté !

D'Argenson resta vingt heures debout, avec ses habits brûlés, les pieds dans l'eau et le visage noirci. Enfin la fatigue, la faim le firent chanceler, il s'évanouit; on le posa sur une civière, qu'on dirigea vers l'hôtel du Lieutenant général de police.

Le régiment des gardes, par un sentiment tout spontané, prit les armes et rendit les honneurs militaires au Magistrat qui l'avait si dignement commandé dans cette action périlleuse.

— Le lendemain d'Argenson était conseiller d'État.

C'est le moment de rappeler l'opinion du Magistrat sur les Parisiens et l'Administration de la Ville de Paris.

« Les Parisiens, disait d'Argenson, formeroient le
» peuple le plus doux, le plus facile à gouverner, si
» Paris n'estoit envahi par l'écume de nos provinces...
» Le Parisien me chansonnoit, me tiroit en caricature,
» mais il m'avertissoit lorsque des bandits provinciaux
» complottoient de m'assassiner... Lors de l'émeute du
» 19 janvier 1709, pendant laquelle je fus sérieusement
» menacé, je comptai 145 arrestations. 40 individus

» furent relâchés ; sur les 105 restants , 31 étoient
» Provençaux, principalement des Marseillois, 20 Lyon-
» nois, 17 Normands, 11 Picards, 11 Artésiens et
» 10 étrangers, des Italiens surtout, *mais pas un seul*
» *Parisien !...*

» La plupart des grands scélérats qui m'ont passé
» par les mains étoient étrangers à Paris ; cette vérité
» plusieurs fois répétée m'a donné beaucoup à réfléchir,
» et j'ai des idées ou mieux des principes bien arrêtés
» sur l'Administration de la Ville de Paris.

» Une Capitale comme Paris doit être, avant tout, une
» ville de luxe, une cité Reine des beaux-arts par ex-
» cellence. »

Il y a donc nécessité d'augmenter le nombre des
beaux monuments, de varier les plaisirs, afin de rendre
encore plus irrésistible l'attraction que la Ville de
Paris exerce déjà si puissamment sur les étrangers, les
artistes, les savants et les riches.

« Le caractère parisien, spirituel, enjoué, favorise
» cette suprématie que les autres nations loin de jalou-
» ser, regardent comme un bonheur qu'elles sont ap-
» pelées à partager... Tous les étrangers, Anglois, Es-
» pagnols, Allemands, Italiens sont à l'aise, chez eux
» à Paris. Dites à l'Espagnol : allez habiter Lon-
» dres ; il vous répondra je m'y ennuierois à mourir.
» Londres est une cité commerçante, Paris est une ville
» de plaisir.

» .... Bâtissons à Paris des palais ; mais soyons mo-
» dérés dans l'exécution des travaux de manouvriers ;
» car, une fois dans Paris, ils n'en sortent plus. Il leur

» semble que cette Ville doive estre pour toujours leur
» bonne mère nourrice. Chaque province de France a
» son égout, qui amène ses impuretez à Paris. Un
» jour il adviendra le travail, venant à manquer, que les
» pauvres mangeront les riches, et que la ville de luxe,
» la cité reine des beaux-arts, se fera Paris forgeron, et
» la Royauté sera l'enclume. »

Le 9 mai 1721, un char funèbre traversait lentement
la place Maubert pour entrer dans la rue Saint-Victor.
Le Magistrat, le héros du quai Saint-Bernard venait de
mourir !...

La populace que d'Argenson avait nourrie pendant
la disette hurlait autour du cercueil. On entendait ces
cris : *A la Seine, le cadavre du Lieutenant général de
police ! à bas le damné !*

Les deux fils du Magistrat sont insultés par la foule
et forcés d'abandonner les restes de leur père. Il fallut
que les troupes vinssent serrer leurs rangs autour du
cercueil, dont le drap mortuaire était taché de boue.

Le convoi, parti de l'église Saint-Barthélemy à deux
heures, n'entrait qu'à six heures du soir dans Saint-
Nicolas du Chardonnet, où la famille d'Argenson avait
sa sépulture.

Il y a quelque chose qui console de l'ingratitude
des hommes, — c'est la justice de Dieu !

Louis Lazare.

JURIDICTION CIVILE

COUR DE CASSATION (Chambre Civile).

Présidence de M. le premier président Troplong.

Audience du 28 mai.

PAYEMENT DES FRAIS. — FIN DE NON-RECEVOIR. — EXPROPRIATION. — LOCATAIRE. — JUGEMENT DE DONNER ACTE. — AUTORITÉ DE LA CHOSE JUGÉE CONTRE L'EXPROPRIANT.

Le payement des frais d'appel, sur la signification de l'exécutoire et la menace, par lettre de l'avoué, de procéder à l'exécution forcée faute de payement, ne constitue pas une exécution volontaire qui rende le pourvoi non recevable.

Lorsque, pour l'exécution de travaux publics détermi- nés par décrets, l'administration, d'accord avec les propriétaires expropriés, croit devoir comprendre la totalité d'un immeuble (dans l'espèce un canal), dont partie seulement était nécessaire à l'exécution des travaux indiqués aux plans joints au décret, le jugement de donner acte a l'autorité de la chose jugée contre la ville expropriante, et donne aux lo- cataires le droit de faire convoquer le jury pour régler les indemnités qu'ils réclament, sans que l'ex- propriant puisse leur opposer que la partie de l'immeuble qu'ils occupent, étant en dehors des plans joints au décret, doit être considérée comme acquise a l'amiable.

En 1834, la compagnie du canal Saint-Martin, voulant utiliser les chutes d'eau de ses écluses, s'entendit avec un sieur Lamothe, aux droits duquel se trouve M. Guillemet, pour créer une usine hydraulique sur un terrain appartenant audit sieur Lamothe, auquel la compagnie du canal louait par bail la chute d'eau des cinquième et sixième écluses. Ce bail a été prorogé au profit de M. Guillemet, le 22 février 1853, moyennant un loyer annuel de 7,500 francs.

Un décret du 29 août 1857 a déclaré d'utilité publique l'établissement du boulevard du Prince-Eugène; un autre décret du 30 avril 1859 a déclaré d'utilité publique l'abaissement du plan d'eau du canal Saint-Martin et la couverture de ce canal depuis l'entrepôt des Marais jusqu'à la Bastille.

La Ville, en exécution de ces décrets, s'est entendue avec la compagnie du canal pour réclamer l'expropriation de la totalité des droits de ladite compagnie, et un jugement du 13 octobre 1861 lui a donné acte du consentement de la compagnie concessionaire à la cession pleine et entière de tous ses droits sur l'ensemble du canal et les immeubles qui en dépendent, et a désigné le magistrat directeur du jury appelé à fixer les indemnités.

Ce jugement a été transcrit et publié, et, sur la sommation faite à la requête du préfet de la Seine, la compagnie du canal a dénoncé M. Guillemet parmi ses locataires.

Postérieurement la Ville, traitant à l'amiable pour la fixation de l'indemnité, s'est obligée à payer à la compagnie du canal la somme de 10,980,000 fr. En vertu de la loi de 1841, ce traité a été enregistré au droit fixe, au lieu d'un droit de 700,000 fr. qui aurait été perçu sur une acquisition amiable.

M. Guillemet, prétendant qu'à partir de cette expropriation, la Ville, usant à sa guise des eaux du canal, avait forcé l'usine à de nombreux chômages et apporté un trouble considérable à sa jouissance, crut devoir réclamer et obtint un arrêt de la Cour de Paris du 6 juin 1863, qui ordonnait que le jury serait appelé à statuer sur son indemnité. M. le préfet de la Seine dénonça à M. Guillemet l'intention de la Ville de Paris de le laisser jouir de son bail, et l'assigna pour voir dire qu'il était sans droit à faire fixer une indemnité d'éviction, le renvoyant à se pourvoir devant les tribunaux administratifs ou civils pour faire régler les indemnités de chômage qu'il croirait devoir réclamer.

M. Guillemet s'est pourvu en cassation.

La Cour, sur le rapport de M. Aylies, conseiller, et après avoir entendue MM. Groualle et Guillot pour M. Guillemet, et M. Jager-Schmidt pour la Ville de Paris, a rendu, conformément aux conclusions de M. l'avocat général Blanche, l'arrêt suivant :

« La Cour,

» Sur la fin de non-recevoir contre le pourvoi :

» Attendu qu'il résulte des circonstances de la cause

et des documents produits, que Guillemet n'a payé les
frais de l'instance d'appel qu'après la signification de
l'arrêt et de l'exécutoire relatifs auxdits frais, et, de
plus sur la menace écrite de l'avoué de la partie
poursuivante que, faute d'obtempérer à sa demande,
il serait immédiatement, et dans les trois jours au plus
tard, passé outre à l'exécution forcée;

» Attendu que le payement effectué dans de semblables circonstances ne saurait constituer un acquiescement de nature à justifier la fin de non-recevoir
proposée;

» Rejette, en conséquence, cette fin de non-recevoir;

» Sur le moyen du fond :

» Vu les articles 14, 17, 19, 21, 23, 28 et 55 de la
loi du 3 mai 1841 et l'article 1351 du Code Napoléon;

» Attendu que, par décret du 29 août 1857, l'établissement du boulevard dit du Prince-Eugène a été déclaré d'utilité publique, et que, par décret du 30 août
1859, l'abaissement du plan d'eau du canal Saint-Martin
et la couverture de ce canal, depuis l'entrepôt des Marais jusqu'à la Bastille, ont été également déclarés
d'utilité publique;

» Que le premier de ces décrets vise la loi du 3 mai
1841, et que le second vise le décret du 26 mars 1852;

» Attendu que ce dernier décret dispose que, dans
tout projet d'expropriation pour l'élargissement, le
redressement ou la formation des rues de Paris, l'administration aura le droit de comprendre la totalité
des immeubles atteints, de même que les immeubles
en dehors des alignements; et de plus, que la fixation

du prix des terrains acquis ainsi, soit à l'amiable, soit
par voie d'expropriation, sera faite suivant les formes
et devant la même juridiction que celle des expropriations ordinaires ;

» Attendu que, par suite des décrets d'utilité publique
ci-dessus rappelés, et sur la demande du Préfet de la
Seine, agissant dans les termes de l'article 14 de la loi
du 3 mai 1841, un jugement en date du 13 octobre 1860
lui a donné acte du consentement de la compagnie
concessionaire de l'exploitation du canal Saint-Martin
à la concession pleine et entière de tous ses droits sur
l'ensemble du canal et les immeubles qui en dépendent; et que ce même jugement, pour s'assurer d'autant
les effets de la cession amiable ainsi consentie, a désigné, toujours sur la demande du préfet, le magistrat
directeur du jury appelé à fixer les indemnités ;

» Attendu que ce jugement, transcrit et publié conformément à la loi du 3 mai 1841, *n'a été d'ailleurs
l'objet d'aucun recours, et qu'ainsi il a acquis l'autorité de la chose jugée;*

» Attendu, en outre, qu'en exécution de ce même jugement, et conformément aux dispositions de l'art. 15
de la loi précitée, le préfet de la Seine a fait, le 5 novembre 1860, sommation à la compagnie de lui dénon-
cer, dans la huitaine, la liste complète des locataires,
faute de quoi les indemnités qui leur seraient dues
resteraient à sa charge;

» Attendu que, le 12 du même mois, cette liste a été
signifiée au Préfet, et que parmi les locataires dé-
noncés figurait Guillemet : locataire, y est-il dit, de

la chute d'eau des 5ᵉ et 6ᵉ écluses, à partir de 1828 jusqu'en 1883, moyennant un loyer annuel de 7,500 fr.;

» Attendu, en outre, qu'ultérieurement, et sous la date du 9 juillet 1861, la Ville de Paris, s'est obligée, à titre de règlement amiable de l'indemnité, à payer à la compagnie 10,980,000 fr. comme prix de l'abandon de l'ensemble de ses droits sur le canal Saint-Martin, et que cet abandon a été suivi de la prise de possession effective et totale par la Ville de Paris ;

» De tout quoi il résulte : 1° que la chose sur laquelle portait le bail de Guillemet a été nécessairement comprise dans le jugement de donner acte ; 2° que ce jugement ayant reçu sa pleine et entière exécution, d'une part, il ne pouvait être permis désormais, sous aucun prétexte d'en décliner les conséquences légales vis-à-vis de tous les intéressés, particulièrement en ce qui concerne la juridiction à laquelle devait être soumis le règlement des indemnités ; et, d'autre part, qu'il y avait lieu de reconnaître que la Ville de Paris, en vertu de ce jugement et par la force même de la loi, avait le droit de poursuivre la résolution de tous les baux se référant à la chose expropriée, et que, par là même aussi, le droit corrélatif des locataires de réclamer une indemnité d'éviction était ouvert à leur profit;

» D'où il suit que l'arrêt attaqué, en décidant que l'arrêt de donner acte du 13 octobre 1860, quelle que fût d'ailleurs sa forme, ne faisait que réaliser et couvrir une vente volontaire, et que cette vente ainsi caractérisée ne pouvait pas plus entraîner contre Guillemet, locataire, la résolution de son bail, que lui attribuer le

droit de demander la convocation du jury pour le règlement de l'indemnité qui lui était due, a directement
méconnu les conséquences légales du susdit jugement
et, par suite, formellement violé les articles de la loi
ci-dessus visés;

» Casse... »

(Journal le Droit, 21 juin 1867.)

L'Administration Municipale possède un comité con-
sultatif qui est constitué pour donner des avis sur les
affaires contentieuses dont ce comité est saisi par le
Préfet de la Seine. Ajoutons que ce comité est composé
d'avocats distingués et d'avoués possédant des connais-
sances pratiques.

Dans cette situation, il semble étonnant que la Ville
soutienne tant de procès, et surtout qu'elle en perde
un si grand nombre.

Nous avons rendu compte du procès concernant *les
usines de Saint-Maur*. Pourquoi l'Administration Municipale, après l'avoir perdu a-t-elle soutenu celui du
Canal Saint-Martin, dont nous venons d'emprunter le
compte rendu au journal *le Droit*? Que nos lecteurs
comparent les deux arrêts de la Cour de cassation, ils
verront qu'ils sont les conséquences de principes iden-
tiques.

Pourquoi donc alors continuer une lutte avec la certitude d'être battu? Qui paye les frais? les administrateurs ou les administrés? évidemment ces derniers.

Nous sommes bien loin de ces sages maximes for-
mulées par le Prévôt des Marchands Jérôme Bignon

qui répétait souvent : « *Une grande administration*
» *doit éviter les procès autant que faire se peut ; il*
» *est plus honorable pour elle de les épargner à ses*
» *administrés que de les gagner.* »

Louis Lazare.

EXPROPRIATIONS POUR CAUSE D'UTILITÉ PUBLIQUE

LES PETITS LOCATAIRES

FABRICANTS OU INDUSTRIELS SANS BAIL

La question que nous allons traiter est digne de
toute la sollicitude de l'Administration Municipale, et
sa solution dans le sens que nous indiquons serait,
selon nous, très profitable à l'autorité supérieure.

Parmi les classes dont se compose la grande famille
parisienne, il en est une surtout qui inspire le plus
vif intérêt, c'est cette classe intermédiaire composée
d'hommes honnêtes et laborieux qui, sortant de la
foule des ouvriers ordinaires, aspirent par de louables
efforts à devenir patrons.

Lorsqu'ils ont amassé un petit pécule, ces braves
gens louent de modestes appartements, deux ou trois

chambres, s'y installent et improvisent ainsi des ateliers où travaille toute la famille.

Ces petits fabricants ou industriels sont au nombre de plus de vingt mille dans Paris; presque tous n'ont pas de bail; pourquoi?

Souvent leurs chétifs mobiliers n'offrent pas assez de garanties aux propriétaires; plus souvent encore leurs ressources sont si faibles qu'ils n'osent contracter l'engagement d'un bail, qui les lierait pour un temps déterminé.

Lorsque l'expropriation, comme une trombe, vient s'abattre sur eux, vous allez voir comme ils sont bouleversés. Mais auparavant, examinons de quelle manière l'Administration Municipale intervient à leur égard. — Nous copions.

« L'an mil huit cent soixante-sept, le vingt-deux
» juin, à la requête de : 1° M. le Sénateur Préfet du
» département de la Seine, agissant dans l'intérêt
» de la Ville de Paris, y demeurant, à l'hôtel de ville;
» 2° M. Joseph Thome, propriétaire, demeurant à
» Paris, avenue Joséphine n° 41, agissant au nom et
» comme gérant de la société Thome et Cᶜ, dont le
» siége est à Paris, avenue Joséphine n° 41, conces-
» sionnaire de la Ville de Paris pour l'ouverture de la
» rue de Rennes et formation de ses abords, ainsi
» qu'il résulte d'un traité intervenu entre la Ville de
» Paris et M. Thome le trois mai mil huit cent soixante-
» six, pour lesquels domicile est élu à Paris, rue de
» Grammont, n° 25, en l'étude de Mᵉ Picard, avoué,
» j'ai, Louis Auguste Potin, huissier près le Tribunal

» civil de la Seine, séant à Paris, y demeurant, rue
» Montmartre n° 64, soussigné, signifié et déclaré à
» M. ..., locataire dans la maison sise à Paris rue
» de   , y demeurant, audit domicile, où
» étant et parlant à M. ....

» Que l'exécution du prolongement de la rue de
» Rennes, entre les rues du Vieux-Colombier et de
» l'Abbaye nécessite la démolition de la maison
» occupée par le susnommé.

» C'est pourquoi mes requérants lui donnent par
» ces présentes congé des différentes localités qu'il oc-
» cupe dans ladite maison, pour le terme d'octobre mil
» huit cent soixante-sept, faisant au locataire sus-
» nommé sommation de quitter les lieux le premier
» octobre mil huit cent soixante-sept, en satisfaisant à
» toutes les conditions imposées aux locataires sortants.

» Que ce congé, signifié dans les termes de droit, ne
» peut donner ouverture A AUCUNE INDEMNITÉ.

» Que cependant M. le Préfet et M. Thome, ne vou-
» lant pas laisser à la charge des locataires les frais de
» leur déménagement, veulent bien lui offrir par ces
» présentes la somme de QUATRE-VINGT-QUINZE FRANCS,
» représentant UN TERME de loyer, d'après la déclaration
» du propriétaire.

» Laquelle somme sera payée à la Caisse Municipale
» de Paris, sur l'avis qui en sera donné avant le pre-
» mier octobre mil huit cent soixante-sept, pourvu que
» le susnommé ait déclaré accepter ladite offre avant
» le quinze juillet mil huit cent soixante-sept, terme de
» rigueur, laquelle acceptation résultera suffisamment

» de la signature mise à la suite de la mention se trou-
» vant au bas des présentes.

» Déclarant qu'à défaut d'acceptation dans le délai
» ci-dessus, mes requérants entendent retirer leur offre,
» tout en maintenant le congé, qui devra dans tous les
» cas recevoir son exécution.

» A ce que de tout ce que dessus le susnommé n'en
» ignore, je lui ai laissé la présente copie.

» Coût, 1 fr. 25.

« *Signé :* POTIN. »

Cette formule de congé est adressée sans distinction à tous les locataires qui n'ont pas de bail. Parfois elle tombe, comme dans l'espèce, au sujet du prolongement de la rue de Rennes, sur de petits fabricants de cartonnages, de chaussures, sur des peintres en bâtiments, etc...

» *Ces congés*, dit M. le Préfet, *sont signifiés dans les* » *termes de droit, et ne peuvent donner ouverture à* » *aucune indemnité.* »

Comme correctif, cette phrase est ajoutée : « *Mais* » *M. le Préfet et M. Thome, ne voulant pas laisser à la* » *charge des locataires les frais de leur déménagement,* » *leur offrent un terme de loyer.* »

Maintenant supposons un petit fabricant ayant un loyer de 400 fr. par an, l'Administration lui donne un terme, c'est-à-dire 100 fr. Admettons, ce qui est bien difficile, à croire que cette somme lui suffise pour son déménagement et sa réinstallation, cette indemnité de

100 fr. est-elle la réparation juste, équitable du préjudice qui lui est causé?

Ce petit fabricant, à force de travail et de privations, s'était formé une clientèle dans ce quartier où la population agglomérée lui garantissait une besogne permanente et relativement lucrative. Or vous jetez par terre trois cents maisons; à la place de ces rues étroites qui vont disparaître, vous ne tracerez que deux voies larges et luxueuses; il est évident alors que les propriétés que vous bâtirez en bordure de ces voies, sur des terrains d'un prix élevé, seront des propriétés habitées par des riches ou des personnes aisées, conséquemment inaccessibles à ce petit fabricant exproprié; alors voici ce qu'il adviendra :

Les modestes locations diminuant dans ce quartier, doubleront de prix par leur rareté même, et l'atelier que le petit fabricant payait 400 fr., il ne le retrouvera plus pour 700 et même 800 fr. Si ses ressources ne lui permettent pas cette augmentation, il lui faut chercher ailleurs, émigrer dans un quartier excentrique. Mais cette émigration est la perte de sa clientèle et la ruine de la famille.

Tel est, en mainte circonstance, le sort réservé aux petits fabricants ou industriels que l'expropriation vient pour ainsi dire foudroyer.

L'Administration peut nous répondre :

« Un propriétaire est en droit de renvoyer un petit locataire *sans bail*, en lui signifiant congé *trois mois* d'avance, sans que ce dernier puisse réclamer la moindre indemnité.

» L'Administration ou la compagnie qui la représente n'agit pas ainsi ; elle exonère le petit locataire en lui donnant le prix d'un terme. »

Nous répliquons :

D'abord on ne saurait établir aucune espèce d'assimilation entre un propriétaire ordinaire et l'Administration Municipale ou toute société concessionnaire qui la représente.

La raison ?

Parce qu'un propriétaire ordinaire a grand intérêt à n'avoir jamais de locations vacantes.

Tout homme, qui achète une maison ne peut en tirer un produit que par des locataires, qui constituent sa matière imposable.

Vous, Administration Municipale ou compagnie concessionnaire, vous poursuivez un autre but, vous n'achetez pas cette maison pour la garder et la rendre productive, mais avec l'intention nettement formulée de la flanquer par terre.

Le petit fabricant ou industriel est-il dans une position semblable vis-à-vis d'un propriétaire ordinaire ou bien en face de l'Administration ?

Avec un propriétaire ordinaire, il ne court aucun risque ; il est certain, en payant bien son loyer, de conserver son atelier, d'augmenter sa clientèle et de passer bail dès que sa position affermie lui permettra de contracter cet engagement. Cette garantie de sécurité, il la trouve, il la puise en quelque sorte dans l'intérêt même de son propriétaire, qui peut l'augmenter, mais qui ne le renverra pas.

Avec l'Administration ou la compagnie concessionnaire, l'une et l'autre propriétaires postiches, il sait qu'un jour viendra où il lui faudra déguerpir, et que la munificence municipale ne lui accordera pour tout dédommagement qu'un terme de loyer.

Eh bien! nous concluons en disant : c'est une réparation dérisoire pour un préjudice certain et souvent irréparable.

Comment arriver à une compensation loyale ?

Nous avons sous les yeux la patente de plusieurs petits fabricants. Pourquoi cette patente, qui est en réalité la représentation d'un impôt assez lourd, ne constituerait-elle pas, au profit de l'exproprié, un droit à l'indemnité, même à défaut d'un bail ?

Sans aucun doute, la sagesse du jury établirait une distinction, et l'indemnité serait moindre pour le locataire verbal que pour le locataire à bail ; mais, en beaucoup de cas, elle dépasserait la munificence administrative et dérisoire d'un terme de loyer.

En adoptant ce principe, l'Administration Municipale ferait acte de haute sagesse. Elle rendrait bonne justice à une classe bien intéressante de la population de Paris, qui jusqu'ici est la victime de l'expropriation.

Ce serait sanctifier cette heureuse transformation de Paris, qui deviendrait la gloire la plus pure du gouvernement actuel.

Louis Lazare.

STATISTIQUE MUNICIPALE

De 1268 au 15 juillet 1789, Paris a compté 108 Prévôts des Marchands nommés à l'élection :

Parmi ces magistrats, 40 ont mérité, par leurs talents et leurs vertus, l'honneur de la réélection ; voici leurs noms : Guillaume Pisdoé (1304). — Pierre Des Landes (1438). — Jean Baillet (1444). — Dreux-Budé (1452). — Jean de Nanterre (1456). — Henri de Livres (1460). — Denis Hesselin (1470). — Jean Du Drac (1486). — Pierre Clutin (1515). — Claude Guyot (1548). — Guillaume de Marle (1560). — Nicolas Legendre (1566). — Jean le Charron (1572). — Étienne de Neuilly (1582). — Martin Langlois (1594). — Jacques Sanguin (1606). — Henri de Mesmes (1618). — Nicolas de Bailleul (1622). — Christophe Sanguin (1628). — Michel Maureau (1632). — Hiérôme le Féron (1646). — Antoine Lefebvre (1650). — Alexandre de Sève (1654). — Daniel Voisin (1662). — Claude Le Peletier (1668). — Auguste Robert de Pommereu (1676). — Henri de Fourcy (1684). — Claude Bosc (1692). — Charles Boucher (1700). — Jérôme Bignon (1708). — Charles Trudaine (1716). — Pierre-Antoine de Castagnère (1720). — Nicolas Lambert (1725). — Étienne Turgot (1729). — Félix Aubery (1740). Louis de Bernage (1743). — Jean-Baptiste-Élie Camus de

Pontcarré, seigneur de Viarme (1758). — Armand Jérôme Bignon (1764).—Jean-Baptiste Delamichodière (1772).—Antoine-Louis Lefebvre de Caumartin (1778). — Louis Le Peletier (1784).

Parmi ces Prévôts réélus on compte : 10 Conseillers d'État ; 8 Conseillers du Roi ; 4 Conseillers au Parlement ; 4 Présidents aux Enquêtes ; 2 Présidents en la Cour des Aides ; 2 Maîtres des Requêtes ; 1 Audiencier de France ; 1 Grand Écuyer et Panetier de France ; 1 Notaire et Secrétaire du Roi ; 1 Procureur général de la Cour des Aides ; 1 Président de la Chambre des Requêtes ; 3 Seigneurs étrangers jusqu'alors aux fonctions publiques ; 2 dont les professions nous sont inconnues ; total : 40.

En parcourant la liste chronologique des Prévôts et Échevins, on ne rencontre qu'un seul homme accusé d'avoir manqué à ses devoirs. DESHAYES, Notaire, Échevin en 1673, sous la Prévôté de messire *de Pontcarré, seigneur de Viarme,* ayant fait des opérations étrangères à sa profession, tomba par suite dans de mauvaises affaires.

Un arrêt du bureau de la Ville, du 17 janvier 1764, ordonna sa destitution. Il fut déclaré déchu de noblesse, et son nom effacé comme indigne de figurer sur les monuments publics.

Parmi les Prévôts des Marchands, 3 intervinrent dans nos guerres civiles ; savoir : *Jean le Charron,* en 1572, *La Chapelle Marteau,* en 1558, et Jacques *de Flesselles,* en 1789.

De 1789 à 1795, Paris compta cinq administrateurs,

sous le nom de Maires : Jean-Sylvain Bailly, élu en 1789 ; — Jérôme Péthion de Villeneuve, le 17 novembre 1791 ; — Nicolas Chambon, 1792 ; — J. N. Pache, 1793 ; — Jean-Baptiste-Edmond Fleuriot-Lescot, 1794.

Le premier, surnommé le Père la Vertu, trente-trois jours de popularité ; guillotiné sur un tas d'ordures, après cinq heures d'agonie.

Le deuxième, *Jérôme Péthion*, que le peuple, qui se mirait dans son Maire, appelait le Roi Péthion, trois mois de popularité, passe de mode, est mis hors la loi. Dans un des hameaux de la Gironde, un matin, des sarcleurs trouvèrent dans un champ de blé des lambeaux de vêtements, recouvrant quelques ossements humains, c'étaient ceux de Buzot et du *Roi Péthion !*

Le cinquième, Fleuriot Lescot, que le peuple appelait son favori, guillotiné à trente-trois ans, avec Robespierre !

Depuis la loi du 28 pluviôse an VIII, qui renouvela tout le système administratif de la France, jusqu'en février 1848, Paris compta 6 Préfets de la Seine ; savoir : Nicolas-Thérèse-Benoît *Frochot*, de 1804 à 1812. Après l'affaire Malet, fut nommé Gilbert-Joseph-Gaspard *Chabrol de Volvic*, qui resta jusqu'à 1830.

Depuis la révolution de juillet : *le comte de La Borde*, du 28 juillet au 23 août 1830 ; — *Odilon Barrot*, du 24 août 1830 au 22 février 1831 ; — *le comte de Bondy*, du 23 février 1831 au 25 juin 1833 ; — *le comte de Rambuteau*, du 25 juin 1833 au 24 février 1848.

Parmi ces Magistrats, on doit placer au premier

rang **MM**. Frochot, de Chabrol et de Rambuteau. Le premier et le troisième sont nés en Bourgogne; M. de Chabrol était Auvergnat.

Voici maintenant quelle était la composition du Conseil municipal de Paris en **1834**. On sait qu'il était nommé à l'élection, en vertu de la loi du **28** avril de la même année.

PREMIER ARRONDISSEMENT : **MM**. Lafaulotte, négociant; Marcellot, id.; Hérard, banquier. — 2ᵉ : **MM**. Jacques Laffitte, banquier; Ganneron, id.; Thayer, propriétaire. — 3ᵉ : **MM**. Besson, ancien secrétaire général de Préfecture ; Legentil, négociant ; Girard, ingénieur des Ponts et Chaussées. — 4ᵉ : **MM**. Lahure, ancien notaire; Parquin, avocat; Lehon, notaire. — 5ᵉ : **MM**. Ferron, banquier; Grillon, architecte; Vincent, ancien avoué. — 6ᵉ : **MM**. Arago, membre de l'Institut ; Aubé, négociant; Husson, id. — 7ᵉ : **MM**. David Michau, banquier; Périer, juge de paix; Jouet, négociant. — 8ᵉ : **MM**. Bouvattier, négociant; Perret, id. ; Frédéric Moreau, id. — 9ᵉ : **MM**. Lambert Sainte-Croix, notaire; Galis, avocat; Lanquetin, négociant. — 10ᵉ : **MM**. Gatteau, graveur; Beau, négociant; Cambacérès, propriétaire. — 11ᵉ : **MM**. Lebeau, conseiller à la Cour de cassation ; Boulay (de la Meurthe), propriétaire; Orfila, chimiste. — 12ᵉ : **MM**. Cochin, avocat; Preschez, notaire; Lavocat, ancien négociant.

Récapitulation : Négociants, **13**. Banquiers, **5**. Propriétaires, **2**. Notaires, **4**. Avocats, **3**. Membre de l'Institut, **1**. Conseiller à la Cour de Cassation, **1**. Chimiste, **1**. Avoué, **1**. Architecte, **1**. Ingénieur, **1**. Juge de Paix, **1**. Secrétaire général, **1**. Graveur, **1**. Total : **36**.

Voici les noms et professions des Membres du Conseil municipal de Paris avant la révolution de Février :

Premier Arrondissement : Lafaulotte, négociant ; Marcellot, id. ; Hérard, banquier. — **2ᵉ** : Thayer, propriétaire ; Sanson-Davillier, négociant ; Glandaz, avoué. — **3ᵉ** : Besson, ancien Secrétaire général ; Ternaux, Maître des Requêtes au Conseil d'État ; Boutron, chimiste. — **4ᵉ** : Lahure, ancien notaire ; Journet, négociant ; Dupérier, id. — **5ᵉ** : Ferron, banquier ; Grillon, architecte ; Horace Say, économiste. — **6ᵉ** : Arago, membre de l'Institut ; Husson, négociant ; Ségalas, médecin. — **7ᵉ** : Périer, juge de paix ; David Michau, banquier ; Chevalier, négociant. — **8ᵉ** : Bayvet, négociant ; Frédéric Moreau, id. ; Perret, id. — **9ᵉ** : Galis, avocat ; Lanquetin, négociant ; Thierry, médecin. — **10ᵉ** : Beau, négociant ; Robinet, chimiste ; Considérant, journaliste. — **11ᵉ** : Boulay (de la Meurthe), propriétaire ; Séguier, conseiller à la Cour Royale ; Gillet, ancien négociant. — **12ᵉ** : Pellassy de l'Ousle, chef d'institution ; Delestre, artiste peintre ; Méder, négociant.

Récapitulation : Négociants, **14**. Banquiers, **3**. Chimistes, **2**. Membre de l'Institut, **1**. Avocat, **1**. Maître des Requêtes, **1**. Propriétaires, **2**. Artiste peintre, **1**. Architecte, **1**. Avoué, **1**. Notaire, **1**. Chef d'institution, **1**. Secrétaire général, **1**. Économiste, **1**. Journaliste, **1**. Juge de Paix, **1**. Médecins, **2**. Conseillers à la Cour Royale, **1**. Total : **36**.

Depuis la révolution de février, la Ville de Paris a

été administrée par six Maires ou Préfets, savoir :
MM. *Garnier-Pagès, Armand Marrast, Trouvé-Chauvel, Recurt, Berger* et *Haussmann*. Les quatre premiers étaient complétement étrangers à l'Administration municipale.

Du 24 février 1848 au 7 juillet de la même année, la Ville de Paris fut administrée sans Conseil municipal, par MM. Garnier-Pagès et Marrast ; cette dictature cessa lors des interpellations faites au Pouvoir par MM. Boulay (de la Meurthe) et Ternaux, Membres de l'Assemblée Nationale.

Alors, contrairement aux anciens usages suivis pendant douze siècles, contrairement à la loi du 20 avril 1834, le Corps Municipal de Paris, qui avait été jusqu'à cette époque le produit de l'élection, fut nommé par le Pouvoir, sur la présentation d'une liste dressée par le Maire de Paris, Armand Marrast.

Cette Commission Municipale, était ainsi composée en 1849 :

MM. Arago, Membre de l'Institut ; — Audiat, médecin ; — de Bénazé, avoué ; — Bixio, médecin ; — Boissel, pharmacien ; — Boulatignier, Conseiller d'État ; — Bourdon, négociant ; — Buchez, médecin ; — Buisson ; — Chevalier, négociant ; — Chevallon ; — Considerant, journaliste ; — Delestre, artiste peintre, — Dumont, médecin ; — Dupérier, négociant ; — Périer, juge de paix, — Flon, pharmacien ; — Froussard, chef d'institution ; — Galis, avocat ; — Garnon, ancien notaire ; — Guinard, colonel d'artillerie de la garde nationale ; — Labelonye, pharmacien ;

— Lanquetin , négociant ; — Ferdinand de Las-
teyrie, propriétaire ; — Philippe Lebas, membre de
l'Institut ; — Lejemptel, maire de Vincennes et avocat ; — Manceaux, négociant ; — Martelet, chef d'institution ; — Moreau (de la Seine), notaire ; — Ernest
Moreau, avoué ; — Outin, négociant ; — Péan, avoué
d'appel ; — Pelouze, chimiste ; — Peupin, horloger ;
— Ramond de la Croisette, avoué ; — Riant, ancien
notaire ; — Ségalas, médecin ; — Ternaux, ancien
Maître des Requêtes ; — Thayer, propriétaire ; — Germain Thibaut, négociant ; — Thierry, médecin ; —
Tronchon, avoué ; — Vavin, ancien notaire. — Total,
43 membres.

En réunissant chaque profession, nous trouvons :

Négociants, 7 ; — Médecins et pharmaciens, 9 ; —
Membres de l'Institut, 2 ; Notaires, 4 ; — Avoués, 5 ;
Avocats, 2 ; — Chefs d'institution, 2 ; — Ancien Con-
seiller d'État, 1 : — Journaliste, 1 ; — Peintre, 1 ; —
Juge de paix, 1 ; — Ancien Maître des Requêtes au
Conseil d'État, 1 ; — Colonel d'artillerie de la garde
nationale, 1 ;—Propriétaires, 2 ; —Chimiste, 1 ; —Hor-
loger, 1 ;—Professions qui nous sont inconnues, 2 ;—
Nombre égal : 43.

Parmi les 36 Membres du Conseil Municipal *élu*
avant 1848, ont été rappelés ; MM. Arago, Considérant, Delestre, Dupérier, Périer, Galis, Lanquetin,
Ségalas, Ternaux, Thayer et Thierry.

L'article 4 de la loi du 5 mai 1855 porte que dans
les Villes de Paris et de Lyon le Conseil Municipal est
nommé par l'Empereur, tous les cinq ans, et présidé

par un de ses membres, également désigné par le Souverain. Cette loi n'accordait toutefois que 36 membres au Conseil Municipal de Paris. Mais la loi du 16 juin 1859, relative à l'extension des limites de la capitale, a porté ce nombre à 60.

Un décret impérial du 15 novembre 1864 a fixé de la manière suivante la composition du Conseil Municipal de Paris.

1er *Arrondissement.*

MM. *Devinck,* négociant; *Lamy* (Eugène), conseiller à la Cour de Cassation, et *Varin,* négociant.

2e *Arrondissement.*

Billaud, ancien syndic des agents de change ; *Onfroy,* directeur de *la Nationale,* compagnie d'assurances sur la vie; *Paillard de Villeneuve,* avocat à la Cour impériale et *Thibaud* (Germain), ancien président de la Chambre de Commerce.

3e *Arrondissement.*

Arnaud Jeanti, doyen d'exercice des maires de Paris; *Denière,* ancien président du Tribunal de Commerce ; *Moreau* (Ernest), ancien président de la Chambre des Avoués ; *Ségalas,* membre de l'Académie de Médecine.

4e *Arrondissement.*

Fère, négociant ; *Gauthier de Charnacé,* conseiller à la Cour impériale ; *Lemoine,* ancien fabricant de meubles.

5e Arrondissement.

Colette de Beaudicour, juge au Tribunal de première instance de la Seine; *Dubarle*, conseiller à la Cour impériale; *Flourens*, membre de l'Académie Française; *Oudot*, négociant.

6e Arrondissement.

Barrot (Ferdinand), sénateur; *Cornudet*, conseiller d'État; *Firmin Didot*, imprimeur; *Pelouze*, membre de l'Académie des Sciences; *Robert Fleury*, membre de l'Institut; *Tardieu*, doyen de la Faculté de Médecine.

7e Arrondissement.

Avril, directeur de l'École des Ponts et Chaussées; *Duban*, membre de l'Institut; *Dumas*, sénateur.

8e Arrondissement.

Bayvet, ancien raffineur; *Ducloux*, président de la Chambre des Notaires; *Langlais*, conseiller d'État (1); *Kœnigswarter*, banquier.

9e Arrondissement.

Boulatignier, conseiller d'État; *Chaix-d'Est-Ange*, vice-président du Conseil d'État; *Dillais*, ancien agréé au Tribunal de Commerce; *Victor Foucher*, conseiller à la Cour de Cassation (2).

---

(1) Décédé.
(2) Décédé.

10ᵉ *Arrondissement.*

Legendre, négociant; *Merruau*, conseiller d'État;
Monnin Japy, manufacturier.

11ᵉ *Arrondissement.*

Desfossé, fabricant de papiers peints; *Garnier*, négociant en métaux; *Lenoir*, ancien négociant.

12ᵉ *Arrondissement.*

Ravaut, marchand de bois de construction; *Tesson-
nière*, négociant en vins.

13ᵉ *Arrondissement.*

Dumont, propriétaire; *Picard*, membre de la Chambre syndicale du commerce des bois à brûler.

14ᵉ *Arrondissement.*

Decaux, ingénieur civil; *Winnerl*, fabricant de
chronomètres.

15ᵉ *Arrondissement.*

Périlleux, ancien manufacturier; *Thibouméry*, ancien maire de Vaugirard.

16ᵉ *Arrondissement.*

Le baron *Poisson*, ancien officier d'artillerie; *Possoz*,
ancien maire de Passy.

17ᵉ *Arrondissement.*

Gonin, constructeur de machines; *Ratier*, manufacturier.

18e *Arrondissement.*

Hébert, ancien maire de la Chapelle; *Leblanc*, ancien Magistrat; le baron *Michel de Trétaigne*, ancien médecin principal des armées.

19e *Arrondissement.*

Lebaudy, raffineur; *Mancel*, Juge de Paix.

20e *Arrondissement.*

Auger, ancien maire de Pantin; *Lozouet*, propriétaire.

Le Conseil Municipal actuel se décompose de la façon suivante : Négociants, fabricants et manufacturiers, 25; — Magistrats, 8; — Agent de change, 1; — Directeur d'une compagnie d'assurance, 1; — Avocat, 1; — Avoué, 1; — Médecins, 3; — Académicien, 1; — Sénateur, 1; — Conseillers d'État, 7; — Imprimeur, 1; — Membres de l'Institut, 2; — Ingénieurs, 2; — Notaire, 1; — Banquier, 1; — Agréé au Tribunal de commerce, 1; — Propriétaires, 2; Officier d'artillerie, 1; — Total égal : 60.

On a vu par la liste que nous avons reproduite, que le nombre des Conseillers Municipaux n'est pas également réparti pour chaque arrondissement. Ainsi le 6e arrondissement compte 6 Conseillers ; les 2e, 3e, 5e, 8e et 9e arrondissements en comptent 4; les 1er, 4e, 7e, 10e, 11e et 18e arrondissements n'en ont que 3; enfin, les 12e, 13e, 14e, 15e, 16e, 17e, 19e et 20e, seulement 2 conseillers.

Avant 1848, alors que le Conseil Municipal de Paris était soumis à l'élection, on comptait 3 Conseillers par arrondissement. Il y avait donc à cette époque une égalité complète et rationnelle.

Aujourd'hui, par un revirement qui ne s'explique pas, ce sont les arrondissements les plus riches qui comptent le plus de représentants. Nos arrondissements excentriques les plus pauvres, où il y a le plus à faire conséquemment, n'ont que 2 Conseillers Municipaux. — Nos lecteurs apprécieront.

Louis Lazare.

QUESTION DE LA PLUS-VALUE

EN MATIÉRE D'EXPROPRIATION POUR CAUSE D'UTILITÉ PUBLIQUE.

Arrêt du Parlement de Paris, 23 février 1508.

—

Élargissement des rues de la Juyverie et du Marché-Palu (aujourd'hui de la Cité).

« Sur la requeste baillée à la Cour par les habitants
» et propriétaires des maisons estant le long de la ruë
» depuis le pont Notre-Dame jusques à Petit-Pont en
» ceste Ville de Paris, par laquelle ils requeroient que,
» avant que procéder à aucune démolition de leursdic-
» tes maisons pour l'eslargissement de ladicte ruë, ils

» fussent ouys pour ordonner si les Prevots des
» Marchands et Eschevins de ladicte Ville seroient
» tenus faire les réparations qu'il conviendroit au
» moyen d'icelles démolitions, attendu les dommages
» et intérests qu'iceux suppliants ont et peuvent avoir
» à cause de l'accourcissement et pertes de leursdictes
» maisons. Veu par la Cour ladicte requeste, et sur
» icelle ouyes lesdictes parties ; et tout considéré : la
» Cour de leur consentement a ordonné et ordonne
» que lesdits Prevost des Marchands et Eschevins fe-
» ront faire les démolitions nécessaires, pour en sui-
» vant l'arrest de ladicte du 23 juillet dernier passé,
» faire l'eslargissement de ladicte ruë. Et aussi feront
» édifier et bastir le mur ou pignon de devant desdictes
» maisons qui ainsi seront démolies, selon les fonde-
» mens jà faits jusques à la tuille inclusivement, d'une
» mesme hauteur et forme ; et en ce faisant, feront
» servir audict édifice ce que desdictes démolitions y
» pourra convenablement servir. Et pour ce faire les-
» dicts Prévost et Eschevins seront tenus, au nom de
» ladicte Ville, avancer les frais et despenses qu'il y
» conviendra faire ; lesquels frais et despenses seront
» compensez avec les intérests et dommages que cha-
» cun desdicts habitants sera trouvé avoir eu et souffert
» à l'occasion de l'eslargissement de ladite ruë et démo-
» lition de sa maison, si aucuns dommages et intérest
» leur en sont adjugez ; si à autant montent que les-
» dicts frais et despenses, et si plus montent lesdicts
» dommages et intérest, ladicte Ville sera tenue payer
» et rendre à chacun desdicts habitants l'outre plus

» à prorata de ce qui sera adjugé. *Mais s'il estoit*
» *trouvé que lesdicts habitants ou aucuns d'eulx ne*
» *deussent avoir aucuns intérest ou dommages, attendu*
» *la commodité qu'ils pourroient avoir en leursdictes*
» *maisons au moyen de la réfection dudict pont et es-*
» *largissement de ladicte ruë, ou qu'ils ne montassent*
» *en tout que lesdicts frais et despenses, en ce cas*
» *chacun desdicts habitants en son regard sera tenu*
» *rembourser ladicte Ville desdicts frais et despenses,*
» *ou de ce qui en resteroit outre lesdicts intérest et*
» *dommages; et à ce chacune desdictes maisons en son*
» *regard demourera obligée et ypothéquée envers la-*
» *dicte Ville.* »

LES BUFFETS

DANS

LES GARES DES CHEMINS DE FER

Les Compagnies de Chemins de Fer ont établi, en
général au centre du parcours de chaque ligne, des
buffets indispensables aux voyageurs affamés.

Dans certaines villes, ces buffets ont des emplacements convenables, luxueux même. Nous ne recher-
cherons pas aujourd'hui si les prix de location demandés par les Compagnies aux entrepreneurs de ces
restaurants ne sont pas exagérés et l'une des causes

des infractions que ces derniers se permettent à l'égard des tarifs concernant les objets de consommation.

Nous voulons seulement signaler ces infractions nombreuses, dans l'intérêt des voyageurs, qu'on rançonne indignement dans presque tous les buffets. — Car le mal est général, et les Compagnies, par un défaut de surveillance passé à l'état chronique, ont laissé s'établir ces abus, qui, en l'absence de toute répression, ne font que croître et s'enlaidir.

Les administrateurs des divers chemins de fer, dans leurs instructions spéciales à leurs inspecteurs, ont recommandé, il est vrai, à ces agents de surveiller le service des buffets, de veiller à leur bonne tenue, à leur propreté, et de s'assurer en même temps si les prix demandés aux voyageurs sont bien en rapport avec les prix (généralement modérés) du tarif imposé par les Compagnies aux entrepreneurs.

Mais les inspecteurs, dont nous ne nions pas le zèle, ont d'autres devoirs à remplir; ils ont à surveiller tous les détails du service, et ils se préoccupent en général et avant tout de ceux qui peuvent engager leur responsabilité. Quoique cette préférence soit juste et naturelle, ces messieurs devraient, ce nous semble, être plus souvent dans les buffets, pour constater la qualité des mets et des vins, questionner au besoin les voyageurs, provoquer même leurs observations. En agissant ainsi, ils rendraient de grands services au public et à leurs chefs, qu'ils seraient à même d'éclairer. De plus, par la crainte salutaire qu'ils inspireraient aux entrepreneurs, mieux surveillés, ils préviendraient des abus semblables à ceux dont nous avons été très-souvent victimes : abus bien fâcheux en ce sens qu'ils atteignent parfois, ce qui est déplorable, de pauvres voyageurs, qui n'ont pas les moyens de se laisser exploiter.

En un mot, il y a beaucoup à dire sur le service des buffets ; dans l'intérêt du public, qu'ils doivent chercher à satisfaire, nous engageons les administrateurs de nos chemins de fer à porter sur ce sujet toute leur sérieuse attention. Pomereuil.

ILLUSTRATIONS MUNICIPALES ET PARISIENNES

COCHIN

FONDATEUR DES SALLES D'ASILE

Les bienfaiteurs de l'humanité sont plus agréables à Dieu que tous ces conquérants dont les noms retentissent si bruyamment sur cette terre. La robe de bure de Vincent de Paul sera plus près du Créateur que le manteau d'hermine d'une foule de rois.

Parmi les hommes dont les noms rappellent des institutions saintement charitables, se place au premier rang le fondateur des salles d'asile.

Rappeler l'existence de cet homme de bien, c'est enseigner le dévouement, l'abnégation et la charité.

Jean-Denis-Marie *Cochin* naquit à Paris le **14** juillet **1789**. Ses études, au milieu des temps agités qui suivirent la révolution, eussent été incomplètes sans cette puissance de volonté qui caractérisait déjà sa jeunesse.

Grâce à de rudes labeurs, M. Cochin devint l'un des avocats les plus distingués de la Cour de cassation. Il était chargé en outre, et tout à la fois, des affaires de la Ville de Paris, du syndicat des agents de change et de l'Administration des Hospices.

Tout lui souriait alors. Un mariage digne de lui l'avait fait entrer dans une famille honorable, et lui avait donné pour beau-père M. le comte Benoist, l'un des hommes les plus distingués de cette époque.

Dès lors il se sentait obligé de remercier Dieu de ce bonheur en se dévouant encore davantage à celui des autres. M. Cochin succédait à son père en qualité de Maire du XIIe arrondissement de Paris; il présidait à l'établissement de quatre maisons de secours et à la fondation de sept écoles publiques.

En 1828, il forma le plan d'une maison d'instruction primaire gratuite pour le faubourg Saint-Marceau, avec la pensée d'y réunir un établissement affecté spécialement à l'éducation des petits enfants de deux à six ans. — Tel fut le germe de la *salle d'asile*.

Ce n'est pas tout, administrateur consciencieux et chrétien fervent, M. Cochin n'hésita pas, afin de mettre ses idées en pratique, à réunir des petits enfants dans deux chambres qu'il loua rue des Gobelins, et il se mit à diriger lui-même ces innocentes créatures.

Au milieu de ces divers essais, un affreux malheur vint briser son âme : madame Cochin mourut à vingt-sept ans, et frappé du même coup, pour ainsi dire, son époux inconsolable dit au monde un éternel adieu.

Dès ce moment l'avocat disparut pour faire place au bienfaiteur des pauvres enfants.

Il partit pour l'Angleterre, non pour se distraire de sa douleur, mais pour étudier l'organisation des *Infant's Schools*. A son retour, il fondait à ses frais, pour mille élèves, le grand établissement d'instruction gratuite, qu'une ordonnance Royale du mois de mars 1831 décora du nom de Cochin. — Telle fut la première salle d'asile.

Vers la même époque, M. Cochin, à peine entré au Conseil général de la Seine, était attaché en qualité d'administrateur au Mont-de-Piété ainsi qu'aux Hospices. Le choléra de 1832 fut pour cet homme de bien l'occasion de prouver que son courage était à l'unisson de son dévouement et de sa charité.

Quelque temps après la disparition du terrible fléau, M. Cochin, cédant aux instances de M. Guizot, publia son *Manuel des fondateurs et des directeurs des salles d'asile*. L'Académie couronna ce beau livre, juste et légitime récompense d'un ouvrage où se reflétaient les plus pures inspirations d'un noble cœur.

Enfin en 1835, présenté comme candidat à la députation, dans le XIIe arrondissement de Paris, il fut élu à une grande majorité. Faisant marcher de front ses fonctions nouvelles avec la surveillance des établissements de bienfaisance, il disait souvent à ses amis :

« Ma vie ne sera pas assez longue pour réaliser tout le bien que mon cœur ambitionne. »

En effet, Dieu l'appela bientôt à lui ; M. Cochin mourut le **8 mars 1841**, avec le regret de laisser ses œuvres interrompues, mais soutenu jusqu'à sa dernière heure par la religion qui console et fortifie.

Louis Lazare.

UN SÉNATEUR

L'économie que doit pratiquer un père de famille ne ressemble **guère** à la lésinerie d'un richard qui grapille sur ses revenus. — La première est une vertu, la seconde un vice.

Au sujet de l'avarice d'un certain Crésus, racontons une anecdote qui peut encore profiter à notre époque ; puisse-t-elle convertir quelques avares.

Napoléon Ier rétribuait magnifiquement les hauts fonctionnaires de son Empire. Aussi Sa Majesté exigeait-elle que tous ces dignitaires répandissent l'or à profusion, et les faiseurs d'économies mal entendues étaient, à l'occasion, fort maltraités.

Un jour, ainsi qu'il en avait l'habitude lorsqu'il était préoccupé, l'Empereur s'amusait à *battre la charge* sur les vitres, tout en suivant du regard les magnifiques équipages qui sillonnaient en tous sens la cour des Tuileries.

Tout à coup Napoléon s'arrêta ; son attention s'était concentrée sur un fiacre poudreux, attelé de deux rossinantes se traînant au milieu des coursiers qui piaffaient sur la place.

Enfin le véhicule devint immobile, et le cocher, dont la gravité complétait l'allure pacifique de son attelage, posa méthodiquement son fouet, retroussa son carrick dont l'ancienneté commandait le respect, puis descendit lentement de son siége pour aider la pratique à mettre pied à terre.

L'Empereur avait reconnu son visiteur, et tout de suite Sa Majesté ordonna de l'introduire.

« Monsieur le Sénateur, dit Napoléon, avec cette parole brève, dont chaque mot laissait une empreinte, vous êtes venu aux Tuileries en fiacre ; c'est probablement, me répondrez-vous, parce que vous n'avez pas les moyens d'avoir une voiture. »

Et le sénateur de s'incliner avec respect et en signe d'affirmation.

« Cependant, continue Sa Majesté, vos différentes fonctions, toutes largement rétribuées, votre fortune particulière assez ronde et la dot pleine d'embonpoint de la femme que je vous ai fait épouser, tout cela vous constitue bien solidement un revenu annuel et respectable de 250,000 livres de rente. »

Et le Sénateur de s'incliner plus respectueusement encore !...

« Eh bien ! monsieur, dit l'Empereur en terminant, les faiseurs d'économies sont les adversaires de mon système, et je les regarde comme des traîtres presqu'aussi dangereux à l'État que les généraux qui passent à l'ennemi. »

Et Napoléon lui tourna le dos après lui avoir cinglé ces reproches au visage.

Quelques jours après, notre Sénateur, dont l'avarice avait oublié la leçon que l'Empereur lui avait donnée, descendait les degrés de son hôtel pour aller au Luxembourg faire sa petite promenade quotidienne et matinale. A peine avait-il dépassé la porte cochère qu'un homme lui barre le passage.

Le haut dignitaire lève la tête et voit un grand laquais planté devant lui : la livrée de ce domestique, tout chamarré de broderies, semblait attester l'opulence princière du maître.

« Est-ce monsieur le comte de *** que j'ai l'honneur de rencontrer, dit au Sénateur le laquais en se découvrant ?

— Oui, mon garçon, c'est moi-même...

— En ce cas, monsieur le comte, montez dans votre voiture.

— Vous vous trompez, je n'ai pas de voiture répliqua le Sénateur, en jetant un coup d'œil sur un superbe équipage attelé de deux magnifiques chevaux gris pommelé que conduisait un cocher, dont la livrée avait coûté aussi cher que l'uniforme d'un tambour major de la garde impériale.

— Monsieur le comte, ajoute le laquais, ayez l'extrême obligeance de ne pas refuser, car j'ai reçu l'ordre, en cas de résistance, d'employer la force. »

Le Sénateur jette un coup d'œil sur le domestique ;
c'était Milon de Crotone en livrée.

« Soit, mon ami, dit le comte, mais où me condui-
sez-vous ?

—Aux Tuileries. Sa Majesté l'Empereur et Roi veut
vous parler. »

Le laquais baisse le marche pied, le Sénateur est
dans la voiture. Là, nonchalamment étendu sur des
coussins moelleux, le comte recueille ses esprits. Sans
doute, l'Empereur avait à l'entretenir d'une affaire
importante et pressée ; pour éviter tout retard, Sa Majesté a ordonné de l'envoyer chercher. Cet équipage
dans lequel on est si doucement balancé, c'est une
voiture de la Cour.

Charmé de cette explication, notre Sénateur se laisse
aller à une douce rêverie, étend les bras avec volupté.
— Tout à coup sa main froisse un papier, il voit une
lettre, elle est à son adresse, il l'ouvre ;

C'était la facture du carrossier qui avait fourni l'é-
quipage dans lequel le dignitaire se prélassait ; rien
n'était omis, les chevaux, la livrée, les gages des domestiques...

La voiture s'est arrêtée. Notre Sénateur avait compris la leçon ; mais, faisant contre fortune bon cœur, le
comte monte l'escalier qui conduit au cabinet de l'Empereur.

« Ah ! vous voilà ! dit Napoléon en regardant son
faiseur d'économies.

— Sire, je viens vous remercier. La voiture que vous
avez daigné m'envoyer est si commode et tellement

agréable que j'ai voulu l'étrenner en venant présenter mes hommages à Votre Majesté.

— C'est très-bien, monsieur le Sénateur, dit Napoléon en souriant; à compter de ce jour, votre fils est l'un de nos chambellans; vous recevrez ce soir sa nomination. — Surtout n'oubliez jamais, monsieur, que le superflu du riche assure dans les grandes villes le nécessaire du pauvre?... »

L'on m'a coulé dans le creux de l'oreille le nom du Sénateur; il vaut mieux le taire que le répéter. Seulement il est bon d'ajouter que l'avare eut un enfant prodigue, et que le père subit la torture de voir fondre et dissiper par son fils l'or que le Sénateur ne savait pas utiliser.

« Riches, dépensez votre argent; Dieu vous tiendra compte du bien que vous ferez. »

Louis Lazare.

MAXIMES ADMINISTRATIVES

A MÉDITER

« Ceci me paroît mauvais et tout à fait hostile au gouvernement du Roy de construire dans Paris des quartiers nouveaux, de bâtir des maisons à l'usage *exclusif* d'ouvriers et d'artisans. Il vaut mieux que toutes les classes soyent mêlées et confondues dans la

Ville. Ce mélange, outre qu'il assure la tranquillité, est favorable surtout à la classe ouvrière, qui trouve par cette fusion même un aide et des ressources que l'isolement leur refuseroit.

» Prenez-garde de vous laisser prendre innocemment à la glu des utopies, toujours si dangereuses, et de fonder dans nos quartiers excentriques de ces colonies d'ouvriers et d'artisans, qui sans doute sont gens bien intentionnez, mais que le défaut d'instruction rend accessibles aux séductions et aux flatteries. Il ne faudrait qu'une douzaine d'intrigants et de factieux au langage doré, pour corrompre ce bon naturel, ternir ces qualitez, et faire de ces agglomérations autant de citadelles et de camps retranchés en hostilité permanente avec les quartiers riches et commerçants.

»Les écrivains et les dramaturges sont bien coupables de représenter constamment toutes les qualités sous la veste et la corruption sous l'habit; chacune des classes dont se compose la population de Paris, a des vertus qu'il faut glorifier et des vices qu'on doit taire. Tous les efforts des honnêtes gens doivent tendre à l'union des cœurs, au développement du commerce, au perfectionnement de l'industrie, par le calme et la concorde, afin que la veste de l'ouvrier s'allonge et devienne un habit par le travail, au lieu de rogner l'habit pour en faire un bourgeron.

» JACQUES DE FLESSELLES.
» Prévôt des Marchands (3 mai 1789.) »

« Sire, il y a dans Paris un peuple et une populace.
Le peuple Parisien est le plus laborieux et le plus intelligent du monde. La populace, au contraire, est formée de l'écume de toutes vos provinces qui versent impunément leurs impuretés dans Paris. Cette populace,
de la plus dangereuse espèce, est toujours en fermenta-
tion.....

» Malheureusement, Sire, la révolution a brisé la
digue que l'autorité municipale de Paris opposait à ce
flot bourbeux. L'on ne se contente plus aujourd'hui de
l'attraction déjà trop irrésistible que Paris exerce sur
la France, on met en pratique cette fause et malencon-
treuse théorie, de faire de Paris une grande usine, une
formidable cité ouvrière... Sire, que nos législateurs
réfléchissent : le flot monte lentement, mais toujours: si
vous n'y preniez garde, il entraînerait la Royauté...

» Comte Chabrol.

» Préfet de la Seine (3 janvier 1829.) »

ÉTUDES HISTORIQUES.

LE

BRÉVIAIRE DES ÉDILES PARISIENS

Au commencement du dix-septième siècle, que l'on
doit considérer comme la grande époque de la *Renais-*

sance Municipale, la Ville de Paris était administrée
par un Magistrat sur le front duquel Dieu *avoit laissé
tomber un rayon de sapience et de génie*. Ce Magistrat, qui *estoit doulx et benin à l'endroict du pôvre
et même peuple*, ne craignait pas de dire la vérité au
roi, et lui tenait tête au besoin. Le Souverain, loin de
s'en fâcher, lui savait gré de sa franchise, et l'honorait
de son amitié. Ce Magistrat était François Myron (1),

---

(1) Nos Édiles ont fait écrire sur les plaques municipales François Miron; le Prévôt des Marchands signait
FRANÇOIS MYRON. L'un des descendants de l'illustre magistrat signe : Miron. Il a tort comme les Pommereu, qui
suppriment un M au nom glorieux que leur a légué messire Auguste-Robert de Pommereu, seigneur de la Bre-
tèche-Saint-Nom, conseiller d'État et Prévôt des Marchands de la Ville de Paris, de 1676 à 1683, sous Louis le
Grand. Nos anciens magistrats possédaient des armes *par-
lantes*. Ainsi *Jehan Augier*, Prévôt des Marchands en 1268,
avait trois auges dans ses armes; *Guillaume Pisdoë*, en
1276, trois pattes d'oie; *Guillaume Bourdon*, en 1280, un
bourdon de pèlerin; *Hugues le Coq*, en 1419, trois coqs;
Jean du Drac, en 1486, un dragon ailé; François Myron,
en 1604-1605, la moitié d'un cercle, un demi-rond, par
abréviation un my-ron. A cette dernière époque, toutes
les terminaisons en *i* prenaient l'*y*. En voici une preuve.
Nous copions une lettre du Roy Henry IV à la duchesse
de Beaufort. Cette lettre est datée du 23 juillet, peu de
jours avant l'abjuration du Roi.

« J'arrivay à soir de bonne et fus importuné de Dieu-
» gard jusques à mon coucher. Nous croyons la tresve et
» qu'elle se doit conclurre aujourd'huy... Ce sera diman-
» che que je feray le saut périlleux. A l'heure que je vous

Prévôt des Marchands ; le Souverain s'appelait Henri IV, roi de France.

Voici un fait qui rappelle l'indépendance du Magistrat et la droiture du Souverain.

Henri IV avait hâte de laisser dans Paris des traces glorieuses de son règne, et cherchait à réaliser en quelques années l'œuvre d'un siècle. Aussi Sa Majesté entreprenait dans sa Capitale des travaux ici, là, partout.

Cette exagération toute généreuse du Roi eut pour conséquence l'abus que nous voyons se reproduire de nos jours, c'est-à-dire d'attirer dans Paris un nombre considérable d'ouvriers et d'artisans de nos provinces. D'un côté, l'accroissement instantané de la population fit hausser le prix des denrées ; de l'autre, la concur-

---

» escris, j'ay cent importuns sur les espaules qui feront
» haïr Saint-Denis comme vous faittes Mantes. Bonjour,
» mon cœur, venez demain de bonne heure, car il me
» semble desja qu'il y a un an que je ne vous ay veu. Je
» baise un million de fois les belles mains de mon ange
» et la bouche de ma chère maistresse.

» HENRY. »

Quant aux Pommereu, autrefois alors que deux lettres semblables se suivaient, il était d'usage d'en supprimer une qu'on remplaçait par ce signe ⌢ posé sur la lettre qui était conservée : ainsi Robert de Poṁereu.

Mais à notre époque, où cette suppression d'une lettre n'est plus en usage, il faut écrire *Pommereu*, parce que ce nom dérive de pomme et réclame conséquemment deux M.

rence que les ouvriers de la province firent aux ouvriers parisiens produisit l'avilissement des salaires.

De là des réclamations. Le Prévôt des Marchands comprit le danger, et donna des ordres pour qu'on diminuât les travaux.

Comme Henri IV s'en plaignait au Magistrat, en disant : « qu'il vouloit de son vivant voir exécuter les travaux qu'il avoit ordonnez. »

Myron répliqua :

« Syre, pour complaire à mon Seigneur et maistre, au roy Henry quatriesme, je ne veux pas faire périller le gentil Dauphin qui sera un jour le roi Louis XIII. »

Et les courtisans de dire :

« Le compère François Myron ira se dodiner ce soir à la Bastille. »

Il n'en fut rien ; Sa Majesté répondit :

« Je ne me sens pas effarouché alors qu'on ose me dire que j'ai tort. *Les Rois s'appuient sur les chênes, non sur les roseaux.* »

On a vu que le caractère du Magistrat était solidement trempé. Comme l'acier, on pouvait le briser, le faire plier, jamais.

Eh bien ! son savoir et sa prud'hommie étaient à la hauteur de son indépendance. Aussi, lorsque nos braves et dignes aïeux, les vrais enfants de Paris, se réunissaient dans un banquet de famille ou pour fêter un saint patron, au commencement du festin tous les convives se levaient et, chapeau bas, disaient en forme d'invocation : *Gloire à Dieu, honneur au roy, notre*

*bon père! respect au Prévôt des Marchands, François
Myron, notre grand Magistrat.*

L'estime de nos Rois et l'affection du peuple se conti-
nuèrent bien au delà de l'existence, si noblement rem-
plie, de François Myron. A la mort du Magistrat,
*lorsque les clocheteurs des trespassez sonnèrent par les
hosteux, et crièrent :* « François Myron a rendu son
ame à Dieu, François Myron est mort ce jourd'huy. »

Le peuple, le vrai peuple, celui qui travaille, qui
aime et qui prie, pleura des deux yeux comme il
avait sangloté au trespassement du bon roi Henri
quatriesme. La Cour prit le deuil comme pour honorer
une mémoire Royale. Les Prévôts, les Échevins et les
Conseillers de Ville, dont François Myron avait été le
collègue, l'ami et l'exemple recueillirent religieuse-
ment, comme le plus noble des héritages, les maximes
et les discours de l'illustre Magistrat. Ils le citaient
comme une autorité dans toutes les grandes questions
municipales.

Nous avons réuni avec soin, avec respect, avec
amour ces différentes citations, en copiant en ceci nos
vieux et dignes Échevins, qui ont donné à la collection
des maximes de François Myron, le nom de Bréviaire
des Édiles Parisiens.

Louis Lazare.

—

« Au nom du Père, le Souverain maistre; au nom du
Fils, dont le précieux sang a coulé pour effacer les
souillures des hommes: au nom du benoict Saint-

Esprit mesmement, que l'Administration qui en suit, soye au mieux des intérêts du Roy, de la solidité du trosne de France, et de la magnificence de Paris ; ce estant, j'auray ma récompense en ce monde et l'espoir de ma jubilation dans l'aultre.

Finances. — Les Magistrats ayant de la sapience doibvent conserver dans les caques de la Méson de Ville une année de revenùs d'ycelle au moins.

Approvisionnement de Paris. — Iceulx Magistrats qui disent cecy : Le pain et la viande doibvent estre à prix plus réduict à Paris que partout ailleurs, sont gens mal-avisez ou ennemys de la paix publicque ; veu que ce prix plus doulx amèneroit dans ycelle ville un nombre trop prodigieux de populaire qui est mieux et plus sûrement dans les campagnes, aux champs, dans les villes secondaires, aux mestiers que dans la Cappitale. Yceulx qui pensent que le pain doibve estre plus beau, mais plus chèrement payé, la viande plus appétissante, mais plus forte de prix à Paris qu'en aultres provinces ou villes de France, yceulx sont magistrats bien pensants et preud'hommes, attendu que cette chèreté tient à distance de la Cappitale les gens à petits moyens, les manouvriers et cultivateurs de la province, qui doibvent rester chez eulx, où ils sont utiles, tandis que dans la Cappitale le travail manquant, eux farnients deviendroient esmeutiers.

Population parisienne. — Il faut que les nobles, les estrangers, les richards et les artistes soyent dominateurs par le nombre dans la Cappitale de la France ;

quand et alors que le populaire sera le plus fort, la couronne de France brandillera sur la teste du Roy...

BEAUX-ARTS. — Paris doit estre l'hôtellerye des artistes et des savants, non pas seulement françois, mais du monde! En faisant de l'œil aux susdicts, les Rois de France bien advisez feront de Paris la Cité Reine des Cappitales.

COMMERCE, INDUSTRIE. — Paris est avant tout ville de luxe et de plaisirs ; Paris peut vendre, non fabriquer. — A Lyon la soie, à Rouen les estoffes de cotton; Amiens aura la laine. Que ces villes soyent cités industrielles, c'est bien; mais Paris, cité ouvrière, chose périlleuse. Il faut que le populaire ne forme tout au plus que le dixiesme des habitants de Paris.

LES TAXES ET LES IMPOSITEURS. — Faut-il imposer le luxe à Paris? — Non. — Ce pourquoi? Parce que Paris est ville de luxe. — Faut-il taxer les objets de consommation? — Oui. — La raison? — C'est que la chereté des vivres maintient à distance les ouvriers et cultivateurs provinciaux qui, sans cette digue fondroient sur Paris et briseroient le trosne de France aussy facillement qu'un fétu de paille.

GRANDE VOYERIE DE PARIS. — Il faut estudier cette ville tant resplendissante de toute aultre façon qu'on y songeroit si la susdite tant belle n'estoit qu'une simple bourgade... Il m'est de science certaine que sur le plan de Paris il faut tracer de grandes et belles percéez d'après un mode nouveau, ne laissant aucun quartier dans l'isolement ou dans l'ombre. Gros ou menus, riches ou pauvres, tous ont droict aux bienfaits d'un air pur, comme toutes les créatures du bon Dieu peuvent se réchauffer au mesme soleil.

Honnesteté (1er principe). Tout Prévost, Eschevin, Conseiller de ville doit, son élection faicte et parachevée par le Roy, notre seigneur et maistre, vendre et tout de suitte les mésons et terrains luy appartenants, afin que les nominateurs du Magistrat ne puissent supposer que le susdict eslu par eulx affectionne de l'œil certain quartier où il possède héritage, et se donne la picorée...

Honnesteté (2e principe). Le plus chatoyant et brillant rêve que puisse faire un enfant de Paris, c'est de songer qu'il est Prévost des Marchands d'ycelle, voire mesme Eschevin ou Conseiller de ville. L'une de ces trois fonctions est assez belle, ma foy, pour rémunérer une honneste ambition...

Yceulx qui veullent accaparer employs, fonctions et places plus qu'ils n'en peuvent et doibvent remplir, yceulx dérobent à leurs voisins l'utilisation de leur savoir ; en cela les accapareurs d'employs ne vallent pas plus chèrement que les coupeurs de bourses ; ces derniers vollent des escus d'or ou d'argent, ce qui n'est que métal, tandis que les aultres, plus coupables à l'œil pénétrant de Dieu, frappent de stérilité l'intelligence, le savoir d'autruy, qualitéz qui valent mieux qu'un métal, veu que c'est l'Estre supresme qui en fait donation.

Yceulx coureurs d'emplois, yceulx accapareurs de

places sont d'ordinaire malhonnestes gens..... Yceulx déconsidèrent les Roys qui se laissent prendre à la glu de leur prétendu savoir universel. D'ordinaire ces ambitieux sont des traistres qui vendroient leur Souverain. J'en ay veu et beaucoup qui crioient tantôt : Vive Guise ! tantôt : vive Coligny ! vive du Maine (Mayenne) ! vive le Pape à Rome ! vive Calvin à Genève ! jamais vive France ! Chacune de ces crieries signifioit : Vive ma place ! vive ma fortune ! vive mon employ !... grelots vuides où manque l'honneur, ce qui sonne à la conscience du vray magistrat ; fléaux des gouvernants et pestes des gouvernez, rouilles dangereuses, vers qui se mettent dans les quatre ais de chêne qui forment le trône de France, le rongent et le font poussière !...

HONNESTETÉ (3ᵉ principe).—Tous nos projets doibvent estre estudiez, puys exécutez, non dans le but de donner la picorée à l'ambition du Magistrat, mais dans l'unique et bonne intention de bien servir la Royauté et de la faire aymer.

HONNESTETÉ (4ᵉ principe). — Il est du devoir de tout Magistrat de faire tinter à l'oreille du roy toutes les véritez appétissantes à sa gloire et à son honneur, dussent les susdites véritez, faire périller puys choir la fortune du Magistrat, mesmement sa vie.

5ᵉ PRINCIPE. — Il ne doict y avoir aucune accointance d'affection ni d'intérèt entre l'honneste Magistrat et yceulx dont la réputation est rouillée. Mais dans les temps de calamitez publicques et dernièrement passez, le roy, nostre cher Syre, pour conquérir sur l'insurrec-

tion ligueuse sa bonne ville de Paris, a dû promettre
et donner beaucoup. Parmy yceulx payez lesquels ont
trafiqué des lambeaux de la France déchirée et meur-
trie, il en est qui sont de la pire espèce des tarez. Mais
que voulez-vous, après des guerres intestines, et pour
mettre fin à ycelles, les Souverains sont parfoys con-
damnez à se servir, pour un temps plus ou moins long,
d'instruments achetez et qu'on jette après leur utilisation d'un moment; car on ne remue pas la boue avec
des mains blanchettes et des consciences pures.

A la face des susdicts tarez il ne faut pas cracher
leur infamie tant que la vollonté et la clairvoyance de
Sa Majesté, nostre cher Syre, est que ces trafiquants
restent attachez à l'Estat comme on voit parfoys des
chenilles accrochez à une rose produict du plus beau
rosier royal.

Respects à la saincte religion de nos pères; hom-
mages au catholicisme, la plus belle et la mieux savou-
reuse des religions.

Quand et alors que vous ellevez des monuments à
Dieu, faictes qu'ils soient dignes de l'Éternel, c'est à
savoir pleins de majesté et de grandeur, éblouissants
de dorures, décorez partout de peintures et sculptures
qui parlent aux yeux, et enchantez par la musique,
laquelle parle au cœur.

Aux Parisiens, ces mijotteurs des arts, il faut de
grandes et pompeuses basiliques, ornez de tableaux,
peuplez de statues, à l'effect qu'ils s'inclinent tout fré-
missants de la Divinité.

*Conseils et advis aux nominateurs des Édiles
parisiens.*

Premièrement et tout d'abord, demandez à yceulx
qui viennent frapper à l'huis de l'ostel de ville : Êtes-
vous natifs de Paris? S'ils affirment oui, escoutez-les ;
s'ils disent non, fermez-leur et de suitte l'huis au nez ;
je vous ay dict ce pourquoy au premier discours; j'y
renvoye.

Maintenant, lorsque yceulx postulants sont bien et
duement vérifiez et reconnus comme valables Parisiens, interrogez-les comme il en suict : Que voulez-
vous, compère?—J'ambitionne le grand et bel honneur
d'estre Magistrat de la Ville de Paris. — Qui estes-
vous? — Je suis mire (chirurgien). Alors vous n'y
pensez pas, compère, de vouloir estre eschevin, voire
mesme conseiller de ville, veu que vostre profession
vous resclame vostre temps, vos penséez, vostre science,
vos veilléez, tout vostre estre enfin. Si l'on vous ad-
mettoit au parloucr aux bourgeois et qu'on vînt vous
quérir pour un souffrant en danger de mort, vostre
humanité vous diroit : « Partons pour lui sauver la
vie; » alors vous sacrifieriez à vostre profession de
mire vostre devoir de Magistrat. L'Administration
n'admet pas de partage; tout ou rien, c'est sa maxime
devisante.

Passons à un deuxiesme. — Qui estes-vous pour
vous porter Conseiller de ville? — Je suis vendeur de
pruneaux dans la rue aux Lombards. — C'est fort

» libéralité, avons donné et donnons à noble prince
» notre très-chier et féal Jehan, roi de Behaigne, et à
» ses hoirs nés et à nestre, descendant de droite ligne
» de son propre corps, héréditablement et perpétuelle-
» ment, nostre meson *qui est dicte Néelle*, séant à Paris,
» entre la porte Saint-Honoré et la porte de Mont-
» martre, ensemble tous nos jardins et les appartenances
» tenant à la dicte meson, sans rien retenir à nous en
» possession ne en propriété, excepté la justice de la
» souveraineté, laquelle nous réservons et retenons par
» devers nous, etc..... » — Cette habitation prit alors
le nom d'*hôtel de Bohême.*

Jean de Luxembourg, roi de Bohême resta fidèle à
la France et mourut pour elle à la bataille de Crécy.
Voici en quels termes Chateaubriand raconte ce trépas
glorieux.

— « Le roi de Bohême étoit à l'arrière-garde avec le
duc de Savoie. On lui rendit compte des événements
(l'avant-garde et le corps de bataille venoient d'être
presque entièrement détruits). *Et où est monseigneur
Charles, mon fils?* dit-il. On lui répondit qu'il com-
battait vaillamment, en criant: *Je suis le roi de
Bohême,* qu'il avoit reçu trois blessures.

» Le vieux roi, transporté de paternité et de courage,
presse le duc de Savoie de marcher au secours de
leurs amis ; le duc part avec l'arrière-garde. On
n'alloit pas assez vite au gré du monarque aveugle,
qui disoit à ses chevaliers : « *Compagnons, nous som-
» mes nés en une même terre, sous un même soleil,
» élevés et nourris à même destinée, aussi vous proteste*

» *de ne vous laisser aujourd'hui tant que la vie me*
» *durera.* »

Quand on fut prêt à joindre l'ennemi, il dit à sa suite : « *Seigneurs, vous êtes mes amis, je vous requiers* » *que vous me meniez si avant que je puisse férir un* » *coup d'épée.* Les chevaliers répondirent que *volon-* » *tiers ils le feroient, et adonc à fin qu'ils ne le per-* » *dissent dans la presse, ils lièrent son cheval aux* » *freins de leurs chevaux, et mirent le roi tout devant* » *pour mieux accomplir son désir, et ainsi s'en al-* » *lèrent ensemble sur leurs ennemis.* »

» Le roi de Bohême, conduit par ses chevaliers, pénétra jusqu'au prince de Galles. Ces deux héros, dont l'un commençait et dont l'autre finissait sa carrière, essayèrent plusieurs passades de lance pour illustrer à jamais leurs premiers et leurs derniers coups. La foule sépara ces deux champions si différents d'âge et d'avenir, si ressemblants de noblesse, de générosité et de vaillance. *Le roi de Bohême alla si avant* *qu'il férit un coup de son épée, voire plus de quatre,* *et recombattit moult vigoureusement, et aussi firent* *ceux de sa compagnie, et s'y avant s'y boutirent contre* *les Anglais, que tous y demeurèrent, et furent le len-* *demain trouvés sur la place autour de leur seigneur,* *et tous leurs chevaux liés ensemble,* vrai miracle de fidélité et d'honneur.

Les muses qui sortaient alors du long sommeil de la barbarie, s'empressèrent à leur réveil d'immortaliser le vieux roi aveugle. Pétrarque le chanta, et le jeune Édouard prit sa devise qui devint celle des princes de Galles ; c'était trois plumes d'autruche, avec ces mots tudesques écrits à l'entour : *In riech, je sers* —Il n'appartenait qu'à la France d'avoir de pareils serviteurs. »

La propriété de l'hôtel de Bohême revint à la couronne par le mariage de Bonne de Luxembourg, fille du roi de Bohême, avec Jean, duc de Normandie. Devenu roi, Jean habita quelque temps l'hôtel de Bohême ou de Nesle, ainsi que le constatent des lettres patentes du mois de novembre 1356, données *Parisis, in hospitio nostro de Negella.* Le 5 février 1355, le roi Jean fit cession au comte de Savoie, Amédée II, de son hôtel de Bohême, qui passa ensuite à Louis, deuxième fils du roi Jean. La veuve de Louis d'Anjou, tante de Charles VI, vendit cette habitation au roi moyennant 1,200 livres. Charles VI la céda à Louis de France, alors duc de Touraine, depuis duc d'Orléans. L'hôtel de Bohême changea son nom et prit celui d'*Orléans.* Il appartenait en 1499 au roi Louis XII. L'année suivante le roi donnna une partie de son hôtel d'Orléans aux religieuses Pénitentes, et céda l'autre partie à Robert de Framezelles. Son chambellan ordinaire, *en récompense de ses bons, notables, vertueux et recommandables services,* disent les lettres patentes.

Enfin, au mois d'avril 1500, la communauté se trouva entièrement propriétaire de l'hôtel d'Orléans par les donations que lui firent Pierre Lebrun et Robert de Framezeles, de leurs parts de propriété.

Ces deux autorisations furent entérinées le 3 mai de ladite année, à la charge par la communauté de dire tous les jours après la messe un *de profundis*, avec l'oraison *Inclina* pour l'âme des rois de France, et, à l'issue de vêpres, *Quæsumus omnipotentem Deus ut rex noster*, pour la santé et la prospérité du roi.

Cette communauté, dont le but était d'offrir au vice le repentir, à la débauche l'espoir du pardon, était celle des Filles-Pénitentes. Elle devait sa fondation à un cordelier nommé Jean Tisserand.

Les Filles-Pénitentes auraient sans doute prolongé longtemps leur séjour dans ce couvent sans la superstition d'une reine.

Les astrologues avaient prédit à Catherine de Médicis qu'elle mourrait près d'un endroit qui porterait le nom de Saint-Germain. Aussitôt la reine-mère voulut quitter les habitations qui rappelaient Saint-Germain. On la vit abandonner successivement le Louvre et les Tuileries, en raison de leur proximité de l'église Saint-Germain-l'Auxerrois. Catherine de Médicis jeta les yeux alors sur le couvent des Filles-Pénitentes. Le 4 novembre 1572, un contrat d'échange fut passé entre la reine-mère, les religieux de Saint-Magloire, qui habitaient la rue Saint-Denis, et les Filles-Pénitentes.

Au mois de décembre suivant, Charles IX ratifia cet échange, par lequel la reine abandonna aux religieux de Saint-Magloire un terrain situé près de l'église Saint-Jacques-du-Haut-Pas. En contre-échange, ces religieux laissèrent aux Filles-Pénitentes leur monastère de la rue Saint-Denis, et la reine prit possession du couvent de la rue du Four. Catherine acheta l'hôtel d'Albret, fit supprimer une partie des rues d'Orléans et des Étuves, et prolonger celle des Deux-Écus, depuis la rue d'Orléans jusqu'à la rue de Grenelle. Alors s'éleva un hôtel magnifique, construit sur les dessins de Jean Bullant et de Salomon de Bresse. L'habitation de Catherine reçut le nom d'*Hôtel de la Reine*. « Le bâtiment qu'elle » entreprit, dit Sauval, parut si magnifique, que dans » tout le royaume, alors, il ne le cédait qu'au Louvre » et à son palais des Tuileries ; elle le rendit si com- » mode qu'on y compte cinq appartements des plus » grands... On y entre par un portail aussi grand que » superbe; quoique imité de celui du palais de Farnèse » à Caprarolle, il passe néanmoins pour un des chefs- » d'œuvre de Salomon de Bresse, l'un des meilleurs » architectes de notre temps, etc... »

Après la mort de Catherine de Médicis, son hôtel échut par succession à sa petite-fille, Christine de Lorraine, femme de Ferdinand Ier, grand-duc de Toscane. Mais la reine-mère avait laissé des dettes si considérables, qu'on fut obligé de vendre son hôtel. Catherine de Bourbon, sœur de Henri IV et créancière de la défunte, l'acheta en 1601. Il fut adjugé, par décret du 21 janvier 1606, à Charles de Bourbon, comte de Soissons. Cette résidence, réparée et agrandie, prit le le nom d'*Hôtel de Soissons*, qui lui est resté jusqu'à l'époque de sa démolition. Au commencement du dix-huitième siècle, il passa au prince de Carignan, et, sous la régence, Law en fit la succursale de ses opérations financières. Par suite du discrédit des actions de la banque, le prince de Carignan fut ruiné, et son hôtel vendu après sa mort à divers particuliers.

Lettres patentes du roi en forme de déclaration portant établissement dans la Ville de Paris d'une nouvelle Halle aux blés et d'une gare pour les bateaux. Données à Versailles le 25 novembre 1762. — « Louis, etc...
» Occcupé, à l'exemple des rois nos prédécesseurs de
» tout ce qui peut augmenter la splendeur de la capi-
» tale de notre royaume, et procurer à ses habitants de
» nouveaux agréments et de plus grandes commodités,
» nous avons porté successivement notre attention sur
» les différents objets d'utilité et de décoration qui
» peuvent encore rester à désirer parmi tant d'édifices
» et de monuments consacrés à la piété, à l'utilité et à
» la magnificence publique, entrepris ou achevés de
» notre règne. Nous n'avons jamais perdu de vue ceux
» qui peuvent assurer et augmenter l'abondance des
» choses nécessaires à la vie des citoyens, et qui, par
» l'affection réciproque que nous devons à nos peuples,
» tiendront toujours le premier rang dans notre cœur ;
» c'est dans cet esprit que pour suppléer au peu de
» commodité des halles actuelles, devenues beaucoup
» trop resserrées par l'agrandissement successif de
» Paris, nous avons dès le mois d'août 1755, par nos
» lettres patentes enregistrées au parlement, ordonné
» à nos très-chers et bien-amés les Prévôt des mar-
» chands et échevins de notre bonne ville de Paris, de
» faire l'acquisition du terrain *où était ci-devant l'hôtel*
» *de Soissons*, et de l'employer à la construction d'une
» nouvelle halle, etc. A ces causes, etc.
» Article 1er. Lesdits Prévôt des marchands et éche-
» vins feront incessamment construire *une Halle pour*

» *les grains et farines* dans l'emplacement de l'hôtel
» de Soissons, dans un espace de 1,806 toises de super-
» ficie, conformément au plan par nous adopté, etc....

» Art. 14. Ordonnons qu'en présence desdits Prévôt
» des marchands et échevins, et en celle de M. Deniset,
» président des trésoriers de France, que nous avons
» commis à cet effet, il sera, par le maître général des
» bâtiments de la ville, tracé de nouvelles rues pour
» les abords et au pourtour de ladite halle, ensemble
» une nouvelle place au milieu d'icelle, le tout dans les
» endroits, longueurs et dimensions indiqués par le
» plan qui sera par nous approuvé. Voulons que les
» acquéreurs des terrains dont nous avons ordonné la
» revente par l'article 4 des présentes soient tenus
» de prendre pour les maisons, clôtures et autres
» bâtiments qu'ils y feront construire, les alignements
» qui leur seront donnés et établis par M. le maître
» général des bâtiments, en présence des susdits com-
» missaires, et quant aux pentes du pavé desdites
» nouvelles place et rues, voulons qu'elles soient éta-
» blies et réglées en présence des mêmes commissaires
» par ledit maître général des bâtiments de la ville, et
» par l'inspecteur général du pavé d'icelle, etc...

» Données à Versailles, le 25me jour de novembre,
» l'an de grâce 1762, et de notre règne le 48me.

» Signé Louis. »

Les nouveaux percements indiqués dans ces lettres
patentes furent exécutés en 1765, et reçurent les noms
de *Babille*, *Devarenne*, *Mercier*, *Oblin*, *Sartine*,
Vannes et de *Viarme*.

La Halle au Blé, commencée en 1763, fut terminée en 1767, sur les dessins et sous la direction de Camus de Mézières. C'est un bâtiment de forme circulaire, ayant 68 m. de diamètre hors œuvre. Il est percé de 25 arcades. On monte par deux escaliers d'une construction remarquable à une galerie où sont déposés les menus grains dans des corridors voûtés et construits en briques. Pour mettre à l'abri les marchandises déposées dans la cour, on résolut de couvrir cette construction d'une coupole. MM Legrand et Molinos s'acquittèrent avec talent de ce travail, qui fut terminé en 1783. Cette coupole, construite en bois, fut incendiée en 1802. — Un décret impérial du 4 septembre 1807 porte ce qui suit :

« La Halle aux Blés de la ville de Paris sera couverte au moyen d'une charpente en fer, dont les arcs » verticaux seront en fer fondu. Elle sera couverte en » planches de cuivre étamé.

» Signé Napoléon. »

Cette charpente, exécutée sous la direction de M. Brunet, a été terminée à la fin de 1811. Les 25 fenêtres de l'ancienne coupole ont été remplacées par une lanterne qui éclaire la rotonde.

La Halle au Blé occupe une superficie de 3,665 m.

Un débris curieux de l'ancien hôtel de la Reine est adossé à la Halle au Blé, c'est la colonne dite de *Médicis*. Elle est surmontée d'un chapiteau toscan. Ses cannelures étaient couvertes d'emblèmes sculptés, tels que lacs d'amour, couronnes et fleurs de lis, miroirs

brisés, chiffres enlacés (C. H.). Une sphère d'un diamètre considérable dominait la plate-forme, à laquelle
on montait par un escalier à vis pratiqué dans l'intérieur du fût. Cette colonne, construite par Bullant,
servait d'observatoire à la veuve de Henri II, qui s'y li-
vrait à des études astrologiques.

Au sujet de cette colonne, presque tous les historiens
ont commis une erreur qu'il importe de rectifier. Selon
eux, lors de la démolition de l'hôtel de Soissons, la
colonne de Médicis allait être détruite par le vanda-
lisme, si un amateur éclairé des arts, M. Petit de
Bachaumont, n'eût acheté ce reste précieux de l'architecture du seizième siècle. Cet honorable citoyen en aurait fait hommage à la Ville de Paris. Les Prévôt des
Marchands et Échevins n'acceptèrent, ajoutent-ils, l'offre
de M. de Bachaumont qu'à la condition de lui rembourser le prix de son acquisition, s'élevant à 1800 livres.

Voici un document officiel qui rétablit la vérité :

« Par-devant les conseillers du roy notaires au
» Châtelet de Paris, soussignez, fut présent sieur Lau-
» rent Destouches, architecte, demeurant à Paris, rue
» Neuve-des-Petits-Champs, paroisse Saint-Eustache...

» Lequel a, par ces présentes, vendu et promis ga-
» rantir de tous troubles, à messire Louis-Bazile de
» Bernage, chevalier, seigneur de Saint-Maurice, Vaux,
» Chassy, autres lieux, conseiller d'État ordinaire,
» grand-croix de l'ordre royal et militaire de Saint-
» Louis, Prévost des Marchands... la colonne désignée :
» *Tour en forme d'observatoire...* laquelle a été ache-
» tée par le sieur Destouches, de Jean Louis-Duche-

» nois, bourgeois de Paris, adjudicataire des matériaux
» dudit hôtel de Soissons, et dont, en conséquence, la
» vente et le délaissement lui ont été faits par M. le
» comte de Montgardin, fondé de la procuration de
» monseigneur Louis de Savoie, prince de Carignan.

» Cette vente est faitte, moyennant la *somme de dix-
» huit cents livres qui est la même* qui a été payée au
» sieur Duchenois.

» Fait et passé à Paris, l'an mil sept cent cinquante,
» le dix-neuvième jour de mars avant midy, et ont signé
» la minute des présentes, demeurée en la garde et
» possession dudit Marchand, le jeune, l'un desdits
» notaires au Châtelet de Paris, soussignez.

« MONETTE MARCHAND. »

Scellé ledit jour. R. 6,125. (1).

Tels sont les faits qui se rattachent à l'histoire de
la Halle au Blé ainsi qu'aux habitations seigneuriales,
qui avaient précédé cet établissement d'utilité publique.

Disons en terminant que, pour dégager complétement
la Halle au Blé, dans sa partie nord comme au sud,
les îlots de maisons séparant les rues Oblin et Sartine,
ainsi que les rues de Varenne et Babille, devront être
démolis; l'on ménagera sur cet emplacement deux espaces de 40 mètres de largeur.

(1) Cette pièce nous a été communiquée par M. Destouches, un des descendants de l'architecte de ce nom.
M. Destouches, arrière-petit-fils de Laurent Destouches,
artiste sous Louis XV, est beau-frère de M. Lefuel, architecte de l'Empereur.

Rue Oblin

Deux contrats, l'un du 11 octobre 1635, l'autre, du 26 octobre 1636, la désignent sous le nom de *rue Bouchée*, ou *cul-de-sac de l'Hôtel de Soissons*; c'était la partie restante de la rue d'Orléans, entre la rue des Deux-Écus et celle Coquillière. On la trouve plus tard dénommée *cul-de-sac de Carignan*. En avril 1765, elle fut prolongée sur l'emplacement de l'Hôtel de Soissons, dont le Prévôt des Marchands et les Échevins avaient fait l'acquisition, en vertu des lettres patentes du mois d'août 1755.

Les frères *Oblin*, qui ont donné leur nom à cette rue, s'étaient rendus acquéreurs de l'Hôtel de Soissons.

Rue Sartine

Cette rue a été ouverte en avril 1765, sur l'emplacement de l'Hôtel de Soissons, en vertu des lettres patentes du 25 novembre 1762, registrées en parlement le 22 décembre suivant.

Sartine (Antoine-Raymond-Jean-Gualbert-Gabriel de), comte d'Alby, naquit à Barcelone en 1729. Il était conseiller au Châtelet en 1752, lieutenant criminel en 1755, et maître des requêtes en 1759. Sa haute capacité le fit nommer lieutenant-général de police le 21 novembre de la même année. Il exerça cette importante fonction jusqu'au 24 août 1774 (de Sartine, *De l'assainissement et de la sûreté de Paris*). On lui doit l'éclairage par les réverbères, la construction de la

Halle au Blé ainsi que la fondation d'une école gratuite pour les ouvriers. Le titre de Conseiller d'État fut la récompense de ses services. En 1774, il fut appelé au Ministère de la Marine, où il eut à conduire la guerre d'Amérique. Des discussions avec Necker lui firent quitter le ministère en 1780. Au commencement de la révolution, de Sartine émigra, se réfugia en Espagne, à Tarragone, où il mourut le 7 septembre 1801.

Rue Devárenne

Ouverte en avril 1765, sur l'emplacement de l'Hôtel de Soissons, cette rue avait été autorisée par lettres patentes du 25 novembre 1762.

Pierre *Devarenne*, écuyer, avocat au parlement de Paris, conseiller du roi, Quartinier, fut échevin de la Ville de Paris en 1762 et 1763, sous la Prévôté de Camus de Pontcarré, seigneur de Viarme.

Rue Babille

Cette rue, comme les précédentes, a été percée en avril 1765 sur l'emplacement de l'Hôtel de Soissons, et conformément aux lettres patentes du 25 novembre 1763.

Laurent-Jean *Babille*, écuyer, avocat au parlement, fut Échevin de la Ville de Paris en 1762 et 1763, sous la Prévôté de Camus de Pontcarré, seigneur de Viarme.

Rue Mercier

Ouverte en avril 1765 sur l'emplacement de l'Hôtel de Soissons; elle doit sa dénomination à Louis *Mercier*, écuyer, conseiller du roi, en l'hôtel-de-ville, élu Échevin de Paris pour les années **1761** et **1762**.

La rue Mercier doit être également supprimée lors de l'exécution de la rue du Louvre.

Rue de Grenelle

Après l'achèvement du mur d'enceinte de Paris, sous Philippe-Auguste, le quartier où se trouve aujourd'hui la rue de Grenelle, fut construit rapidement.

Un chemin hors Paris longeait le mur de cette enceinte, et portait le nom de *Garnelle Guernelle*, dont on a fait Grenelle. La largeur de cette voie publique avait été fixé à **12** mètres par l'ordonnance royale du 2 février **1843**.

Passage de l'Hôtel des Fermes

Françoise d'Orléans Rothelin, princesse de Condé, acheta en **1573**, d'Isabelle Gaillard, femme de René Baillet, président au parlement, moyennant trois mille livres de rente sur l'hôtel-de-ville de Paris, deux maisons situées entre la *rue de Garnelle* (Grenelle) et la *cour Basile*, depuis rue du Bouloi.

Ces deux propriétés formaient autrefois l'hôtel de Jean de La Ferrrière, vidame de Chartres, l'un des lieutenants de l'amiral de Coligny. Jeanne d'Albret, reine de Navarre, y mourut le **8** juin **1572**.

Sur l'emplacement de cet hôtel qu'elle s'empressa de démolir, la veuve du prince de Condé fit bâtir une magnifique habitation, qui porta le nom d'hôtel de Condé.

A la mort de la princesse, son fils, Charles de Bourbon, comte de Soissons, hérita de ce domaine, qui prit le nom d'hôtel de Soissons. L'amoureux comte se plut à répandre sur les vitres, les plafonds et les lambris, d'ingénieux emblèmes, de galantes devises et ses chiffres enlacés avec ceux de Catherine de Navarre, sœur de Henri IV. En 1605, cette propriété fut vendue à Henri de Bourbon, duc de Montpensier. Henriette de Joyeuse, sa veuve, s'étant remariée au duc de Guise, la revendit en **1612** à Roger de Saint-Larri, duc de Bellegarde, grand écuyer de France, ce courtisan si aimable, si poli, cet amant chéri de Gabrielle d'Estrées, de mademoiselle de Guise et de tant d'autres.

Le chancelier Séguier fit, en **1633**, l'acquisition de cette superbe demeure, qui devint, après la mort du cardinal de Richelieu, l'asile des muses. Là s'assemblèrent les Racan, les Sarrazin et tous les beaux esprits de l'époque. Le duc de Bellegarde avait fait agrandir cette résidence par le célèbre architecte Androuet Du Cerceau ; Séguier l'embellit encore. Ce magistrat eut plusieurs fois l'honneur d'y recevoir Louis XIV et la famille royale. Cet hôtel fut ensuite occupé par la ferme générale. « Je ne passe jamais devant l'hôtel des » Fermes, disait Mercier, l'auteur du *Tableau de Paris*, » sans pousser un profond soupir. Je me dis : Là » s'engouffre l'argent arraché avec violence de toutes » les parties du royaume, pour qu'après ce long et pé- » nible voyage, il rentre altéré dans les coffres du roi. » Quel marché ruineux ! quel contrat funeste et illu- » soire a signé le souverain ! Il a consenti à la misère

» publique pour être moins riche lui-même. Je vou-
» drais pouvoir renverser cette immense et infernale
» machine qui saisit à la gorge chaque citoyen, pompe
» son sang, sans qu'il puisse résister, et le dispense à
» deux ou trois cents particuliers qui possèdent la masse
» entière des richesses. Chaque plume de commis est
» un tube meurtrier qui écrase le commerce, l'activité,
» l'industrie. La Ferme est l'épouvantail qui comprime
» tous les desseins hardis et généreux. On ne songe
» plus dans cette anarchie qu'à se jeter dans le parti des
» voleurs ; et l'horrible finance se soutient par ses dé-
» prédations mêmes !... Là, enfin, on tient école de
» pillages raffinés ! Là on offre des plans plus oppressifs
» les uns que les autres. La finance est le ver solitaire
» qui énerve le corps politique. Ce ver absorbe les
» principaux sucs, fait naître de fausses faims et tue
» enfin le sein qui le renferme ! »

L'hôtel des Fermes devint propriété nationale, et fut
vendu le **19** fructidor an IV.

Rue Coquillière

Le mur d'enceinte de Paris, construit sous Philippe-
Auguste, s'étendait entre les rues de Grenelle et d'Orléans plus près de la première que de la seconde, jusqu'au carrefour où aboutissent aujourd'hui les rues de
Grenelle, Sartine, Jean-Jacques-Rousseau et Coquillière. Là était une porte de ville appelée *porte Coquillier*
ou *Coquillière*. Elle devait ce nom ainsi que la rue à
la famille Coquillier, qui possédait de vastes terrains
près du rempart.

En effet, dans un acte de janvier 1292, il est dit que Pierre Coquillier vend à Guy de Dampierre *une meson emprez le rempart*. La rue Coquillière ne fut complétement bordée de constructions qu'en 1295.

Une décision ministérielle, du 8 septembre 1821, avait fixé la largeur de la rue Coquillière à 10 mètres. Cette largeur fut portée à 13 mètres pour la partie comprise entre les rues du Four, du Jour et la rue Jean-Jacques-Rousseau, en vertu d'une ordonnance royale du 7 décembre 1847, qui avait déclaré d'utilité publique l'exécution de cet élargissement au droit des maisons de 2 à 16 exclusivement. En 1850, la reconstruction de ces maisons a eu lieu.

Enfin, la largeur de la rue Coquillière jusqu'à la rue Croix-des-Petits-Champs a été fixée aussi à 12 mètres par décret du 26 juillet 1851.

Coq-Héron (rue du)

Ce n'était en 1298, qu'une impasse qui tirait son nom d'une enseigne du *Coq-Héron*. François Ier, par lettres patentes du mois de septembre 1543, ordonna que l'hôtel de Flandres serait démoli, et son terrain divisé en plusieurs lots qu'on mettrait en vente.

Sur une partie de cet emplacement, l'impasse du Coq-Héron fut convertie en une rue, dont la largeur était de 8 mètres.

En 1546, on voit, d'après le rôle de taxe de cette année, que la rue du Coq-Héron, dont la longueur est de 138 mètres, était presque entièrement bâtie. Une ordonnance royale du **22** août **1844** avait fixé sa largeur à 10 mètres.

Administration des Postes

Comme on le voit sur le plan annexé à la première livraison de notre huitième volume, l'hôtel des Postes est légèrement coupé en mouchoir du côté de la rue du Coq-Héron.

On se rappelle également le malencontreux projet de déplacement de l'hôtel des Postes, et la singulière idée de transporter cet établissement dans la rue du Luxembourg, où il eût été rigoureusement bloqué de toutes parts.

Tout nous fait espérer que l'hôtel des Postes, si bien placé au centre de Paris, verra son périmètre rectifié et même augmenté lors de l'exécution de la rue du Louvre.

Aussi pour cette raison, croyons-nous devoir consacrer quelques pages à l'un de nos établissements les plus importants.

1° de l'*hôtel des Postes*. — C'était à la fin du quinzième siècle, une grande maison ayant pour enseigne *l'Image Saint-Jacques*. Elle appartenait alors à Jacques Rebours, procureur de la Ville.

Jean-Louis Nogaret de la Valette, duc d'Épernon, l'acheta et le fit rebâtir.

Elle fut vendue par Bernard de Nogaret, son fils, à Barthélemy d'Hervart, contrôleur général des finances, qui la reconstruisit presqu'en totalité pour en faire une habitation des plus agréables. Cet hôtel passa ensuite à

VIII.   12

Fleuriau d'Hermenonville, secrétaire d'État et garde des Sceaux. Ici, les historiens qui ont écrit sur Paris ont commis une erreur en disant que cet hôtel appartenait au comte de Merville, lorsque le roi en ordonna l'acquisition en 1757, à l'effet d'y placer le bureau des Postes.

Voici un document officiel qui rectifie cette erreur.

ACQUISITION DE L'HÔTEL D'ARMENONVILLE PAR LE ROI

(Pour servir d'hôtel des Postes), confirmé par le Parlement le 30 août 1758

(Extrait des Registres de Parlement).

« Le 1ᵉʳ mars 1757, par contrat passé devant Briant et Doyen, notaires au Châtelet de Paris, le sieur Laurent Destouches, architecte et conseiller secrétaire du roi, et maître général contrôleur et inspecteur des bâtiments de la Ville de Paris, garde ayant charge des fontaines publiques et maître des œuvres de charpenterie de ladite ville, et dame Anne-Charlotte-Julie Beausire, son épouse, dûment autorisée de son mari, ont solidairement vendu au roi, *un grand hôtel* appelé *l'hôtel d'Armenonville*, sis à Paris, rue Plâtrière, faisant deux coins de la rue Verdelet et l'un des coins de la rue Coq-Héron, consistant en une grande cour, basse-cour, plusieurs corps de logis, bâtiments, édifices, jardins, eaux, fontaines, et autres appartenances et dépendances ainsi que ledit hôtel se poursuit et comporte, sans retenue ni réserve aucune, non plus que pour les eaux tant d'Arcueil que de rivière qui viennent aux réservoir et fontaine de ladite maison, conformément au droit acquis aux sieur et dame Destouches.

» Ledit hôtel tient par-devant sur la rue Plastrière, par-derrière sur la rue Coq-Céron au sieur marquis de Gouvernet et à la dame comtesse de Morville et autres, d'un côté à la rue Verdelet et d'autre aux ayant-cause du sieur Jacques Brissart et aux héritiers du sieur Duchesne : Lesdits sieur et dame Destouches ont vendu aussi solidairement avec promesse de garantie de toutes revendications... Toutes les glaces, trumeaux, dessus de portes, armoires, bibliothèques et tableaux étant dans ledit hôtel, bâtiments et édifices en dépendants qui sont les mêmes que ceux qui ont été vendus par le contrat de vente du 14 octobre 1751.

» Ledit hôtel a appartenu à défunt Joseph Jean-Baptiste Fleuriau d'Armenonville, chevalier, garde des Sceaux de France, et dame Jeanne Gilbert, son épouse.

» Ledit hôtel d'Armenonville, circonstances et dépendances se trouve en la censive de l'archevêché de Paris, et vers lui chargé du simple cens, dont l'acte de vente réserve le droit.

» L'hôtel d'Armenonville a été vendu au roi moyennant la somme de cinq cent mille livres, avec intérêt au denier vingt jusqu'à parfait payement.

» Dans cette vente, le sieur Jean-François Besche Valentin agissait au nom et comme procureur de Laurent David, bourgeois de Paris, adjudicataire de la Ferme générale des Postes de France.

» Sont intervenus audit contrat de vente, Philibert

Thiroux de Chameville, chevalier, Pierre *Thiroux de Montregard*, chevalier, intendant général des Postes et relais de France et Lorraine, Pierre-Charles *Legendre de Villemoirien*, chevalier, Charles-Guillaume *Le Normand*, chevalier, et Denis Philibert *Thiroux de Montsonge*, écuyer, tous administrateurs généraux des Postes.

» La confirmation faite en Parlement, à la requête du procureur général du roi, est du 30 août 1758, collationnée.

» *Signé* : Langèle et Dufranc.

» Pour copie sur l'original rendu,

» *Signé* : Danjou (1). »

§ II. — *Historique des Postes*. — On ne trouve aucune trace de l'institution des Postes durant les siècles de barbarie qui suivirent la chute de l'empire romain. C'est à Charlemagne qu'appartient, en France, l'honneur de s'être occupé le premier de leur organisation. Cette haute et merveilleuse intelligence devina les services qu'elles pouvaient rendre en rattachant à un centre commun les diverses provinces de son vaste empire. Il répara les voies militaires dont les Romains avaient sillonné la Gaule, et institua, peu de temps après, des courriers qui s'appelèrent *veredarii* ou *cursores*.

(1) Cette pièce nous a été communiquée par M. Destouches, arrière-petit-fils de l'architecte dont il est question ci-dessus.

De Charlemagne à Louis XI, on ne put se procurer
de nouvelles des provinces que par l'entremise des
messagers, que l'Université avait seule le droit d'envoyer dans les principales villes du royaume. L'esprit
vif et pénétrant de Louis XI apprécia bientôt tout le
parti qu'on devait tirer de cette institution. Le 19 juin
1464, parut un édit dans lequel Sa Majesté expose :
« Qu'ayant mis en délibération avec les seigneurs du
» Conseil, qu'il est moult nécessaire et important à ses
» affaires et à son état de sçavoir diligemment nouvelles
» de tous côtez, et y faire, quand bon lui semblera,
» sçavoir des sciennes, d'instituer et d'establir en toutes
» les villes, bourgs, bourgades et lieux que besoin sera
» jugé plus commodes, un nombre de chevaux courants
» de traite en traite, par le moyen desquels ses com-
» mandements puissent être promptement exécutez, et
» qu'il puisse avoir nouvelles de ses voisins quand il
» voudra, etc... Ma volonté et plaisir est que dès à
» présent et d'ores en avant, il soit mis et establi spé-
» cialement sur les grands chemins de mon dit
» royaume, personnes stables, et qui feront serment de
» bien et loyalement servir le Roy, pour tenir et entre-
» nir quatre ou cinq chevaux de légère taille, bien
» enharnachez, et propres à courir le galop durant le
» chemin de leur traite, lequel nombre on pourra
» augmenter, s'il en est besoin. »

Le caractère sombre et défiant de Louis XI se révèle
dans cet édit, dont l'article 10 est ainsi conçu : « Après
» avoir vu et visité par ledit commis les paquets des
» dits courriers, et connu qu'il n'y ait rien de contraire

» au service du roy, les cachètera d'un cachet qu'il
» aura du dit grand maître des coureurs, et puis les
» rendra au dit courrier avec passeport, que Sa Majesté
» veut être en la forme qui en suit : « *Maîtres tenants*
» *les chevaux courants du roy, depuis tel lieu jusqu'à*
» *tel autre... montez et laissez passer ce présent cour-*
» *rier nommé tel, qui s'en va en tel lieu, avec sa guide*
» *et malle en laquelle sont... le nombre de tant de pa-*
» *quets de lettres cachetées du cachet de notre grand-*
» *maître des coureurs de France, lesquelles lettres ont*
» *été par moy vues et n'y ai rien trouvé qui préjudicie*
» *au roy notre Sire, au moyen de quoy ne lui donnez*
» *aucun empeschement, ne portant autres choses que...*
» *telle somme pour faire son voyage*; il sera signé du
» dit commis et non d'autres personnes. »

Le prix de la *traite* durant quatre lieues, en y com-
prenant celui du guide, est fixé, par le même édit, à la
somme de dix sols.

De grandes améliorations furent successivement in-
troduites dans le service des Postes. Charles VIII mit
la France en correspondance réglée avec plusieurs
États voisins, notamment avec l'Italie. Henri III,
en 1576, donna des itinéraires réguliers à toutes les
villes ayant parlement ; enfin Henri IV, pour faciliter
les communications et rendre les voyages plus fréquents,
créa, en 1597, un établissement destiné à fournir aux
voyageurs des chevaux de louage de traite en traite,
sur les grands chemins. Les considérants de l'édit du
roi méritent d'être rappelés : « Comme les commerces
» accoutumez cessent et sont discontinuez en beaucoup

» d'endroicts, et ne peuvent nos dicts subjects vaquer
» librement à leurs affaires, sinon en prenant la poste,
» qui leur vient en grande cherté et excessive dépense ;
» à quoy désirant pourvoir, et donner à nos dits sub-
» jects les moyens de voyager et commodément conti-
» nuer le labourage, avons ordonné et ordonnons que,
» par toutes les villes, bourgs et bourgades de nostre
» royaume, seront establis des maistres particuliers
» pour chacune traite et journée ; déclarant néanmoins
» n'avoir entendu préjudicier aux priviléges et immu-
» nités des postes. »

Bientôt on réunit en une seule les deux institutions
des relais et des postes. Sous Louis XIII, il fut ordonné
que les courriers partiraient de Paris pour les principales villes du royaume deux fois par semaine, et qu'ils
feraient nuit et jour une poste par heure. Louis XIV
exempta les maîtres coureurs de la taille pour 60 ar-
pents de terre, de la milice pour l'aîné de leurs enfants
et le premier de leurs postillons, du logement des gens
de guerre, de la contribution pour les frais de guet,
gardes et autres impositions.

A Louis le Grand appartient encore l'honneur d'avoir
créé la Poste aux Lettres ou Petite Poste. Voici le titre
relatif à cette fondation :

« Louis, par la grâce de Dieu... Considérant que la
» grande estendue de notre Ville de Paris, et la multi-
» tude des personnes qui la composent, causent beau-
» coup de longueur et de retardement au nombre infini
» des affaires qui s'y traitent et qui s'y négocient, nous

» avons reconnu qu'il étoit nécessaire d'apporter quel-
» que ordre particulier, afin d'en avoir une plus prompte
» et diligente expédition, et après avoir examiné plu-
» sieurs propositions qui nous ont été faites sur ce su-
» jet, nous n'en avons point trouvé de plus innocente
» pour les particuliers, ni de plus advantageuse pour
» le public, que l'établissement de plusieurs commis
» dans notre d. Ville de Paris, lesquels étant divisés par
» quartiers, auront la charge et le soing de partir tous
» les matins, et de prendre chacun dans un bon nombre
» de boistes, qui seront mises en différents endroits des
» d. quartiers pour la commodiité de tout le monde, les
» billets, lettres et mémoires que l'on est obligé d'écrire
» à tous moments et à toutes rencontres, et de là les
» porter dans une boutique ou bureau qui sera dans la
» cour du pallais, pour y être distribuez par ordre de
» quartier, et rendus par les d. commis sur-le-champ,
» diligemment et fidèlement à leurs adresses, d'où re-
» tournant, reporter au pallais sur le midy et à trois
» heures, et même plus souvent, s'il est nécessaire, les
» billets, lettres et mémoires qui auront été mis dans
» les d. boistes pendant le dit temps, etc... , etc... Con-
» sidérant aussi que ceux qui sont à Paris ont plus
» d'affaires avec les personnes qui sont dans la d. ville,
» qu'avec ceux qui sont dans les provinces, dont on a
» bien souvent plus facilement des nouvelles et des
» responses que de ceux qui sont dans les quartiers
» esloignés, et qu'il est bien à propos d'establir, pour
» la facilité du commerce et pour la commodité du
» public, une correspondance si nécessaire à tout le

» monde, et particulièrement aux marchands qui ne
» peuvent quitter leur boutique, à l'artisan qui n'a rien
» de si cher que le temps et son travail qui le nourrit,
» et à l'officier qui de quelque condition qu'il soit, de-
» vant l'assiduité à son exercice, ne le peut abandonner.

» A ces causes..... Voulons et nous plaît qu'il soit
» establi dans notre bonne ville et fauxbourgs de Paris,
» tel nombre de boistes, de commis et de bureaux qu'il
» sera nécessaire, et dans les lieux qui seront jugés être
» plus à propos, afin que ceux qui voudront se servir
» de cette voye en puissent user. N'entendant y con-
» traindre personne, voullant aussi que le salaire des
» d. commis soit modicte et modéré, et qu'il ne soit
» que d'un sol marqué, quelque grosseur que puisse
» avoir le billet, lettre ou mémoire, etc..... Nous avons
» donné à nos chers et bien amez les sieurs de *Nogent*
» et de *Villahier*, maistres des requêtes, en considé-
» ration des bons et agréables services qu'ils nous ont
» rendus et rendent tous les jours, la permission et
» faculté de faire ledit établissement dans notre ville
» et fauxbourgs de Paris et autres villes de notre
» royaume, où ils verront qu'il sera nécessaire, à l'ex-
» clusion de toutes autres personnes, *pendant le temps*
» *et espace de quarante années*, durant lesquelles nous
» voulons et entendons que les d. sieurs de Nogent et
» de Villahier jouissent seuls de la dite faculté, de tous
» les profits et émoluments qui en pourront veuir.
» Données à Paris, au mois de mai de l'an 1653, et de
» notre règne le 11ᵉ. » Signé Louis. »

Cette institution ne réussit pas d'abord ; aussi Pélisson en parle-t-il comme d'une apparition qui devait bientôt s'évanouir. On trouve dans une annotation écrite de sa main, en marge d'une lettre que mademolselle de Scudéry lui avait envoyée par l'entremise de la *boîte des billets*, cette curieuse indication : « M. de Villahier avoit
» obtenu un privilège ou don du roi, pour pouvoir seul
» establir ces boistes, et avoit ensuite establi un bureau
» au pallais, où l'on vendoit pour un sol pièce certains
» billets imprimés et marqués d'une marque qui lui
» estoit particulière. Ces billets ne contenoient autre
» chose sinon : *Port payé ce jour de... l'an mil six cent
» cinquante-trois* ou *cinqvante-quatre*. Pour s'en ser-
» vir, il falloit remplir le blanc de la date du jour et du
» mois auquel vous escriviez, et après cela vous n'aviez
» qu'à entortiller le billet autour de celui que vous
» escriviez à votre ami, et les faire jeter ensuite dans
» la boiste. »

Le secret des lettres ne tarda pas à être violé. Le ministre Louvois, le premier, se rendit coupable de cette insigne perfidie. Sous le règne de Louis XV, on décachetait avec soin toutes les lettres dont les adresses faisaient soupçonner la relation d'intrigues galantes ou politiques. On en faisait des extraits, et après avoir recacheté les billets, on les envoyait à leur adresse. L'intendant des Postes venait tous les dimanches offrir à Sa Majesté le relevé des infidélités hebdomadaires.

« Le docteur *Quesnay*, dit madame de Hausset dans
» son journal, s'est mis devant moi plusieurs fois en fu-
» reur sur cet infâme ministère, comme il l'appeloit.

» Je dînerois pas plus volontiers, disoit-il, avec l'in-
» tendant des postes qu'avec le bourreau. »

L'hôtel actuel des Postes occupe une superficie
de 6363 mètres.

En 1853, l'État et la Ville de Paris résolurent le déplacement de l'hôtel des Postes. A cet effet, un traité
fut signé le 28 avril 1854, puis un décret intervint le
21 juin suivant, il est ainsi conçu :

« Les alignements nécessaires à l'établissement d'un
» nouvel hôtel des Postes entre le quai de la Mégisserie,
» la place du Châtelet et les rues des Lavandières et
» Jean Lantier prolongées, sont arrêtés suivant les
» lignes noires avec liserés rouges du plan, le tout con-
» formément à la délibération de la Commission Muni-
» cipale, en date du 13 janvier 1854. »

En dépit de cette délibération, sans égard pour le
décret et contrairement au traité, le déplacement de
l'hôtel des Postes n'eut pas lieu.

Dernièrement on a fait une nouvelle tentative qui
n'a pas été plus heureuse.

L'emplacement sur lequel on proposait, il y a
quelques années, d'édifier le nouvel établissement, aurait
eu pour limites, au midi, la rue de Castiglione, au nord,
la rue Saint-Honoré, à l'est, la rue de Luxembourg,
enfin à l'ouest, la rue de Mondovi, qu'on devait prolonger jusqu'à la rue Saint-Honoré. Pour régulariser
cet emplacement si défectueux, il eût été indispensable
de démolir un ancien édifice religieux : l'église de
l'Assomption.

Ce deuxième projet fut heureusement écarté. Tout porte donc à croire que l'hôtel des Postes restera dans son ancien emplacement qui, après tout, est le plus central. Il serait possible d'en égaliser le périmètre, de l'agrandir même, et de lui donner enfin un entrée monumentale sur la rue du Louvre.

C'est là, nous le croyons fermement, le parti le plus sage auquel s'arrêteront sans aucun doute d'État et la Ville de Paris.

Rue Pagevin

La rue Pagevin existait vers le commencement du treizième siècle, on l'appelait *rue Breneuse*, vieux mot signifiant malpropre. On disait anciennement d'un homme déguenillé, malpropre : *C'est un habitant de la rue Breneuse*. Cette rue doit son nom actuel à Jean Pagevin, huissier du parlement. Une ordonnance royale du 18 janvier 1848 avait fixé la largeur de la rue Pagevin à **12** mètres.

La partie de la rue Pagevin, située entre la rue du Coq-Héron et la rue des Vieux-Augustins, sera démolie soit pour livrer passage à la rue du Louvre, soit pour faciliter le prolongement de la rue de Réaumur.

Rue Soly

Cette rue, ouverte en 1548, doit son nom à maître Antoine *Soly*, échevin en 1549, sous la Prévôté de messire Claude Guyot.

La largeur de la rue Soly avait été fixée à 8 mètres par l'ordonnance royale du 23 juillet 1828.

La rue Soly doit être entièrement supprimée par l'ouverture de la rue du Louvre et le prolongement de la rue de Réaumur.

Rue des Vieux-Augustins

La protection que le roi saint Louis accordait à tous les religieux, engagea les moines *Augustins* à quitter l'Italie, pour venir se fixer en France. Ils s'établirent d'abord à Paris, au delà de la porte Saint-Eustache dans un lieu environné de bois, où s'élevait une chapelle dédiée à sainte Marie Égyptienne. L'historien Joinville rend compte en ces termes du nouvel établissement :

« Le roy pourvut les frères Augustins, et leur acheta
» la granche à un bourjois de Paris et toutes les ap-
» partenances, et leur fit faire un moustier (monastère)
» dehors la porte Montmartre. »

Vers l'année 1285, les religieux Augustins quittèrent la porte Montmartre pour aller s'établir dans le clos du Chardonnet.

Quelques années après leur départ, une rue fut ouverte à côté de leur ancienne demeure. A cette voie l'on donna deux noms : celui des *Augustins* à la partie comprise entre les rues Montmartre et Pagevin; au surplus jusqu'à la rue Coquillière, le nom de Pagevin.

Ce ne fut qu'au dix-huitième siècle que cette communication s'appela dans toute son étendue rue des Vieux-Augustins.

Une ordonnance royale du 23 juillet 1828 avait fixé sa largeur à 10 mètres.

Impasse Saint-Claude

C'était anciennement la *rue du Rempart*. Elle aboutissait, par un retour d'équerre, au mur d'enceinte que
remplace la rue des Fossés-Montmartre nommée, en
dépit de *l'Histoire de Paris*, rue d'Aboukir. Une décision ministérielle, du 2 thermidor an X, avait fixé sa
largeur à 7 mètres. — L'impasse Saint-Claude sera
complétement supprimée.

Rue d'Aboukir

Un décret impérial du 2 octobre 1865 a réuni les
rues des Fossés-Montmartre, Neuve-Saint-Eustache et
de *Bourbon-Villeneuve* sous la seule et même dénomination de *rue d'Aboukir*.

Hâtons-nous de le dire, ce changement est en contradiction flagrante avec l'histoire de Paris ; il enlève à
plusieurs rues des noms qui présentaient un certain
intérêt au point des développements de cette ville.

Ainsi, la *rue des Fossés-Montmartre* portait ce nom,
parce qu'elle fut alignée sur l'emplacement des fossés
qui régnaient le long du mur de clôture de l'enceinte
construite sous les règnes de Charles V et Charles VI.

Quant à la *rue Neuve-Saint-Eustache*, elle fut
ouverte au mois d'août 1634, en vertu d'un arrêt du
conseil du 23 novembre 1633. Comme la précédente,
elle a été bâtie sur l'emplacement des fossés de l'enceinte
de Paris sous Charles V et Charles VI.

En 1641, elle prit le nom de rue Neuve-Saint-Eustache, en raison de sa proximité du *petit Saint-Eustache* appelé depuis chapelle Saint-Joseph, maintenant marché du même nom.

Enfin, en ce qui concerne la *rue de Bourbon-Villeneuve*, elle doit son nom à Jeanne de *Bourbon* Abbesse de Fontevrault, à qui les dames Filles-Dieu, dit l'historien Jaillot, voulurent « faire honneur. » Elle porta d'abord le nom de *rue Saint-Côme*, puis celui de *rue du Milieu du Fossé*.

Dès 1639, elle est qualifiée *rue de Bourbon*, et dans un ensaisinement du 1ᵉʳ mai 1663, on la nomme *rue des Filles-Dieu* ou de *Bourbon*.

Quant à la qualification de *Ville-Neuve* ajoutée à la rue de Bourbon, les faits suivants sont consignés dans des actes officiels.

Pendant la captivité du roi Jean, le dauphin, depuis Charles V, éleva au nord de Paris, des fortifications pour protéger la Capitale.

Quelques années avant l'exécution de ces travaux de défense, on voyait de ce côté un immense terrain appartenant aux religieuses Filles-Dieu.

Ce terrain était limité par le grand égout, les rues Poissonnière, Saint-Denis, du Faubourg Saint-Denis jusqu'à la maison de l'Échiquier, et par le mur de clôture de ce couvent que remplace aujourd'hui à peu près la rue du Caire.

Les fortifications dont nous venons de parler, coupèrent ce terrain en deux parties.

Les Filles-Dieu se réfugièrent dans la ville, et firent

construire un nouvel enclos pour leur monastère, dont une partie fut absorbée par de nouvelles fortifications. Ce terrain forma plus tard une voirie. Sous Charles IX, on y creusa des fossés qu'on nomma les *fossés jaunes*, de la couleur des terres qu'on en tira. Dès le commencement du seizième siècle, on avait construit des maisons en cet endroit, et ce faux bourg devenant de jour en jour plus considérable, on lui donne le nom de la *Ville-Neuve*.

Les malheurs dans lesquels la Ligue plongea la France et particulièrement la Ville de Paris, dont le roi Henri fit le siége à deux reprises différentes, obligèrent de ruiner ce faux bourg et d'en abattre les maisons. Les démolitions qu'on laissa sur cet emplacement exhaussèrent encore ce terrain, et lorsque ce faux bourg fut reconstruit, on l'appela bientôt *Ville-Neuve sur gravois*.

Pour accélérer les reconstructions, le roi Louis XIII, par lettres patentes de 1623, accorda *la franchise* à toutes les personnes qui viendraient y exercer les arts et métiers. Ce terrain commença dès lors à se couvrir d'habitations en bordure de nouvelles voies. Tout cet emplacement était à peu près bâti lorsque le rempart, dont l'exécution avait été prescrite par lettres patentes du mois de juillet 1676 vint le couper en deux parties, dont l'une, celle dans l'intérieur de Paris fut appelée la *Basse Ville-Neuve*, et l'autre, en dehors du rempart, la *Haute Ville-Neuve*.

La voie principale du quartier *intra muros* fut alors dénommée *rue de Bourbon-Villeneuve*.

En 1793, elle s'appelait *rue Neuve-Égalité*, puis en 1867, rue d'Aboukir.

Un arrêté préfectoral du 27 avril 1814, lui rendit son premier nom de Bourbon-Villeneuve, qu'elle vient d'échanger de nouveau contre celui d'Aboukir.

Aussi les rues de Paris ont leurs vicissitudes qui témoignent soit des caprices de nos administrateurs, soit de nos passions politiques.

Au reste, pendant la révolution les noms des hommes ont changé comme les noms des rues.

Lorsque Philippe d'Orléans se faisait appeler *Philippe-Égalité*, la *rue de Bourbon-Villeneuve* pouvait bien s'affubler du même nom.

Quant à la dénomination d'Aboukir, qui rappelle le brillant fait d'armes du 19 juillet 1799, c'est une glorieuse dénomination sans doute.

Mais ces noms, qui caressent notre amour propre national, ne sont-ils pas des humiliations pour les étrangers? Croyez-vous que les Russes qui vont venir à Paris pour l'Exposition, épèleront avec plaisir le nom de Sébastopol, les Autrichiens celui de Magenta. et les Mexicains celui de Puebla, ainsi des autres. Tous les peuples, ceux de l'Europe surtout ne tendent-ils pas à constituer une seule famille, une grande nation, dont la Ville de Paris, par sa position géographique, la beauté de ses monuments, la variété des plaisirs qu'elle sème sur les pas de la fortune, est appelée à devenir la vraie Capitale.

Pourquoi entretenir, perpétuer, exciter ces haines qui ne sont que trop vivaces?

VIII.   13

La Ville de Paris est une Cité-Reine, qui ne doit avoir que le sourire sur les lèvres, que de l'affection dans le cœur. Ces noms de bataille sont en même temps des noms de carnage et de désolation qu'on lui fait buriner à l'angle de nos rues.

Pourquoi faire détester cette Reine, alors qu'elle a tant d'intérêt à se faire aimer?

Rue Montmartre

Pour indiquer les agrandissements successifs de cette voie publique, nous dirons que la première porte Montmartre, que l'on nommait également *porte Saint-Eustache,* faisait partie de l'enceinte de Philippe-Auguste. Elle avait été construite, vers l'an **1200**, entre les maisons n°s 15 et 32. Vers l'année 1380, Paris s'était considérablement agrandi, et le torrent commençait à déborder. L'ancienne porte fut alors démolie et reconstruite dans la même rue, aux coins méridionaux des rues des Fossés-Montmartre et Neuve-Saint-Eustache, entre les maisons n°s 71 et 88. Le mur d'enceinte, ou le rempart, passait entre les rues des Fossés-Montmartre et l'impasse Saint-Claude, qui s'appelait à cette époque rue du Rempart. Cette deuxième porte fut abattue en 1633, et vers la fin du règne de Louis XIII, une troisième fut construite entre la fontaine et la rue des Jeûneurs, presque en face de la rue Saint-Marc. Cette dernière porte fut démolie vers l'année 1700. Au mois de mai 1812, on en découvrit les fondations en face des n°s 143 et 160.

Une décision ministérielle du 23 brumaire an VIII, signée Quinette, fixa la moindre largeur de cette voie publique à 10 mètres. Cette moindre largeur devra être portée à 15 mètres en vertu d'une ordonnance royale du 25 mars 1845, qui a déclaré d'utilité publique l'élargissement de la rue, sur le côté des numéros pairs, entre la place de la pointe Saint-Eustache et la rue Neuve-Saint-Eustache. L'élargissement en question n'a été réalisé successivement que jusqu'à la rue Mandar de 1847 à 1852.

Rue du Mail

Cette rue a été ouverte en août 1634, conformément à un arrêt du conseil du 23 novembre 1633, sur l'emplacement d'un *Mail* qui s'étendait de la porte Montmartre à la rue Saint-Honoré.

La largeur de la rue du Mail a été fixée à **12** mètres, par l'ordonnance royale du **23 juillet 1828**.

Tels sont les documents qui se rattachent à la rue du Louvre par rapport à l'histoire de la Ville de Paris, mais en ce qui concerne seulement le tracé adopté depuis la rue Saint-Honoré jusqu'à la rue Montmartre.

3° Appréciations Administratives

D'après le tracé de la rue du Louvre, certaines propriétés ne doivent livrer à la voie nouvelle qu'une partie plus ou moins importante de la superficie occupée par ces immeubles.

Dans cette situation, quels sont les droits des propriétaires, et comment sont-ils déterminés par la législation en matière d'expropriation pour cause d'utilité publique?

C'est ce que nous allons expliquer dans ce troisième chapitre.

Voici d'abord l'article 50 de la loi 3 mai 1841. Nous le reproduisons textuellement :

« Les bâtiments dont il est nécessaire d'acquérir une » portion pour cause d'utilité publique, SERONT ACHE-» TÉS EN ENTIER, si les propriétaires le requièrent par » une déclaration formelle adressée au magistrat-direc-» teur du jury, *dans les délais énoncés aux articles* » *24 et 27*.

» Il en sera de même de toute parcelle de terrain » qui, par suite du morcellement, se trouvera réduite » au quart de la contenance totale, si toutefois le pro-» priétaire ne possède aucun terrain IMMÉDIATEMENT » contigu, et si la parcelle ainsi réduite est inférieure » à dix ares. »

Maintenant, quels sont les délais énoncés aux articles 24 et 27 de cette même loi du 3 mai 1841 ?

Voici le texte de l'article 24 :

« Dans la quinzaine suivante, les propriétaires ou » autres intéressés seront tenus de déclarer leur ac-» ceptation ou, s'ils n'acceptent pas les offres qui leur » sont faites, d'indiquer le montant de leurs préten-» tions. »

Passons à l'article 27.

« Le délai de quinzaine fixé par l'article 24, sera » d'un mois... *pour les femmes mariées sous le régime*

» *dotal, assistées de leurs maris, les tuteurs, ceux qui*
» *ont été envoyés en possession provisoire des biens*
» *d'un absent et aux personnes qui représentent les*
» *incapables.* (Article 25). »

Ainsi cette partie de la loi du 3 mai 1841 est claire et parfaitement définie; ajoutons qu'elle est empreinte d'une haute sagesse.

En effet, il peut arriver qu'une partie d'une propriété, celle qui se trouve en dehors de la voie, devienne dans les mains de son détenteur une valeur sans utilité, sans profit, amondrie, une valeur morte.

Entrons dans le vif de la question. Ma maison occupait 200 mètres de terrain, l'expropriation m'enlève pour la voie 150 mètres, que puis-je faire de la partie restante et non expropriée? rien.

Présentons la question sous un jour différent.

Ma maison a 400 mètres superficiels.

La rue ou le boulevard en question en absorbe 200.

Mais pour raccorder cette partie restante avec la rue, il faudrait bâtir une façade et l'adapter aux constructions anciennes; de là, des dépenses et souvent considérables.

Il est donc naturel qu'un propriétaire, un père de famille hésite à conserver la partie restante, surtout dans l'ignorance où il se trouve de l'indemnité que le jury lui accordera pour la partie expropriée.

Voilà pourquoi le législateur a été sagement inspiré en accordant aux propriétaires, dont une partie des immeubles est expropriée, la faculté de contraindre la Ville, à prendre, à payer le tout.

Cette obligation, d'ailleurs, est presque toujours favorable à la Ville ou à la compagnie concessionnaire.

En effet, ces parties *restantes* deviennent ce qu'on appelle des terrains ou des constructions de façade, dont la plus-value, toujours certaine, augmente au fur et à mesure des nouvelles constructions qui s'élèvent en bordure de la voie.

Ajoutons, que cette faculté réservée aux propriétaires profite bien davantage aux sociétés financières, par cette raison que les uns abandonnent une plus-value, dont les autres profitent toujours et quand même.

En effet, le jury d'expropriation ne peut faire entrer en ligne de compte cette plus-value, qui est un espoir ou une certitude dans l'avenir, alors que les propriétaires déclarent eux-mêmes vouloir être expropriés entièrement et tout de suite.

Cela est si juste, si profondément vrai, que ces parties restantes ont toujours produit une plus-value, qui souvent a constitué *seule* le bénéfice des compagnies concessionnaires.

Maintenant, que nos lecteurs ont bien compris la faculté laissée aux propriétaires de se faire exproprier en *totalité*, il importe de leur expliquer aussi clairement la législation en ce qui concerne le droit *moins absolu, de conserver* la partie des immeubles que les voies nouvelles n'absorbent pas.

La loi du 3 mai 1841 ne conférait à l'Administration que le droit de s'emparer des immeubles ou portions d'immeubles rigoureusement nécessaires à l'ouverture des nouvelles voies. Libre aux propriétaires de conserver les parties restantes, ou d'obliger l'Administration, comme nous l'avons dit, à exproprier la totalité de leurs immeubles.

La faculté de conserver les parties restantes était-elle juste, rationnelle?

En principe, oui. Mais dans l'application rigoureuse. absolue, cette faculté pouvait entraîner de graves inconvénients.

Pourquoi le principe était-il excellent dans son essence, et d'où vient que les conséquences dans l'application brutale pouvaient être nuisibles?

C'est ce que nous allons expliquer.

Le droit de propriété, c'est-à-dire de conserver sa chose ou son bien, est le droit le plus ancien et le plus sacré.

C'est en même temps la glorification du travail et la sécurité de la famille.

Dès que la barbarie a fait place à la civilisation, de tous les droits admis, règlementés, c'est le droit de propriété que les législateurs ont constaté, garanti le premier.

Par contre, comment qualifier le droit ou la faculté d'expropriation?

Si ce droit était exagéré, si cette faculté était absolue, ce serait la négation, l'étranglement de la propriété.

En vain, dirait l'expropriant : « Votre maison n'est qu'un amas de pierres que je fais estimer, j'en ai besoin, je les prends, je les paye.

« Ce champ contient tant de toises ou de mètres, leur

» valeur est de tant, je m'en empare, voici votre argent,
» nous sommes quittes.

Le payement, disons-le tout de suite, ne libérerait pas
l'expropriant, ce serait toujours un spoliateur. Pourquoi?

— » Les matériaux dont ma maison se compose, le
» blé qui couvre mon champ n'en constituent pas
» toute la valeur.

» Je tiens à ma maison parce qu'elle résume pour
» moi les souvenirs les plus tendres, les affections les
» plus pures et les plus douces. Mon père y est mort,
» c'est là que j'ai vu naître et grandir mes enfants,
» c'est là que se concentrent depuis bien des années
» toutes les joies du foyer domestique.

» Pourquoi me dérober tous ces biens, toutes ces
» tendresses, pourquoi me voler tout ce bonheur?

— » Nous savons, réplique le législateur, que tout
» l'or du monde ne saurait faire renaître les affec-
» tions qu'on brise.

» Mais ce mal, que nous faisons bien malgré nous,
» est en quelque sorte imposé dans l'intérêt, pour le
» bien-être de tous.

» Pourquoi prenons-nous ces maisons étroites et
» serrées, qui se pressent dans ces ruelles hideuses et
» malsaines? Pour créer de larges voies, de précieux
» ventilateurs, pour assainir, purifier ce quartier où
» s'entassait une population misérable qui, depuis des
» siècles, naissait, souffrait, mourait sans sortir d'une
» atmosphère putride.

Telle est l'unique faculté, le droit réel d'expropriation honnête et légitime, devant lequel doit s'incliner le droit de propriété lui-même.

Maintenant, la loi du 3 mai 1841, si favorable à la propriété, donnait-elle satisfaction complète à l'intérêt général ?

Nous ne le pensons pas.

Pourquoi ?

Parce qu'il était loisible aux propriétaires de conserver toujours, et quand même, les parties *restantes* et en dehors de la voie.

Il pouvait alors se faire que la superficie conservée fût insuffisante pour construire une maison convenable, et réunissant toutes les conditions désirables de salubrité.

Voyez les placards qui existent dans la rue de Rambuteau et dans les voies ouvertes, conformément à la loi du 3 mai 1841.

Pour remédier à cette insuffisance de la loi, fut promulgué le *décret du 26 mars 1852, relatif aux rues de Paris.*

L'article 2 de ce décret est ainsi conçu :

« Dans tout projet d'expropriation pour l'élargisse-
» ment, le redressement ou la formation des rues de
» Paris, l'Administration aura la faculté de comprendre
» LA TOTALITÉ des immeubles atteints, lorsqu'elle jugera
» que les parties restantes ne sont pas d'une étendue
» ou d'une forme qui permette d'y élever des construc-
» tions salubres.

» Elle pourra pareillement comprendre, dans l'ex-
» propriation, des immeubles en dehors des aligne-

» ments, lorsque leur acquisition sera nécessaire pour
» la suppression d'anciennes voies publiques jugées
» inutiles.

» Les parcelles de terrain acquises en dehors des
» alignements, et non susceptibles de recevoir des
» constructions salubres, seront réunies aux propriétés
» contiguës, soit à l'amiable, soit par l'expropriation
» de ces propriétés, conformément à l'article 53 de la
» loi du 16 septembre 1807.

» La fixation du prix de ces terrains sera faite sui-
» vant les mêmes formes, et devant la même juridic-
» tion que celle des expropriations ordinaires.

» L'article 58 de la loi du 3 mai 1841 est applicable
» à tous les actes et contrats relatifs aux terrains ac-
» quis pour la voie publique par simple mesure de
» voierie. »

Avant de discuter ce décret, insistons sur un fait
que nous avons déjà signalé.

Avec la loi de 1841, l'Administration municipale
n'était pas suffisamment armée. Il fallait lui accorder
deux garanties.

L'une : d'éviter ces placards qui contrastent d'une
façon souvent hideuse avec la beauté magistrale d'une
grande voie ;

L'autre : d'empêcher ces sortes de spéculations hon-
teuses que se permettaient certains propriétaires in-
dignes de ce nom, de parquer des créatures du bon
Dieu dans des logements trop resserrés, malsains,
pour leur faire suer le plus d'argent possible.

Voilà les deux garanties que l'Administration municipale pouvait revendiquer au nom de l'intérêt général, au nom de l'humanité, — rien de plus.

Le décret du **26 mars 1852** dépassa le but, disons comment.

En principe, un simple décret ne saurait modifier une loi, surtout alors que cette loi intéresse le droit le plus sacré, le droit de propriété.

La loi de 1841 avait été habilement étudiée, longuement méditée. Pour la modifier, un décret ne suffisait pas ; une autre loi devenait nécessaire. Si grande que soit l'habileté d'un gouvernement, si lumineuse que soit sa haute intelligence, elles sont encore moins clairvoyantes que le bon sens d'une nation, alors surtout qu'il s'agit d'intérêts aussi vifs, d'intérêts qui touchent au repos, au bien-être des familles.

La loi de 1841 avait été trop favorable à la propriété au préjudice de l'Administration, le décret de 1852, servit trop bien l'Administration au détriment de la propriété.

Démontrons les graves inconvénients du décret du **26 mars 1852.**

Cette faculté, ou mieux ce droit que pouvait s'arroger l'Administration Municipale de Paris, de comprendre LA TOTALITÉ des immeubles atteints par un percement quelconque, était un droit exorbitant, monstrueux, parce qu'il n'avait de limites que le bon plaisir du Préfet de la Seine. Libre au magistrat de déclarer que les portions RESTANTES n'étaient pas suffisantes pour y élever des constructions salubres ; soudain la faculté de s'en emparer lui était acquise. Que serait devenue la propriété? le point de mire des compagnies concessionnaires, si ces parties RESTANTES, toujours confisquées à leur profit, eussent constitué leurs bénéfices.

La propriété n'a pas été inventée, mise au monde pour être livrée pieds et poings liés aux hommes d'argent qui, certainement, l'étrangleraient pour en vendre la peau.

Voici ce que Napoléon écrivait de Schœnbrunn le 7 septembre 1809 au prince Cambacérès, archichancelier de l'Empire :

« Je ne conçois pas comment il peut y avoir des
» propriétaires en France, si on peut être exproprié de
» son champ par une simple décision administrative,
» et si enfin on ne peut en appeler qu'à des autorités
» administratives qui, n'ayant aucune règle dans leur
» instruction, aucune publicité dans leurs décisions,
» aucun degré d'appel établi, font de la justice une
» affaire de faveur et de mystère. »
(*Correspondance de Napoléon Ier, Tome XIX. P. 512*).

L'autorité supérieure comprit enfin, comme le public en avait souffert, les nombreux abus résultant du décret du **26** mars 1852 ; un second décret fut donc promulgué pour servir de correctif au premier.

Nous reproduisons ce deuxième document officiel.

Décret du **27** *décembre* 1858 , *portant règlement d'Administration publique pour l'exécution du décret du* 26 *mars* 1852, *relatif aux rues de Paris.*

Art. 1er. — Lorsque, dans un projet d'expropriation pour l'élargissement, le redressement ou la formation d'une rue, l'Administration croit devoir comprendre, par application du paragraphe 1ᵉʳ de l'article 2 du décret du 26 mars 1852, des parties d'immeubles situées en dehors des alignements, et qu'elle juge impropres, à raison de leur étendue ou de leur forme, à recevoir des constructions salubres, l'indication de ces parties est faite sur le plan soumis à l'enquête prescrite par le titre II de la loi du 3 mai 1841, et il fait mention du projet de l'Administration dans l'avertissement donné conformément à l'article 6 de ladite loi.

Art. 2. — Dans le délai de huit jours à partir de cet avertissement, les propriétaires doivent déclarer sur le procès-verbal d'enquête s'ils s'opposent à l'expropriation, et faire connaître leurs motifs.

Dans ce cas, l'expropriation ne peut être autorisée que par un décret rendu en Conseil d'État.

Les oppositions ainsi formées ne font pas obstacle à ce que le Préfet statue, conformément aux articles 11 et 12 de la loi du 3 mai 1841, sur toutes les autres propriétés comprises dans l'expropriation.

Art. 3. — Si l'Administration le juge préférable, il est statué par un seul et même décret, tant sur l'utilité publique de l'élargissement, du redressement ou de la formation des rues projetées que sur l'autorisation d'exproprier les parcelles situées en dehors des alignements.

Dans ce cas, l'indication des parcelles à exproprier est faite sur le plan soumis à l'enquête, en vertu du titre 1ᵉʳ de la loi du 3 mai 1841 et de l'article 2 de l'ordonnance du 23 août 1835.

Mention est faite au projet de l'Administration dans l'avertissement donné conformément à l'article 3 de ladite ordonnance, et les oppositions des propriétaires intéressés sont consignées au registre de l'enquête.

Art. 4. — Les formalités prescrites pour les articles ci-dessus, sont suivies pour l'application du paragraphe 2 de l'article 2 du décret du 26 mars 1852.

Art. 5. — Dans le cas prévu pour le paragraphe 3 du même article, le propriétaire du fonds auquel doivent être réunies les parcelles acquises en dehors des alignements, conformément à l'article 53 de la loi du 16 septembre 1807, est mis en demeure par acte extra-judiciaire, de déclarer, dans un délai de huitaine, s'il entend profiter de la faculté de s'avancer sur la voie publique en acquérant les parcelles riveraines.

En cas de refus ou de silence, il est procédé à l'expropriation dans les formes légales.

Art. 6. — Dans tout projet pour l'élargissement, le redressement ou la formation des rues, le plan soumis à l'enquête qui précède la déclaration d'utilité publique, comprend un projet de nivellement.

Sans doute, ce décret était une satisfaction donnée aux réclamations de la propriété; mais cette satisfaction, peut-on l'estimer complète? Nous le pensons pas.

Pourquoi?

D'abord, parce que le décret ne spécifie pas la contenance nécessaire, indispensable pour élever des constructions salubres ayant une forme régulière.

Comment! un propriétaire possède un immeuble de

2,000 mètres, sur lesquels 200 seulement doivent être absorbés par la nouvelle voie, et le Préfet de la Seine peut dire que les 1,800 mètres *restants* n'ont pas une forme régulière, et qu'il est impossible d'y construire des maisons salubres !

Le propriétaire a droit, il est vrai, de s'opposer à l'expropriation totale, en s'adressant au Conseil d'État.

Ceci est une garantie, mais est-elle suffisante? Non. Pourquoi?

Rappelons dans quelle situation s'est trouvé un propriétaire que nous avions à défendre.

Son immeuble contenait 800 mètres environ, savoir : 200 en bâtiments et 600 en terrain. La voie nouvelle, qui absorbait presque tous les bâtiments, épargnait les terrains. L'Administration prit le tout. Pourquoi cette emprise totale? le plan nous l'apprend. Les terrains épargnés devenaient des terrains de façades, et constituaient, ainsi que d'autres, le bénéfice de la compagnie concessionnaire.

Sans doute, le propriétaire pouvait s'opposer à l'expropriation complète de son immeuble. Mais, dans quelle situation se trouvait-il? dans l'ignorance complète de l'allocation du jury, laquelle ne devait être connue que dans un temps assez éloigné. Était-il certain, ce propriétaire, que l'allocation pour la partie régulièrement dévolue à la voie nouvelle, serait suffisante pour lui permettre de bâtir sur les terrains qu'il désirait conserver, comme on construit maintenant dans Paris? Évidemment, non.

Mais, pourra-t-on répliquer. Il pouvait vendre plus

tard les terrains lorsqu'ils auraient acquis une plus-value.

Nous répondons : — Pour attendre cette plus-value, il faut des rentes, et l'expropriation de ses bâtiments avait enlevé au propriétaire les revenus qui le faisaient vivre.

Voilà comment il s'est fait que le propriétaire en question, s'est trouvé forcé, comme le sont, comme le seront tous les petits propriétaires, de subir l'expropriation *totale* de son immeuble.

Le décret du **27** décembre **1858**, aurait, selon nous, complétement sauvegardé la propriété en cette circonstance, si le jury eût été appelé à statuer sur deux indemnités hypothétiques ; l'une relative à la *partie* régulièrement expropriée et *seule* nécessaire à la voie, l'autre, au sujet de *l'emprise totale* conformément aux prétentions de la Ville ou des sociétés concessionnaires. Le propriétaire eût été libre alors de faire un choix, et de se décider au mieux de ses intérêts.

M. le Préfet de la Seine pourrait nous dire : Avec une telle législation, nous n'eussions jamais remué avec nos travaux trois ou quatre milliards dans Paris.

Nous répliquons, cela est vrai. Paris y a gagné douze ou quinze boulevards, mais Paris a subi quatre ou cinq cent mille ouvriers, artisans et nécessiteux de la province, qui sont venus fondre sur la Capitale par le fait de l'attraction irrésistible que ces travaux immenses ont exercée sur eux.

Louis Lazare.

ÉTUDES HISTORIQUES.

DISCOURS ET HARANGUES

PRONONCÉS

A L'HOTEL DE VILLE DE PARIS

AUTREFOIS — AUJOURD'HUI

EN 1604

Le lendemain de l'élection du Prévôt des Marchands.

PIERRE SAINCTOT, Échevin.

« ..... Puisque, comme de juste raison et tout d'a-
bord, M. le Gouverneur de Paris nous a proposé de
vuider nos coupes à la santé du Roy ; ce qui a été faict
avec dilection, veu que nostre cher Syre est bien la
plus parfaicte créature, dont Dieu le père aye orné âme
avenante aux riches et pitoyable aux pauvres.

» Veu que messire François Myron, nostre premier
Magistrat par élection, mais plus encore par le cœur et
l'entendement, vous a demandé de boire à la santé de

VIII.   14

Mme Marie ; que ledict Prévost a ajouté fort gallamment que la Reyne de France estoit aussi belle que le vin de nostre pays estoit bon et généreux ; ce qui a été approuvé de cœur, attendu qu'il n'est pas resté une seule goutte de nectar dans nos coupes pour la seconde fois épuisez ;

» Veu que Maistre Martin de Bragelongne, Prévost honoraire, a proposé à son tour de boire à la santé du gentil Dauphin et a dict en forme d'invocation et en langage fleuri, attendu qu'il festoie avec une des neuf Muses : « Petit Prince, que Dieu te fasse grand un » jour, et que tu soyes en valeur, bonté et prud'hommie » la portraicture fidelle de ton père Henry, dont » la France raffole ; » ce qui a fait pleurer tout un chacun et boire en acquiescement des dictes paroles, qui vont monter à Dieu, qui les acceptera comme du bon et suave encens !

» Pour lors, Monseigneur, Messires et Messieurs, à mon tour maintenant comme Premier Eschevin : je vous propose de boire A LA PROSPÉRITÉ DE LA VILLE DE PARIS, sur laquelle je vous demande à picoter quelque peu de la langue.

» Tout d'abord faisons un petit larcin mythologique à Maistre Bragelongne, et disons que cette ville bien aymée ressemble au figurez à une charmante syrène, et que tout un chacun poëte, artiste, magistrat et guerrier en raffolle, et que la susdite, aux appas si séduisants, nous tient tous à ses pieds enchainez, esclaves, à genoux !

» La coquette dit au Souverain qui la câline : Mon

doulx Syre, je suis la plus belle perle de ta couronne de France; au savant : ta science je sais la faire briller comme le lapidaire taille le diamant; au poëte : ton génie ne peut rayonner sur le monde qu'alors que je t'ai adopté!... Buvons donc, mes maîtres, à la grandeur, à la gloire et à la beauté de cette noble Cité parisienne, qui sera bientôt la capitale de l'Europe et la préférée du monde!... »

(Festes donnez à l'hostel de Ville à l'occasion des Élections d'aoust 1604; *reg. de la Ville).*

HARANGUE

DE

JACQUES SANGUIN AU ROI HENRI IV

(Aoust 1608)

« Syre, on vous a dict que le populaire de Paris estoit turbulent et dangereux ; ôtez-vous cela de l'esprit, Syre.

» Voilà vingt années, ou à peu prez, que je m'occupe d'Administration, or il m'est de science certaine qu'on insulte méchamment vostre honneste Ville de Paris. Elle renferme, il est vray, deux sortes de populaires bien dissemblables d'esprit et de cœur. Le vray populaire, c'est-à-dire né, ellevé à Paris, est le plus laborieux du monde, voire même le plus intelligent ; mais l'aultre, Syre, est le rebut de toute la France : *Chaque ville de vos provinces a son égout qui amène*

ses impuretez à Paris ! Par exemple, une fille se fait-
elle engrosser à Rouen   : vite elle prend le coché et dé-
barque à Paris pour ensevelir sa honte. Elle met au
monde un petit estre, et c'est le Parisien qui nourrit
cet enfant que le Normand a eu le plaisir de faire ; puys
on dict : *Le Parisien aime la cotte !...*

» Un homme a-t-il volé à Lyon ; pour échapper à la
police, il vient se cacher à Paris ; et comme le mestier
de voleur est le plus lucratif par le temps qui court, il
coupe les bourses de plus belle ! S'il est pris, voicy ce
qui arrive : *C'est le Parisien qui est le vollé, qui nourrit
le Lyonnais qui est le voleur !...*

» Un Marseillais a-t-il assassiné : Paris est son refuge
et son impunité ; s'il tue encore quelqu'un, c'est-à-dire
un Parisien, la province dict : *Il n'y a que des brigands
à Paris !*

» Syre, il est temps que tout cela finisse. La Ville de
Paris ne doit plus estre l'hôtellerie des ribaudes et des
bandits de vos provinces. Que des lois énergiques re-
jettent cette écume hors de la ville, afin que le flot
parisien reprenne sa transparence et sa pureté ? »

DISCOURS D'ADIEU

DE

PIERRE-ANTOINE DE CASTAGNÉRE,

Prévôt des Marchands

AU CORPS MUNICIPAL DE PARIS (27 AOUT 1725).

« Messire et Messieurs,

» J'entre aujourd'huy dans ma soixante-dix-neuvième année, et j'ay pensé qu'il falloit pour diriger les affaires de la Ville, sinon un dévouement plus grand que le mien, du moins une main plus ferme.

» Vous trouverez dans ce cahier le compte exact de ma gestion pendant l'année 1724.

» Je suis entré Prévost des Marchands de la Ville de Paris ayant 6,000 livres de revenu, il ne m'en reste que 3,000 aujourd'huy.

» C'est assez pour un vieillard, car Dieu, en appelant à luy mes deux fils bien-aimés, m'a laissé seul.

» Dans ma longue carrière administrative, j'ay dû commettre bien des erreurs (notre pauvre humanité n'est pas toujours clairvoyante); ma conscience, toutefois, ne me reproche aucune mauvaise action.

» Je crois avoir rendu bonne et loyale justice, aussi bien au menu peuple qu'aux nobles et aux riches.

» Jusqu'à ma dernière heure, je tiendrai à grand et insigne honneur d'avoir été votre premier Magistrat !

» J'ai toujours aimé cette bonne ville *tant calomniée*, comme un enfant chérit sa mère nourrice, et jusqu'à la fin je me ferai gloire d'être Parisien.

» Mais assez parlé de moy, c'est chose plus utile de vous entretenir de cette noble et belle institution municipale que l'Europe nous envie.

» Or donc, écoutez, mes enfans, et faites profict des conseils d'un vieillard.

» Dieu, croyez-moi, accorde à ceux qui vont mourir un dernier rayon de sagesse qui fait que le jugement s'éclaire et que l'âme s'épure !

» Voilà plus de dix siècles que la Prévosté existe, sans avoir subi de grave altération. Comme à ses premiers jours, elle est en pleine séve ; à quoy cela tient-il ?

» A la stricte observance de nos principes.

» Nos devanciers ont tous compris qu'ils devoient se renfermer dans leurs attributions.

» Chercher à les étendre, ce seroit nous briser et nous perdre.

» Quand vous entrez dans ce palais, n'oubliez jamais, alors que vous endossez vos costumes d'Échevins ou de Conseillers, de laisser au vestiaire, avec vos habits de ville, toutes vos opinions politiques et philosophiques. En mettant le pied dans ce palais, vous êtes les Magistrats, les tuteurs de la ville. Ces titres sont assez beaux, ma foy, pour contenter une honnête ambition.

» Aymez et respectez vos Roys, sans être les courtisans du Pouvoir. Faites du bien aux pauvres, sans être les flatteurs du peuple.

» En améliorant d'abord, comme c'est votre devoir, les quartiers malsains ; en augmentant ensuite la prospérité des quartiers riches, ne sollicitez pas, ne briguez pas la reconnoissance de vos administrés ; laissez-la monter plus haut... jusqu'au Roy, qui a consacré vos décisions, afin que l'amour de son peuple rende la tâche du Souverain plus facile et conséquemment plus heureuse.

» Sous peu de jours, vous allez procéder à l'élection de mon successeur.

» Portez vos voix, non sur le plus habile, mais, avant tout, sur le plus honnête.

» Que le Prévost que vous allez choisir soit d'humeur conciliante et de manières distinguées et polies.

» Si cette robe de satin et ce manteau de velours couvroient des formes vulgaires, on riroit d'abord du Magistrat, puis on se moqueroit de l'institution.

» En France, ne l'oubliez pas, le ridicule tue plus sûrement que le glaive.

» Lorsque la Ville donne des fêtes, comme ce n'est pas le Prévost qui paye les violons, mais bien ses administrés, faites que le premier Magistrat honore la Cité en conviant ses enfans les plus dignes.

» Comme dernière recommandation du plus grand intérêt, évitez, mes enfans, de choisir pour Magistrat un homme qui auroit figuré dans nos discordes civiles : l'homme politique nuiroit au Magistrat, et puys les gens de désordre sont incapables d'administrer.

» Finalement, en ce qui concerne le Prévost, tâchez qu'il réunisse trois qualités, qui sont : Honnêteté, talent et courtoisie !

» Passons maintenant aux *Conseillers de Ville*, qui doivent être les *contrôleurs* des actes du Prévost. Bien que les Conseillers susdits tiennent les cordons de la bourse, il ne faut pas qu'ils soient les cerbères hargneux du trésor de la Ville, mais bien les dispensateurs éclairés de ses finances.

» Pour remplir ces fonctions, il faut, non des hommes à petites idées, étroites et mesquines, mais des Magistrats ayant des vues larges et élevées. On n'administre pas une ville comme Paris de la même façon qu'un marchand de la rue aux Lombards gère son commerce de pruneaux ou de pistaches.

» Quand on a l'honneur d'être Conseiller, il faut élever son âme à l'unisson de la grandeur et de l'importance d'une ville qui a son poids dans les destinées du monde.

» Or, quels sont les hommes qu'il faut que vous choisissiez de l'œil et touchiez de la main?

» Il m'est de science certaine que les hommes de loisir et indépendants de fortune et de position sont ce qu'il y a de mieux.

» Des preuves, j'en ai les mains pleines. Si l'on prend un Conseiller faisant un commerce, par exemple, dans le cœur du Magistrat il y aura deux affections, ses chers intérêts et ceux de la Ville. Dans cette position, il y a toujours lutte, et souvent le marchand, trop occupé, sacrifie l'administrateur. Si l'on choisit un médecin en exercice, qu'un de ses clients tombe subitement malade : par humanité il se doit à l'être qui souffre, par devoir il appartient à l'Administration.

Placer un Magistrat entre deux obligations aussi saintes, c'est l'exposer à n'en remplir aucune.

» Si vous jetez les yeux sur des financiers, tamisez leurs antécédents ; il y a un vieux proverbe qui dit : *Quand la main touche trop à l'argent, le cœur devient métal.*

» Mes enfans, les malheurs causés par le déplorable système de Law ne sont pas si éloignés que vous n'en ayez souvenance.

» Je le rappelle avec douleur : deux financiers, Conseillers de Ville, eurent des accointances avec l'Écossais.

» Savez-vous ce qu'il arriva ? En 1720, la Ville avoit besoin d'argent, et pensoit à recourir à l'emprunt. L'affaire fut discutée au Conseil ; elle passa, mais à deux voix de majorité.

» Voici ce qu'il advint plus tard : Les deux Conseillers qui, par leur vote, avoient fait incliner un des plateaux de la balance qui portoit l'emprunt, furent ceux-là même qui plus tard, comme banquiers, en réalisèrent les bénéfices.

» Or, je dis qu'on n'est pas Magistrat pour arrondir sa fortune, mais bien pour ne s'occuper que de celle de la Ville.

» Loin de moi la pensée de jeter une défaveur quelconque sur ces professions qui, loyalement exercées, concourent à la prospérité de l'État.

» Ces principes administratifs, je les applique d'ailleurs à toutes les professions, *sans en excepter aucune.*

» Et puys, il est une vérité devant laquelle nous devons nous incliner tous et chapeau bas ; cette vérité la voicy : *Pour faire un bon Conseiller, il faut dix années d'études en travaillant pour la Ville douze heures par jour.*

» C'est par un tel labeur qu'on acquiert son prix.

» Impossible, à mon avis, à un Magistrat d'accommoder les intérêts de sa profession avec ceux de la Ville, et de les dorloter ensemble sur le même oreiller.

» Mais, me direz-vous, je suis bien pointilleux, et il faudrait une lanterne de Diogène pour trouver des Conseillers.

» Mon Dieu! Paris est assez riche en hommes de loisir et de cœur pour ne pas être embarrassé. Choisissez, si vous voulez, pour Conseillers d'anciens marchands, d'anciens médecins, d'anciens banquiers devenus libres; mais n'enlevez pas le marchand à son comptoir, le médecin à ses malades, et le banquier à ses écus.

» Adieu, mes chers enfans; en vous quittant, votre Magistrat vous fait une dernière recommandation : vivez dans la crainte de Dieu et le respect du Roy.

» J'ay dict. »

AUJOURD'HUI

SÉANCE D'INSTALLATION

DU

NOUVEAU CONSEIL MUNICIPAL DE PARIS

(28 Novembre 1864.)

« ..... Au milieu de cet océan aux flots toujours
» agités et renouvelés, il y a une minorité considérable
» sans doute de Parisiens véritables, qui formeraient,
» si l'on pouvait les discerner et les saisir, l'élément
» constitutif d'une commune; mais, isolés les uns des
» autres, changeant avec une extrême facilité de loge-
» ments et de quartiers, ayant leur famille dispersée
» sur tous les points de Paris; ils ne s'attachent guère
» à la Mairie d'un arrondissement déterminé, au
» clocher d'une paroisse particulière.

» Quel moyen auraient-ils, d'ailleurs, de se recon-
» naître et de s'entendre sur les vrais intérêts commu-
» naux ?

» Et alors même que les Parisiens proprement dits
» seraient, par quelque privilége renouvelé des temps
» du moyen âge, mis en demeure de se retrouver dans
» la ville, de se grouper pour choisir des mandataires
» chargés de leurs intérêts communaux, sauraient-ils
» toujours se tenir en dehors du vaste courant qui

» entraîne fatalement ici le suffrage universel vers le
» côté politique des questions?...

» Baron HAUSSMANN.
» *Préfet de la Seine.* »

Comme ces quatre discours sont différents au fond comme dans la forme ! Les trois premiers sont pleins de convenance, de bonhomie et d'apaisement, le quatrième engage une discussion fiévreuse, une controverse irritante.

Quelle nécessité commandait au Magistrat de soulever le flot, dont le cristal était si parfaitement uni ?

De quel droit se substituer au Souverain pour s'ériger en régulateur des destinées de la France?

Pourquoi démolir, avant qu'il soit placé, le couronnement de l'édifice social sculpté par l'Empereur?

Comme les huit ou neuf cent mille Parisiens doivent être singulièrement flattés d'avoir M. le baron Haussmann pour premier Magistrat!

M. le Préfet de la Seine a-t-il le droit d'engager l'avenir et de frapper la Ville de Paris, dont l'Administration lui est confiée d'une espèce d'interdit perpétuel?

Ainsi le dernier paysan de l'Alsace ou de la Champagne pouilleuse, dont toute l'intelligence se mesure aux mouvements de sa charrue traçant toujours les mêmes sillons, jouirait de certaines prérogatives, refusées à tout jamais au peuple de Paris, d'où part le premier rayonnement qui éclaire le monde.

Nos braves et dignes aïeux, les enfants de Paris, ont exercé pendant douze siècles le droit d'élire leurs Magistrats ; mais nous sommes tellement dégénérés, abâtardis aujourd'hui, selon M. le Préfet, que cette faculté doit nous être refusée à tout jamais.

Ce discours est une grande et insigne maladresse qui nuit au Magistrat et sert mal l'autorité.

Louis Lazare.

L'ANCIEN PARC DE MONCEAUX

ET

L'EMPEREUR NAPOLÉON Ier

En plusieurs circonstances, nous avons eu l'honneur de nous élever contre la mutilation qu'on a fait subir, dans un intérêt de spéculation, à cet ancien domaine princier.

Étrange contradiction ! Au moment où nos Édiles imposaient à la Ville de Paris des dépenses relativement considérables pour créer un vaste jardin public sur les buttes Chaumont, alors qu'ils englobaient dans le bois de Vincennes toute la plaine de Charenton, d'où vient qu'ils laissaient morceler le parc de Monceaux.

En vain oserait-on répondre : « Ce domaine était une propriété de la famille d'Orléans, l'Administration Municipale ne pouvait donc en disposer à son gré. »

— Nous répliquerions : la Ville de Paris eût certainement obtenu pour transformer l'ancien parc de Monceaux en un immense jardin public des conditions meilleures que celles qui ont été consenties à des spéculateurs.

D'ailleurs, l'Administration Municipale n'a-t-elle pas favorisé cette mutilation, en infligeant au boulevard de Malesherbes une brisure que lui épargnait le décret impérial du 10 septembre 1808 ?

Jamais Napoléon Ier n'a voulu consentir à l'aliénation ou à la mutilation de cet ancien domaine princier.

Voici un document historique en faveur de l'opinion que nous exprimons :

A M. GAUDIN

Ostende, 5 mars 1807.

Ce qui s'est fait à Mousseaux n'a pas rempli mon objet. Un beau jardin de plus est nécessaire à la grande ville. Il faut donc faire rédiger un deuxième projet, pour avoir là un jardin qui, dans un genre différent, rivalise avec les Tuileries, le Luxembourg et le jardin des Plantes. Les jardins des Tuileries et du Luxembourg étant dans le genre français, un jardin véritablement beau dans le genre chinois ne peut être qu'un nouvel agrément pour Paris.

Il faut qu'au moyen des embellissements dont on va faire le projet, il devienne plus beau qu'il n'a jamais été. Le Ministre des finances doit donc renvoyer cet

objet au Ministre de l'intérieur. On le chargera de
faire exécuter mes vues, en faisant consulter les gens
de l'art attachés à ce ministère.

NAPOLÉON.

(Correspondance de Napoléon Ier, Vol. XIV. P. 466.)

DE LA

RECONSTRUCTION DU THÉATRE DU VAUDEVILLE

Dans la première livraison de ce huitième volume,
nous avons cru devoir nous élever contre cette étrange
manière d'administrer qu'ont adoptée nos Édiles : d'a-
bandonner à des compagnies le soin d'édifier les mar-
chés, si nécessaires surtout à la banlieue annexée, pour
se faire, par contre, entrepreneurs de théâtres, et bâtir
avec l'argent de la Ville des salles de spectacle, lesquelles
seraient plus économiquement, plus vite et mieux
construites par des capitalistes.

En bonne administration, c'est le contraire qui devrait avoir lieu ; nos vieux Échevins de Paris pensaient
avec raison que les créations utiles devaient précéder
les constructions de luxe.

Nous avons additionné les sommes considérables
que l'Administration a dépensées pour les *théâtres Ly-
rique*, du *Châtelet* et de la *Gaîté*.

On commence à bâtir à l'angle gauche de la rue de la Chaussée-d'Antin, un quatrième théâtre municipal, le *Vaudeville*.

Si l'on se rappelle la magnifique propriété qu'il a fallu exproprier pour faire un emplacement à la nouvelle salle de spectacle, ce qu'elle a coûté comme indemnités immobilières et locatives ; si l'on ajoute la dépense des constructions qui vont s'élever et les frais de tous genres que nécessite l'édification d'un théâtre, le Vaudeville doit absorber au bas mot sept millions !

Si le Conseil Municipal de Paris redevenait le produit de l'élection, il est vraisemblable que le système actuel de dépense n'obtiendrait pas des administrés un bill d'approbation.

Mais hâtons-nous de rappeler que si le Parisien est considéré comme le peuple le plus spirituel de la terre, on ne le reconnaît plus apte maintenant à nommer ses Édiles. Ce droit, il l'a exercé pendant douze siècles, il ne l'a plus aujourd'hui.

Le dernier des paysans de la plus chétive commune de la Champagne pouilleuse ou de la Savoie, est plus libéralement traité que le Parisien sous le rapport des franchises municipales.

Ce que nos Édiles lui demandent, ce n'est pas son avis sur leur Administration, encore moins son approbation, c'est son argent.

Quant à la manière de le dépenser, nos Administrateurs n'en doivent compte qu'à Dieu.

Étrange contradiction !

D'un côté, voici un homme habitant une ville, une

capitale, Paris enfin, d'où part le premier rayonnement
qui éclaire le monde. Cet homme est instruit, lettré, il
peut exercer la profession la plus honorable, il sera ce
qu'il voudra, architecte, médecin, notaire, qu'importe?

D'un autre côté, voilà un paysan, un garçon de
ferme, dont toute l'intelligence se mesure aux mouvements de sa charrue traçant chaque année les mêmes
sillons. Toute son ambition est d'apporter à une femme
quelconque, brune, blonde ou rousse, cinq cents livres
en gros sous, un âne et sa virginité.

Eh bien! le premier, l'homme instruit, est déshérité d'un droit que le second, l'ignorant, exerce dans
toute sa plénitude.

Mais revenons au Vaudeville, pour rappeler l'origine
de ce théâtre.

L'Assemblée nationale par sa déclaration du 19 janvier 1791, donna liberté pleine et entière aux entre-
prises théâtrales. C'est à ce nouveau régime que le
Vaudeville dut sa naissance ; voici comment :

La comédie italienne (l'Opéra-Comique), voulant se
mettre en mesure de soutenir la concurrence que lui
faisait le théâtre de *Monsieur*, en représentant aussi des
opéras français et des opéras italiens, congédia ceux
de ses artistes qui ne jouaient que la comédie et le
vaudeville.

Parmi les acteurs renvoyés, les uns allèrent fonder
le théâtre du Marais, qui disparut en 1807, lorsque
Napoléon rétablit la limitation du nombre des
théâtres dans Paris. Les comédiens, sous la conduite
de Rosières, artiste aimé du public, se concertèrent

avec les auteurs Piis et Barré, louèrent dans la rue de Chartres (démolie depuis pour l'achèvement du Louvre) une salle de bal connue sous le nom de Wauxhall d'hiver.

L'architecte Lenoir transforma cet emplacement en théâtre dit du Vaudeville, dont l'ouverture eut lieu le 12 janvier 1792 par une pièce en trois actes, de Piis, intitulée *Les Deux Panthéons*, ce qui fit dire plus tard :

> Dans le pays où nous sommes,
> Je vois qu'il existe à Paris,
> Et le Panthéon des grands hommes,
> Et le Panthéon des petits.

Pendant la période révolutionnaire, le Vaudeville eut à soutenir des luttes continuelles ; il devait, à l'exemple des autres théâtres, jouer des pièces flattant l'opinion du jour. Or, chaque auteur y mettait parfois des restrictions qui amenaient des scènes tumultueuses au préjudice des écrivains. C'est ce qui arriva bientôt à Barré, Radet et Desfontaines, à l'occasion de leur *Chaste Suzanne*.

Le public crut y voir des allusions au sujet du procès futur de la reine Marie-Antoinette. Au moment où le juge dit aux deux vieillards accusant Suzanne : « Vous êtes ses accusateurs, vous ne pouvez être ses juges, » un tonnerre d'applaudissements mêlé de sifflets ébranla le théâtre, et bientôt le tumulte devint si grand, qu'on fut obligé de faire évacuer la salle. Les auteurs étaient arrêtés le lendemain et mis en prison.

On leur fit comprendre que le seul moyen de recouvrer leur liberté était de composer, en forme d'expiation, un vaudeville de *circonstance*. Les descendants d'Olivier Basselin se mirent à l'œuvre, et improvisèrent un vaudeville intitulé : *Au Retour*. Le couplet suivant, qui fut chanté par l'actrice qui remplissait le rôle de Manon, ouvrit aux auteurs la porte de leur prison :

> Si j' fais un amant, dit Manon,
> Je veux qu' ce soit un bon luron,
>   Qui soit bon patriote ;
> L'âge et la mise n'y f'raient rien ;
> Mais pour son bien, comme pour le mien,
> J' l'aimerais mieux sans culotte.

Un incendie, qui éclata dans la nuit du 16 au 17 juillet 1838, détruisit le théâtre de la rue de Chartres.

Le Vaudeville s'établit provisoirement dans le café-spectacle du boulevard de Bonne-Nouvelle ; il y resta jusqu'au 16 mai 1840. Alors, il vint occuper la salle de la place de la Bourse, dont voici l'origine :

En 1826, Bérard, ancien directeur du Vaudeville, avait obtenu du Ministre de l'Intérieur, Corbière, le privilége d'un nouveau théâtre, ce directeur s'associa M. Langlois, l'un des propriétaires du passage Feydeau.

Sur une partie de l'emplacement de ce passage, ils firent construire, d'après les dessins et sous la direction de M. Debret, architecte, une jolie salle de spectacle, avec de belles maisons à droite et à gauche. Cette salle et ses dépendances coûtèrent 3,467,000 fr. La nouvelle entreprise reçut le nom de théâtre des Nouveautés, et l'ouverture en eut lieu le 1er mars 1827.

Après une alternative de bons et de mauvais jours, le théâtre des Nouveautés fut fermé le 15 février 1832.

Au mois de septembre de la même année, le théâtre de l'Opéra-Comique, qui avait déserté la salle Venta-dour, vint se fixer à la place de la Bourse. Lors du retour de ce spectacle à la salle Favart, le théâtre de 'Opéra-Comique céda la place au Vaudeville, dont la démolition aura lieu pour l'exécution du prolongement de la rue de Réaumur.

Prochainement, nous nous occuperons du nouveau théâtre, qui doit être bâti d'après les plans et sous la direction de M. Magne, architecte.

Louis Lazare.

EXPROPRIATIONS POUR CAUSE D'UTILITÉ PUBLIQUE

AU PRINCE CAMBACÉRÈS

Archichancelier de l'Empire, à Paris

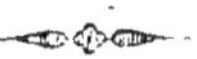

Schœnbrunn, 7 septembre 1809.

Mon Cousin,

J'ai reçu un rapport du grand juge en réponse à ma lettre du 21 août sur les expropriations forcées.

Je ne conçois rien à cette phrase du grand juge :
« La dépossession forcée, sans indemnité préalable, est

» une violation manifeste du Code Napoléon : mais,
» cette contravention à la loi n'étant qualifiée ni de
» crime, ni de délit par le Code pénal, elle ne peut
» donner lieu à aucune poursuite criminelle ou cor-
» rectionnelle. »

J'avoue que je ne comprends pas cela, et je crois que
mon idée n'a pas été saisie.

L'expropriation, lorsqu'elle n'est pas judiciaire, est
une voie de fait; la voie de fait est un délit qualifié
par la loi. Ainsi, si un particulier s'empare de vive
force de la maison d'un autre, il y a expropriation
forcée et recours au petit criminel. Or, je ne voudrais
faire aucune différence pour l'Administration, je ne
voudrais pas qu'elle pût exproprier, parce que je regarde cet acte comme un acte essentiellement judiciaire. Faites-moi connaître comment l'Administration
peut exproprier un individu. Si elle n'en a pas le
droit, elle commet une voie de fait, et alors il y a recours au petit criminel. Je veux laisser à l'Administration ce qui lui est attribué relativement à l'évalua-
tion du prix et au jugement de l'utilité de la chose
requise; mais je voudrais qu'on ne pût mettre la main
sur la maison ou sur le terrain qu'après un acte judiciaire, et qu'il ne fût pas loisible à un préfet de s'emparer des biens d'un citoyen. La propriété serait
assurée, ce me semble, toutes les fois qu'on ne pourrait la perdre que de son consentement, en vertu d'un
contrat, et dans le cas où il n'y aurait pas de contrat,
que par un acte judiciaire qui autoriserait l'expropriation. Je ne conçois pas comment il peut y avoir

des propriétaires en France, si on peut être exproprié de son champ par une simple décision administrative, et si enfin on ne peut en appeler qu'à des autorités administratives qui, n'ayant aucune règle dans leur instruction, aucune publicité dans leurs décisions, aucun degré d'appel établi, font de la justice une affaire de faveur et de mystère. Les intendants jadis pouvaient-ils exproprier?

Enfin, vous autres jurisconsultes, qu'entendez-vous par expropriation? C'est, il me semble, prendre le bien d'un homme malgré lui. Comment cela peut-il se faire autrement que par un acte judiciaire? Enfin, comment cela se fait-il aujourd'hui? Quels sont les agents qui peuvent exproprier? En quelle forme est la pièce qui exproprie? Qui la signifie? Comment s'exécute-t-elle?

Je crois que même les agents de l'enregistrement ont la faculté d'exproprier.

Ainsi donc les préfets, les sous-préfets, les agents des domaines, peut-être ceux des forêts, peuvent priver qui bon leur semble de leurs propriétés? Faites-moi, je vous prie, une dissertation là-dessus. Faites-moi connaître ce qui existe, ce qui se pratique aujourd'hui et en vertu de quelle loi.

L'acquisition de la propriété se fait par acte judiciaire : soit achat, soit vente, soit succession, soit donation entre-vifs, on ne peut acquérir la propriété que par un acte judiciaire. On ne doit la perdre que par un acte judiciaire. Ce principe a-t-il été consenti de tous les temps? ou le droit romain y admettait-il des modifications ? Il me semble que la difficulté vient de cette ridicule manie qu'on a eue de la séparation des pouvoirs.

On voulait que la justice fût indépendante du gouvernement, et, pour rendre la justice indépendante, on l'annulait et on rendait tous les propriétaires passifs des agents du gouvernement. Les intendants, je crois, étaient des officiers judiciaires, et en effet, il me semble que plusieurs de leurs actes, étant considérés comme judiciaires, étaient soumis à l'appel du parlement. Nos préfets ne sont plus rien de tout cela ; nos préfets ne sont pas des officiers judiciaires.

Faites-vous remettre, je vous prie, la lettre que j'ai écrite le 21 août au grand juge, avec le rapport qu'il m'a fait, et faites-moi une dissertation qui éclaircisse bien la question. Je crains les abus : nos lois me paraissent une assemblage de plans mal assortis, inégaux, irréguliers, laissant entre eux de fréquentes lacunes, et j'attache une grande importance à joindre ces différents éléments, à n'en faire qu'un tout, afin de réprimer les abus de l'Administration, qui, dans un si grand empire, peuvent être plus fréquents.

NAPOLÉON.

(Correspondance de Napoléon Ier, Vol. XIX, P. 512.)

La recommandation que Napoléon Ier adressait de Schœnbrunn, en 1809, au prince Cambacérès, serait encore plus justement faite aujourd'hui par Napoléon III à son Préfet de la Seine.

Jamais le respect des formes légales que Napoléon Ier

imposait à ses administrateurs, n'a été plus méconnu que de nos jours.

Voici un fait, entre beaucoup d'autres, qui témoigne de cette vérité :

M. le Préfet de la Seine avait donné congé, pour le terme de *janvier* dernier, aux locataires des immeubles expropriés pour l'ouverture du boulevard de Port-Royal. Naturellement et légalement le jury devait statuer sur les indemnités au moins en *décembre* **1866**. Au moment où nous écrivons, c'est-à-dire 25 mars, le jury n'est même pas convoqué.

Bon nombre de locataires verbaux auxquels l'Administration a payé un ou deux termes, ont quitté les lieux.

Cette manière d'administrer, n'est-elle pas la violation la plus évidente du droit de propriété ?

Supposons une maison rapportant cinq mille francs par an, le propriétaire, père de famille, ne possède que ce revenu pour faire vivre ses enfants.

Ajoutons que cet immeuble n'étant habité que par des ouvriers ou de petits rentiers, n'a que des locations verbales, c'est-à-dire sans bail. La Ville, comme nous venons de le dire, donne congé en octobre 1866 à ces locataires pour janvier **1867**, les paye fin février, les fait déguerpir, et la maison reste vide en mars.

L'ex-propriétaire, si le jury statue sur son indemnité en avril ou mai, ne sera vraisemblablement payé qu'en septembre ou octobre, encore si sa maison est libre d'hypothèques.

Nous demandons comment ce père de famille fera

vivre ses enfants, alors que de janvier à septembre ou octobre, par le fait de l'Administration, il n'aura pas de loyers à percevoir.

A la fin de cet article, nous examinerons la position tout aussi intéressante des locataires à *bail*. Pour le moment, continuons à démontrer l'illégalité, mais en ce qui concerne seulement le propriétaire.

Lors de la rédaction du Code Napoléon, le législateur édicta l'article 545.

Il est ainsi conçu :

— « *Nul ne peut être contraint de céder sa propriété,* » *si ce n'est pour cause d'utilité publique, et moyen-* » *nant une juste et* PRÉALABLE *indemnité.* »

L'article 53 de la loi du 3 mai 1841, sur l'expropriation pour cause d'utilité publique, porte ce qui suit :

« *Les indemnités réglées par le jury seront,* PRÉALA- » BLEMENT *à la prise de possession, acquittées entre les* » *mains des ayants-droit.* »

Eh bien ! M. le Préfet de la Seine donnant congé pour janvier, payant et renvoyant des maisons expropriées les locataires verbaux à la fin de février, fait-il acte de *prise de possession*? Le Magistrat agit en maitre comme s'il possédait purement et simplement la maison. Cependant cette prise de possession si manifeste ne devrait avoir lieu qu'après le règlement des indemnités par le jury, or, au moment où les locataires verbaux sont payés, renvoyés et soustraits au véritable propriétaire, le jury n'est même pas convoqué.

C'est donc là, selon nous, la violation la plus manifeste de l'article 545 du Code Napoléon, et la dérogation la plus fâcheuse à l'article 53 de la loi du 3 mai 1841.

Quelques administrateurs, nés d'hier, ont cherché à nous contredire par des subtilités dans le genre de celle-ci :

— « De quoi vous plaignez-vous, le Préfet ou la Compagnie concessionnaire du boulevard de Port-Royal a bien renvoyé les locataires verbaux, mais les maisons au moment où nous parlons sont encore debout ; donc le gage de sécurité existe encore pour le propriétaire. »

Nous avons répliqué : D'abord, vous n'osez pas discuter l'illégalité quant au fond.

Ce que vous essayez seulement de démontrer, c'est que cette violation de la loi n'entraîne aucune conséquence funeste pour les propriétaires. Eh bien ! c'est sur ce terrain que nous allons vous suivre encore.

Vous dites : « La maison est toujours debout. » Je vous réponds : « Elle est vide. »

Père de famille, si mes enfants ont faim, puis-je leur dire : Mangez ces pierres.

Mon seul gage de sécurité, mon assurance de bien-être, où donc étaient-ils ? Je les trouvais dans mes locataires, qui me constituaient un revenu modeste, mais certain. Vous avez renvoyé mes locataires, mon revenu, vous me l'avez confisqué, je suis obligé d'emprunter pour vivre jusqu'au jour où il vous plaira de me payer.

Examinons maintenant la position plus fâcheuse encore des locataires à bail.

Supposons un commerçant, un détaillant, marchand

de vin, boulanger, épicier, boucher, qu'importe ! **Plus**
sa situation sera modeste, plus nous la rendrons intéressante, et plus l'illégalité de l'Administration deviendra flagrante en fait, et cruelle dans ses conséquences.

Choisissons un boucher si l'on veut, et laissons-le
parler.

«J'ai loué il y a trois ans, une boutique dans laquelle
j'ai créé un fonds de boucherie ; vous connaissez les
justes prescriptions de salubrité que nous impose
l'Administration. Il me fallut dépenser au bas mot,
huit mille francs en frais d'installation. Pour les
payer, n'ayant pas d'argent, j'ai emprunté. Tout ce qui
m'a été possible jusqu'à présent, c'est de faire vivre
ma petite famille en remboursant à mon prêteur, capital et intérêts.

»L'Administration Municipale m'a signifié congé pour
janvier dernier. J'ai dû dès le moment où j'ai reçu cette
signification, c'est-à-dire en octobre 1866, chercher
ailleurs, et tâcher de me procurer une autre boutique.
J'ai fini par la trouver, et j'ai passé bail.

»Devant quitter mon ancienne location le 1er janvier,
je pensais tout naturellement que l'on m'exproprierait
en novembre, au plus tard en décembre, dans les premiers jours. Or, nous sommes au 25 mars, et le jury
n'a pas encore statué sur mon indemnité ; ce jury n'est
pas même convoqué à l'heure où nous parlons.

» Maintenant, voici ce qui m'est arrivé :

» Mon nouveau propriétaire m'a demandé les six mois

d'avance ; je ne les avais pas, il m'a fallu emprunter à dix pour cent, encore fort heureux de trouver.

» Cette avance payée, je n'avais que les quatre murs de ma nouvelle boutique. Comme elle se trouve plus grande que l'ancienne, mon matériel était à renouveler en partie ; deuxième emprunt, et celui-là de cinq mille francs qui, avec les douze cent francs des six mois d'avance, me constituent débiteur d'une somme de six mille deux cents francs, passibles d'un intérêt de dix pour cent.

» En bonne et loyale justice, une Administration vraiment paternelle agirait-elle de la sorte ? J'avais une existence modeste, la certitude d'élever ma famille. Pourquoi est-on venu me troubler, me forcer à deux emprunts, alors que je devais croire, par le fait du congé de la Ville, être parfaitement installé dans ma nouvelle boutique au 1er janvier de cette année. »

Voilà quelles sont les conséquences des illégalités, qu'une grande et humaine Administration ne devrait jamais se permettre.

Louis Lazare.

FAITS DIVERS

L'AQUEDUC D'ARCUEIL.

Beaucoup de Parisiens ne connaissent guère que de nom l'aqueduc d'Arcueil, qui amène à Paris l'eau des sources de Rungis, et dont l'origine remonte au temps de la domination romaine dans les Gaules.

Le chemin de fer de Ceinture, qui vient d'être ouvert à la circulation sur la rive gauche de la Seine, passe sous une section de ce curieux ouvrage ; elle consiste en un viaduc léger, élégant de coupe, qui domine la profonde tranchée dans laquelle la voie ferrée s'engage au sortir du grand tunnel de Montrouge et avant d'atteindre la station de Gentilly.

Déjà, sous Henri IV, on s'était préoccupé des moyens de rétablir l'ancien aqueduc, et, en 1609, Sully ordonna des fouilles et des tranchées dans la plaine de Longbayau, du côté de Rungis, afin d'y trouver les eaux que les Romains avaient recueillies pour les conduire au palais des Thermes. La mort de Henri IV suspendit l'exécution de ce projet, et ce fut seulement le 17 juillet 1613 que le roi Louis XIII et la régente, sa mère, posèrent, en grande pompe, la première pierre du nouvel aqueduc, qui fut bâti sur les dessins de Jacques de Brosse, et achevé en 1624. L'entreprise avait été adjugée à Jean Coing, maître maçon de Paris, pour la somme de 460,000 livres.

Une partie de l'aqueduc traverse le vallon d'Arcueil sur vingt-cinq arcades, élevées près d'un fragment considérable de l'aqueduc romain. Entre Arcueil et Paris, l'aqueduc forme une galerie souterraine qui fut établie, dans quelques parties de la plaine de Montsouris, sur des carrières très-anciennes et alors inconnues. Les infiltrations, les pertes d'eau, les terrassements et les affaissements qui en furent la suite, l'éboulement d'une partie de l'aqueduc, l'inondation de toutes les carrières et l'interruption du service des fontaines que les eaux de Rungis alimentaient, nécessitèrent, dès 1777, des travaux considérables pour la restauration de cet ouvrage.

Aujourd'hui l'aqueduc d'Arcueil amène à Paris 80 pouces fontainiers (on sait qu'un pouce fontainier donne en vingt-quatre heures environ 20 mètres cubes). Un bassin, établi près de l'Observatoire, à 31 mètres au-dessus de l'étiage de la Seine, reçoit les eaux de l'aqueduc. De là, ces eaux vont au bassin de l'Estrapade. Une partie en est recueillie dans un réservoir inférieur; le reste est élevé par une pompe à feu jusqu'aux réservoirs qui reçoivent les eaux de la Seine.

LA PLACE DU ROI DE ROME.

D'après les plans définitivement arrêtés, la place du Roi-de-Rome, située au point culminant du coteau qui

domine la Seine, en face du Champ-de-Mars, sera de
forme circulaire, et aura pour ligne de rayonnement
huit avenues de premier ordre. Sur les deux tiers de
son pourtour, cette place sera bordée d'hôtels symétriques, précédés d'un large trottoir planté comme
celui de la place de l'Étoile; l'autre tiers, celui qui est
le plus voisin du quai, restera sans constructions; il
formera une immense terrasse courbe, bordée par une
balustrade, et d'où l'on jouira de la perspective du
Champ-de-Mars, des coteaux de Saint-Cloud, etc.

Au-dessous de cette plate-forme se développera une
vaste pelouse déclive, que bordera, du côté du fleuve,
une rue en section de cercle ; cette pelouse sera coupée
au centre par un escalier large de 40 mètres, composé
de 70 degrés, et qui, ouvert dans l'axe du pont d'Iéna,
rachètera la différence de niveau entre la place circulaire et la rue courbe du bas.

Les huit voies qui rayonneront de cette place sont,
d'abord celle aux 70 degrés dont nous venons de parler,
puis la première section de l'avenue de l'Empereur,
l'avenue du Roi-de-Rome, l'avenue Malakoff, ancienne
avenue de Saint-Denis; l'avenue du Prince-Impérial,
qui sera ouverte dans l'axe du grand escalier, et ira
déboucher sur l'avenue de l'Impératrice, près de la
porte Dauphine; la seconde section de l'avenue de
l'Empereur; l'avenue projetée de la Muette, qui débouchera sur la grande rue de Passy, près de celle de la
Pompe, et l'avenue Franklin, qui s'ouvrira dans l'axe
de celle du Roi-de-Rome.

Au bas de la grande terrasse, près de la rue courbe

qui encadrera la pelouse déclive, déboucheront aussi deux grandes artères : l'avenue d'Iéna, qui descend des hauteurs de l'Étoile, et l'avenue Delessert, qui se dirigera vers la partie basse de l'ancienne commune de Passy.

Au bas de la terrasse gazonnée, entre la voie en section de cercle et le quai de Billy restera une zone irrégulière de terrain. Cette zone sillonnée de chemins symétriques sera décorée de pelouses limitées au sud par des trottoirs.

Ces travaux, ont sans doute, un caractère de magnificence ; mais on se demande si leur urgence est bien constatée. Selon nous, beaucoup de créations utiles eussent mérité une incontestable priorité. D'un calcul que nous avons fait à l'aide de documents officiels résulte pour nous cette vérité : l'Administration Municipale a dépensé depuis vingt années plus de pièces d'or de vingt francs, en faveur des quartiers riches de l'ouest, qu'elle n'a consacré de gros sous à l'amélioration des localités de l'est de Paris.

Louis Lazare.

LES ABORDS DE L'ÉGLISE SAINT-ROCH.

L'exécution prochaine de la rue de l'Impératrice doit amener, vraisemblablement le dégagement de l'église Saint-Roch par le prolongement de la rue des Pyramides.

Ce prolongement, comme nous l'avons déjà dit dans

nos publications, était arrêté sous le premier Empire,
et ce serait une amélioration bien utile que de conduire
le plus tôt possible la rue des Pyramides jusqu'à la rue
de l'Impératrice.

Cette amélioration aurait aussi pour résultat la destruction du passage Saint-Roch, qui enserre ce monument à l'est.

Ce serait un véritable bienfait pour tout ce quartier
que la suppression de ce passage, dont la situation déplorable est nuisible à l'édifice religieux.

L'origine de ce passage remonte à l'année 1741.
Lorsque la Ville s'occupera de cette amélioration, elle
n'oubliera pas les titres dont l'emploi peut diminuer
la dépense de cette amélioration.

Dans un contrat de vente dressé par le Domaine national, le 1er nivôse an VI, d'une maison sise passage
Saint-Roch, nos 20, 21 et 22, on lit la clause suivante :

*L'acquéreur sera tenu de se conformer, quand il en
sera requis et ce sans indemnité, aux alignements
arrêtés par la Commission des Travaux publics.*

L'acte de vente du 1er fructidor an VI, d'un bâtiment
contenant plusieurs boutiques, sous les numéros 37
jusqu'à 43 inclusivement, dans le passage Saint-Roch,
renferme les dispositions suivantes : *L'adjudicataire
sera tenu de se conformer, quand il en sera requis, et
ce sans indemnité, aux alignements arrêtés ou qui
pourront l'être par la Commission des Travaux publics.*

Puisque nous avons parlé de l'église Saint-Roch,
rappelons l'origine de ce monument religieux et du
quartier au milieu duquel il est situé.

VIII   16

Les buttes des Moulins et Saint-Roch se trouvaient encore, sous Charles V et Charles VI, en dehors de l'enceinte de Paris.

La porte Saint-Honoré, qui faisait partie de cette enceinte, se trouvait à l'endroit où commence la rue Traversière (aujourd'hui de la Fontaine-Molière) dans la rue Saint-Honoré.

Lors de l'édification de cette porte et de la construction du rempart, on creusa des fossés dont les terres s'amoncelèrent, et formèrent d'abord un monticule nommé butte des Moulins.

Sous François Ier, après la bataille de Pavie, on résolut de fortifier la Ville de Paris, et principalement la porte Saint-Honoré. Ce projet n'eût pas de suite. Toutefois les matériaux et les terres qu'on y apporta, exhaussèrent encore ce monticule, dont le versant septentrional fut appelé butte Saint-Roch, du nom d'un hôpital que remplaça l'église dont nous allons rappeler l'origine. La partie opposée conserva le nom de butte des Moulins en raison des moulins, qui dominaient encore cet emplacement sous le règne de Louis XIII.

Le 8 septembre 1429, Jeanne d'Arc vint assiéger Paris du côté de la porte Saint-Honoré. L'armée royale occupait les buttes des Moulins et Saint-Roch. Vers les onze heures du matin, le boulevard extérieur fut emporté par les troupes commandées par la Pucelle et le duc d'Alençon. Jeanne voulut passer outre, et assaillir le rempart. « Mais elle n'estoit pas informée de » la grande eaue qui estoit ès-fossez ; et il y en avoit

» aucuns qui le sçavoient, et eussent bien voulu, qui
» lui arrivast malheur. »

Jeanne, une lance à la main, monta sur la contres-
carpe pour sonder l'eau ; en ce moment, un trait d'ar-
balète lui perça la jambe, et son porte-étendard fut tué
à côté d'elle. — « Ce nonobstant, elle ne vouloit partir
» de ce lieu, et, couchée sur le bord du fossé, elle con-
» tinuoit d'exciter l'ardeur des assaillants, et faisoit
» toute diligence de faire apporter et jetter des fagots et
» du bois dans le fossé, espérant pouvoir passer jus-
» qu'au mur ; mais la chose n'estoit possible, veu la
» grande eaue qu'il y estoit. »

Jeanne voulait mourir à son poste : le duc d'Alençon vint lui-même chercher l'héroïne ; on la transporta
en la méson des Genets, emprez le rempart.

Où donc était cette maison des Genets ? Sur un plan
de Paris de 1635, nous voyons figurer, dans la rue Traversière, une habitation sur laquelle est dessinée une
fleur de lis, avec cette inscription :

MAISON DE JEHANNE LA PUCELLE,

Alias des Genets.

Or la porte Saint-Honoré, qui faisait partie de l'enceinte de Paris sous Charles V et Charles VI, se trouvait à la rencontre des rues Saint-Honoré et Traversière. En mesurant avec un compas la distance entre
cette porte et la maison des Genets, on acquiert la certitude que la propriété n° 23 de la rue de la Fontaine-
Molière occupe l'emplacement de l'habitation dans

laquelle Jeanne d'Arc s'abrita pour faire panser sa blessure (1).

S'inspirant de ce fait historique, l'autorité Municipale serait dignement inspirée en donnant le nom de Jeanne d'Arc à la grande voie qui, partant du Théâtre-Français, et coupant en diagonale les buttes des Moulins et Saint-Roch, doit aboutir au boulevard des Capucines, en face du nouvel Opéra.

La Ville de Paris possède un boulevard décoré du nom de *l'Impératrice*. Répéter cette dénomination, si gracieuse qu'elle soit, c'est en affaiblir la touchante signification.

Savez-vous où nos Édiles sont allés reléguer le nom de Jeanne d'Arc? Sur le territoire d'Ivry, où rien ne rappelle l'héroïne qui sauva la France.

Sous le règne de Charles VII, on ne voyait, sur les monticules des Moulins et Saint-Roch, que de chétives cahutes habitées par des porchers qui faisaient paître leurs immondes troupeaux. Puis, çà et là, des moulins qui dominaient la grande ville.

Cet aspect misérable ne changea qu'en 1629. A cette époque, le cardinal de Richelieu fit bâtir, sur l'emplacement des hôtels d'Armagnac et de Rambouillet, un hôtel qui d'abord porta le nom du Ministre. L'habitation du cardinal se trouvait alors enfermée dans l'enceinte construite sous Charles V et Charles VI.

(1) Conformément à une décision ministérielle du 12 mai 1843, la rue Traversière a pris le nom de rue de la Fontaine-Molière.

Mais Richelieu, dont la fortune et la puissance s'affermissaient de jour en jour, se sentit bientôt à l'étroit dans cette simple demeure de gentilhomme. Le mur d'enceinte fut abattu, le fossé comblé, et, grâce à de nouvelles acquisitions, l'hôtel de Richelieu devint, en 1636, le *Palais Cardinal*.

Le rempart démoli, cette digue rompue, le flot de la population s'étendit comme une marée montante sur les buttes des Moulins et Saint-Roch, qui se couvrirent d'habitations.

Telle est l'origine de la plus grande partie du quartier du Palais-Royal.

Occupons-nous, maintenant, de l'église Saint-Roch :

Sur un plan de Paris de l'année 1525, une grande maison est indiquée à l'endroit où depuis l'église fut construite. Cette maison était connue sous le nom d'*Hôtel Gaillon*.

A côté de cet hôtel, le plan indique également une chapelle sous l'invocation de *Sainte-Suzanne*. Près de ce petit monument, à l'endroit où l'on voit aujourd'hui le portail et les marches de l'église, s'élevait une autre chapelle bâtie en 1521, par Jean Dinocheau, marchand de bétail, et Jeanne de Laval, sa femme — cette chapelle était connue sous le nom *des Cinq Plaies*.

Un demi-siècle après, Étienne Dinocheau, fourrier ordinaire du roi et neveu du fondateur, voulut substituer à cette chapelle une église. Il céda, le 13 décembre 1577, un grand jardin et une place. Le 15 octobre suivant, les habitants achetèrent encore la chapelle de

Sainte-Suzanne, avec ses dépendances. Sur ces divers terrains fut construite la nouvelle église, d'après des dimensions bien moins grandes que celles qu'on a données au monument qui existe à présent.

Les historiens de Paris ne sont pas d'accord sur l'année de la construction de cette première église. Un fait certain, c'est que la permission de l'official pour l'érection de cette succursale, est du 15 août 1578. On la consacra sous l'invocation de Saint-Roch, en raison d'un hôpital ainsi dénommé, dont Jacques Moyou, Espagnol, avait commencé la construction sur une partie de l'emplacement de l'église actuelle.

Cet hôpital, destiné aux malades affligés des écrouelles, fut transféré au faubourg Saint-Jacques.

L'église Saint-Roch resta longtemps sous la dépendance de Saint-Germain-l'Auxerrois, et, suivant l'usage observé dans la hiérarchie ecclésiastique, le curé de cette paroisse en nommait le desservant. Cette dépendance cessa en 1633 ; à cette époque, Saint-Roch fut érigée en église paroissiale par François de Gondi, archevêque de Paris. La population augmentant de jour en jour, l'église devint trop petite. Les marguilliers achetèrent la totalité du terrain qui dépendait de l'ancien hôtel Gaillon, et la nouvelle église fut commencée au mois de mars 1653, sur les dessins de *Jacques Lemercier*, architecte. Louis XIV posa la première pierre du nouvel édifice, dont le portail a été construit en 1736, sur les dessins de *Robert de Cotte*, premier architecte du roi, et continué par Jules-Robert de Cotte.

Les dalles de Saint-Roch couvraient, avant 1789, les tombes de plusieurs personnages illustres.

Là reposait *Maupertuis*, qui de capitaine des dragons devint astronome, et mourut pieusement. A côté de la tombe de Maupertuis, on voyait celle du célèbre *Lenôtre*, qui dessina, sous les yeux de Louis XIV, les jardins des Tuileries et de Versailles, le parterre du Tibre à Fontainebleau, et l'admirable terrasse de Saint-Germain-en-Laye.

En 1675, Louis XIV, pour reconnaître le mérite de Lenôtre, lui accorda des lettres de noblesse, et voulut lui donner des armes.

« Sire, dit l'artiste habile, j'ai mes armes, et j'y tiens : Trois limaçons couronnés d'une pomme de chou ; permettez-moi d'y joindre une bêche, car je dois à cet instrument toutes les bontés dont Votre Majesté m'honore. »

En face de Lenôtre avaient été inhumés les restes de *Mignard*. Ce grand artiste avait eu l'honneur de faire neuf fois le portrait de Louis XIV. A la dixième toile, le roi lui dit : « Mignard, vous me trouvez vieilli ? — Sire, répliqua le peintre courtisan, je vois quelques lauriers de plus sur le front de Votre Majesté ! »

Une semaine après, les portes de l'Académie s'ouvraient à deux battants, et Mignard était reçu, le même jour, Membre, Professeur, Recteur, Directeur et Chancelier !

Le 10 août 1821, par les soins du duc d'Orléans (Louis-Philippe) et de M. Legrand, fut placée dans l'Église Saint-Roch, au-dessus d'un des bénitiers de la grande nef, à gauche en entrant, une table de marbre avec une inscription indiquant la date de la naissance et le jour de la mort du grand *Corneille !* Nous transcrivons ici l'acte mortuaire du prince de la tragédie.

« L'an 1684, le 2 octobre, M. Pierre Corneille, écuyer, » ci-devant avocat-général à la table de marbre de » Rouen, âgé d'environ 78 ans, décédé hier, rue d'Ar- » genteuil, en cette paroisse, a été inhumé en l'église, » en présence de M. Thomas Corneille, sieur de l'Isle, » demeurant rue Clos-Georgeau en cette paroisse, et de » M. Michel Bècheur, prêtre de cette église, y de- » meurant proche. — *Signé* : Corneille et Bècheur. »

On a découvert, il y a quelques années, la maison où mourut le grand Corneille. Elle porte aujourd'hui le n° 18 dans la rue d'Argenteuil.

Le propriétaire a fait placer, au fond de la cour de cette maison, une inscription gravée sur une table de marbre noir. Cette inscription indique que Pierre Corneille y est mort le 1ᵉʳ octobre, et qu'elle a été érigée en 1826.

Un buste du célèbre poëte est placé au-dessus de l'inscription de la cour, et, sur une couronne de lauriers posée un peu plus haut que ce buste, on lit ces mots :

Le . Cid, 1636 !

Ce prodigieux génie, qui avait relevé si haut la majesté du cothurne, quelques jours avant sa mort, descendait lentement la rue d'Argenteuil, et s'arrêtait devant l'échoppe d'un savetier pour faire racommoder sa chaussure.

Un courtisan nommé Dangeau, qui s'était enrichi en fréquentant les brelans, ayant appris la mort de Corneille, tira négligemment son calepin de sa poche, puis bégaya en ces termes l'oraison funèbre du grand poëte :

« Le bonhomme Corneille est mort hier ; il était un des plus habiles de notre temps à faire des comédies ! »

Sur le mur du fond de la chapelle Saint-Nicolas, est élevé le monument consacré à la mémoire de *Bossuet*, du grand orateur chrétien. Une table en marbre noir, richement encadré, contient en lettres d'or l'inscription suivante :

Extrait du registre des actes de décès de la paroisse Saint-Roch pour l'année 1704

Du 17 avril. « Messire Jacques-Bénigne Bossuet,
» Évêque de Meaux, conseiller d'État ordinaire, précep-
» teur de monseigneur le Dauphin, premier Aumônier
» de madame la duchesse de Bourgogne, Conservateur
» des priviléges apostoliques de l'Université de Paris,
» supérieur du collége royal de Navarre, âgé de
» soixante-seize ans six mois et quinze jours, décédé
» hier rue Sainte-Anne, en cette paroisse, a été ap-
» porté en cette église, en clergé, et sera transporté
» par permission de monseigneur de Noailles, en sa
» cathédrale de Meaux après-demain, pour y être
» inhumé.

» *Présents.* Messieurs Louis Bossuet, chevalier con-
» seiller du roi en ses conseils, maitre des Requêtes
» ordinaires de son hôtel, et Jacques-Bénigne Bossuet,

» abbé de Savigny, tous deux neveux dudit défunt, de-
» meurant susdites rues et paroisses.—Signé : Bossuet,
» l'abbé Bossuet et Gaucher. »

Dans la chapelle Sainte-Suzanne s'élève le monument consacré à *l'abbé de l'Épée*. Ce monument, exécuté en marbre avec figure en bronze par Préault, est d'une belle simplicité. Au-dessous du buste du vénérable prêtre, on lit ces mots :

A L'ABBÉ DE L'ÉPÉE

Et sur le socle l'inscription suivante :

Viro ad mundum mirabili
Sacerdoti de l'Épée
Qui fecit
Exemplo Salvatori
Mutos loqui
Cives Galliæ
Hoc
Monumentum dedicaverunt
An **1840**
Natus an **1712**
Mortuus an **1789**

De chaque côté du socle, est une statue en bronze, ce sont deux jeunes sourds-muets remerciant leur bienfaiteur. Sur le soubassement sont gravées vingt-cinq mains, dont les doigts, placés dans différentes positions, figurent les vingt-cinq lettres de l'alphabet des sourds-muets. Aux côtés du monument, sont appendues deux tables de marbre noir ; sur celle de gauche sont gravés les fastes nouvelles de l'institution des sourds-muets ; sur celle de droite, est inscrutée une couronne de chêne en bronze, au milieu de laquelle est gravé en lettres dorées :

A L'ABBÉ DE L'ÉPÉE

Et plus bas :

Les sourds-muets

Suédois

Reconnaissants

1845

La façade de l'église Saint-Roch sur la rue Saint-Honoré a trente mètres de longueur. Il faut gravir quatorze marches pour atteindre son perron. — Ces marches sont historiques.

Le 13 vendémiaire an IV (5 octobre 1795), la Convention, menacée par les sections armées, confia sa défense au général Bonaparte. Le combat s'engagea vers quatre heures du soir, continua toute la nuit ; le matin on releva trois cent vingt-huit cadavres.

Terminons en répétant que le dégagement de l'église Saint-Roch serait une amélioration des plus utiles, dans l'intérêt de l'édifice religieux aussi bien que pour faciliter la circulation souvent obstruée dans cette partie de la rue Saint-Honoré.

LOUIS LAZARE.

GRANDS TRAVAUX D'UTILITÉ PUBLIQUE.

◦—◦

Voies projetées dans le 18ᵉ Arrondissement.

Les voies projetées dans cet arrondissement sont désignées par les lettres ci-après :

A. Commence au boulevard de Clichy (près de la place de Clichy), et finit à la rue Ramey. Elle traverse le rond point du cimetière Montmartre, les rues de Maistre, Tourlaque, des Brouillards, de la Fontaine-du-But, l'impasse Pernet, le sentier et la rue des Saussaies, le sentier du Beau-Mur, les rues Saint-Denis, de l'Écuyer, de l'Impératrice et Biron.

B. S'amorce à la rue Lepic, et formera le côté d'un Terre-Plein.

B. Commence à la rue A et finit à la place Saint-Pierre. Elle coupe les rues des Brouillards, de l'Abreuvoir, des Saussaies, Saint-Denis, de la Bonne et de la Fontenelle.

C. Commence à la rue de Maistre et finit au chemin des Bœufs. Elle traverse la rue de Tourlaque et celle-ci après désignée sous la lettre D.

D. Commence à la rue des Grandes-Carrières, et finit à celle de la Fontenelle. Elle coupe les rues de la Fontaine-du-But, l'impasse Perney, l'impasse, la rue et la ruelle des Saussaies, le sentier du Beau-Mur, et les rues Saint-Denis, de la Bonne et la voie projetée F.

E. Commence à la rue de la Fontaine-du-But, et finit à l'angle des rues A et Saint-Denis. Elle coupe la rue des Saussaies et le sentier du Beau-Mur.

F. Commence à la rue Saint-Denis, et finit au carrefour Bachelet, de l'Impératrice et l'Écuyer. Elle coupe la rue de la Bonne.

G. Commence à la rue Lepic, et finit à la place Saint-Pierre. Elle coupe l'impasse de la Trinité, traverse la rue du Calvaire, les places du Tertre et du Pressoir, et la rue du Télégraphe.

H. Commence à la rue Lepic et finit à la rue Gabriel.

L. Commence à la rue D, et finit au chemin des Bœufs.

Nota. — Les abords de la place et du marché Saint-Pierre ne sont pas dénommés.

Nous publierons prochainement le plan d'ensemble du 18ᵉ arrondissement.

PROMENADE D'HIVER A PARIS.

. . . .

Le projet d'une promenade d'hiver, est une des choses qui ont le plus frappé en Europe. On attend avec une sorte d'impatience le parti qui sera pris en France.

Toutes les grandes villes sentent que cette commmodité leur manque, et que si l'on peut la leur procurer avec un million, il n'y a pas à balancer à faire pour elles une chose aussi agréable. Sa Majesté désire que le ministre fixe ses idées sur le parti qu'il y a à prendre pour arriver enfin à l'exécution de ce projet.

(Extrait de la note dictée en conseil d'administration de l'intérieur. — D'après le registre original. — Archives de l'Empire.)

Paris, 25 octobre 1808.

(Correspondance de Napoléon Ier, Vol. XVIII, P. 22.)

Il y avait à Paris un jardin d'hiver ; pourquoi l'at-on détruit ? Pour faire une rue parfaitement inutile, qui n'a favorisé que la spéculation.

LE BOULÈVARD SAINT-GERMAIN

Un décret impérial, du 28 juillet 1858, a déclaré d'utilité publique :

1° Le prolongement du boulevard Saint-Germain entre le boulevard Saint-Michel et le quai d'Orsay ; 2° l'ouverture d'une rue dans l'axe du pont de Solférino, entre le quai d'Orsay et la rue Saint-Dominique ; 3° la modification et le redressement de l'alignement de la rue Courty.

Un jugement, rendu en l'audience publique de la première chambre du tribunal civil de première instance de la Seine, a déclaré expropriés, conformément à la délibération du Conseil Municipal du 9 novembre 1866, les immeubles ou portions d'immeubles ci-après désignés :

Quai d'Orsay, n°s 7, 9 et 27.

Rue de Lille, 84, 86, 88, 89, 90, 105, 107, 111, 113, 115 et 117.

Rue Courty, 1, 2, 5, 7 et 9.

Rue de l'Université, 69, 71, 73, 75, 77, 90, 90 bis, 94 (partie), 100, 102, 108 et 110.

Rue de Bellechasse, 18, 24 (partie), 26, 28, 30, 32 et 34.

Rue Saint-Dominique, 78 et 80.

Rue de Lille, 64, 66, 68, 85, 87 et 89.

Nous reviendrons sur la question du boulevard Saint-Germain dans une prochaine livraison.

PROLONGEMENT DE LA RUE LACUÉE, ENTRE LE PONT D'AUSTERLITZ ET LA PLACE DE L'ANCIENNE BARRIÈRE DE MÉNILMONTANT.

Cette voie publique, d'une incontestable utilité, est appelée à transformer les anciens quartiers des Quinze-Vingts et de Popincourt, et vraisemblablement plus tard une partie de l'ancienne commune de Belleville, aujourd'hui 20e arrondissement de Paris.

Cette rue, ou mieux ce boulevard, est tracé dans l'axe du pont d'Austerlitz. Il part de la place Mazas, entr'ouvre la rue Lacuée, coupe la rue de Bercy, transforme la rue Moreau jusqu'à la rue de Lyon, d'où elle se poursuit à pleins jalons pour atteindre la rue de Charenton à la hauteur des maisons portant les numéros 58, 60, 62, 77, 79 et 81.

Dans ce premier parcours, la voie aura 40 mètres de largeur.

Arrivé à la rue de Charenton, le tracé se brise et la voie se réduit brusquement à 20 mètres.

A notre avis, cette réduction est une faute, parce que les terrains sont encore à bon marché dans ce quartier, et que la Ville devrait en profiter pour opérer grandement et d'un seul coup.

Quoi qu'il en soit, le tracé longe ensuite la rue Traversière, à peu près parallèlement, et ressort par la rue du Faubourg-Saint-Antoine en face des nᵒˢ 98, 99, 101, 103 et 105.

En cet endroit, la voie subit une seconde brisure ; elle suit le passage du Bras-d'Or, coupe celui de la Bonne-Graine, et aboutit à la rue de Charonne, aux nᵒˢ 44, 46, 45 et 47.

De cette dernière, le tracé se continue, absorbe les trois quarts de l'emplacement du passage Mortagne, entame, vers son extrémité, le passage Vaucanson et ressort par la rue Basfroi aux numéros 33, 35, 37, 36, 38 et 40, pour aboutir à la place de la Roquette, d'où elle se dirige vers la rue des Amandiers en droite ligne, en traversant d'immenses terrains, pour se continuer jusqu'à l'emplacement autrefois occupé par l'ancienne barrière de Ménilmontant.

Nous le répétons : cette voie est précieuse d'utilité publique, et la seule observation qu'on puisse adresser justement à l'Autorité municipale, est dans la réduction de la largeur à 20 mètres depuis la rue de Charenton jusqu'à la place de Ménilmontant. Cette erreur était d'autant plus facile à éviter, que la voie, pour se continuer dans cette partie de la ville, ne rencontre d'ordinaire que des terrains vagues et d'un prix minime comparativement à ceux des quartiers de l'ouest, qui coûtent si cher aux finances municipales.

20ᵉ ARRONDISSEMENT, LE PROLONGEMENT DE LA RUE DE PUEBLA.

Nos lecteurs savent que l'Administration municipale vient d'ouvrir une enquête au sujet du prolongement de la rue de Puebla, dans la section comprise entre la rue de Paris-Charonne et le cours de Vincennes.

D'après le plan déposé à la mairie du 20ᵉ arrondissement, le tracé suivra l'alignement des maisons portant les numéros impairs de la rue du Chemin-de-Fer jusqu'à la rue de Vitruve, puis, dans le but d'éviter le chemin de ceinture, le tracé décrira une courbe qui se prolongera jusqu'à la rencontre des rues dites de Madame et des Haies.

Dépassant ensuite ce carrefour, la voie se poursuivra vers la grande rue de Montreuil, qu'elle doit traverser, à la hauteur des maisons portant les numéros 97 et 99.

Ensuite, elle franchira les sentiers de Montreuil, des Grands-Champs, de la Plaine, pour atteindre la rue de Lagny et déboucher sur le cours de Vincennes — tel est son parcours dans le 20ᵉ arrondissement.

L'INVENTION DES OMNIBUS, — DOCUMENTS HISTORIQUES.

Un grand journal prétendait, il y a quelques jours, que l'invention DES OMNIBUS était toute moderne; c'est une erreur qu'il importe de rectifier.

Des lettres patentes furent accordées en 1664 à MM. de *Rouannez, de Sourches et de Crenau,* à l'effet d'établir dans la Ville et faubourgs de Paris, aux lieux qu'ils jugeront les plus commodes, tel nombre de carrosses *qui partiront à heures réglées pour aller continuellement de quartier à autre, où chacun ne payera que sa place pour un prix modique* (5 sols marqués).

On voit que l'invention des omnibus au dix-neuvième siècle n'est qu'un plagiat.

Cette création, tout le monde le supposerait aujourd'hui, devait flatter ce sentiment égalitaire qui domine toujours dans le peuple. Le contraire eut lieu, les cochers furent insultés et les voitures salies par la boue. Il fallut que le Roi, accompagné du duc d'Enghien, montât dans ces omnibus pour les faire respecter. Alors l'engouement remplaça l'hostilité, et l'on se battit le lendemain pour avoir une place dans ces voitures qu'on voulait briser la veille.

L'historien Sauval attribue à Pascal l'invention de ces voitures; ce qui est certain, c'est que Pascal était le cousin de *M. de Rouannez.*

La mort prématurée de l'inventeur compromit bientôt l'entreprise, qui disparut complétement quelques années après.

DE
L'INUTILITÉ DES FONTAINES PUBLIQUES
DE PARIS

Un enfant s'était un jour assis au bord du bassin de la fontaine Saint-Michel ; il avait plongé dans l'eau sa main à demi fermée et l'avait portée à ses lèvres, lorsqu'un sergent de ville lui cria de loin : « File ton nœud, moutard (1). » Et comme l'enfant ne se pressait pas de décamper, le sergent avait fait la mine de s'avancer sur lui, au pas accéléré, comme pour lui faire un mauvais parti. Lord Idler (2) passait par là. Mécontent de voir troubler un enfant qui se désaltérait comme l'innocent agneau dans le courant d'une onde pure, il avait coupé le passage au représentant de l'ordre public, et s'était efforcé de lui prouver que ceux qui ont soif ont le droit de boire l'eau d'une fontaine publique. Ce disant, milord tournait le dos au gamin qui, de loin, à l'insu de son protecteur, faisait un moulinet de ses deux mains mises à la suite l'une de l'autre au bout de son nez. Mais le sergent de ville voyait parfaitement le peu de cas que le polisson faisait de son autorité, et tenait d'autant plus à le

(1) Nous laissons passer cette expression triviale, fidèle copie de certain argot.
(2) Idler, flâneur.

mettre en fuite, ce qui ne put se faire sans bousculer un peu l'Anglais. Il s'ensuivit entre eux une discussion bientôt écoutée d'un cercle de badauds dont je faisais partie. L'Anglais gardait un imperturbable sang-froid et multipliait ses arguments, où bon nombre de mots de sa langue maternelle venaient remplacer les mots français qu'il ne trouvait pas. Le sergent alléguait sa consigne, et, passablement impatienté par les rieurs, qui n'étaient pas de son côté, menaçait lord Idler de l'arrêter. Celui-ci invoquait l'*habeas corpus* sans pouvoir se faire comprendre, et je ne sais trop comment l'affaire se serait terminée si un monsieur aux manières très-distinguées, et dont la boutonnière était ornée d'une rosette multicolore, n'était venu, le sourire sur les lèvres, passer son bras au milieu des épaules des curieux, et tirer l'Anglais par la manche. Le sergent de ville profita de cette diversion pour fendre la foule, enfoncer son tricorne sur l'oreille, et s'éloigner en sifflant (par hasard, sans doute) la chanson ironique et spirituelle de l'abbé de Lattaignant :

> J'ai du bon tabac dans ma tabatière,
> J'ai du bon tabac, tu n'en auras pas !

Et quand milord se retourna pour reprendre le cours de son argumentation, il se trouva que son adversaire avait disparu comme je viens de l'expliquer.

Lord Idler, possédé de son idée fixe, se mit en devoir de raconter au monsieur décoré ce qui venait de se passer, et de lui prouver qu'il avait raison. — Épargnez-vous cette peine, interrompit celui-ci ; j'ai tout vu et tout entendu; je m'en suis même un peu amusé, je l'avoue, et ne me suis décidé à intervenir que quand j'ai vu les choses sur le point de tourner au sérieux. Vous aviez raison, mais le sergent de ville n'avait pas tout à fait tort.

J'étais curieux d'entendre justifier cette proposition un peu paradoxale. Je tenais à la main le journal que mon concierge venait de me remettre; j'en arrachai la bande, et, faisant semblant de le lire, j'écoutai le discours du monsieur qui était sorti si à propos de la foule, comme le *Deus ex machinâ*. Grâce au maintien que je m'étais donné, je pus, sans inconvenance, suivre ces messieurs d'assez près, et prêter à leurs discours une oreille attentive; voici presque littéralement ce que j'entendis:

« Nos anciens Édiles ne disposant que d'un budget modique, et n'étant pas assez riches pour faire du luxe, construisaient à chaque bout de rue des fontaines modestes, mais *utiles*, car elles donnaient leur eau *gratis* à tout venant. En prenait qui voulait, et les pauvres habitants du quartier ne manquaient pas de s'y pourvoir. La dépense du porteur d'eau était inconnue dans leurs ménages; c'était une petite douceur qui leur faisait bénir une administration paternelle. Si, dans ce temps-là, on eût demandé à messieurs les Échevins d'employer les deniers publics à des œuvres d'art et de pur agrément, ils eussent probablement répondu : « Attendez que nous n'ayons plus à faire aucune dé- » pense utile; attendez notamment que nous ayons » donné, dans tous les quartiers, de l'eau aux Pari-

» siens. » Si un architecte eût alors proposé d'ériger, sous le nom de fontaine, une montagne de pierres de la hauteur de cinq étages, dont l'eau aurait été interdite à tous, mais que chacun aurait eu le droit de regarder couler, on l'aurait pris tout simplement pour un fou.

» Aujourd'hui, c'est bien différent, et celui qui voit poser dans la Capitale la première pierre d'un monument hydraulique peut dire, à peu près à coup sûr : « Fontaine, je ne boirai pas de ton eau ! » Les revenus de la Ville s'élèvent à plus de 200 millions ; mais, pour alimenter ce Pactole, combien de fleuves et de petits ruisseaux doivent apporter le tribut de leurs ondes aurifères ! On n'en saurait détourner une goutte pour *donner* de l'eau aux Parisiens ; on la leur *vend*, et c'est pour cela que la Ville n'érige plus que des fontaines monumentales, dont l'architecture et les cascades jaillissantes réjouissent la vue des promeneurs, mais dont les eaux limpides rentrent sous terre à l'instant même, au grand regret des pauvres gens, qui voudraient bien en boire et s'en laver les mains.

» Les fontaines publiques de Paris sont donc plus *agréables* qu'autrefois, mais elles ont cessé d'être *utiles.* »

Milord ouvrait de gros yeux étonnés. — Oh ! merci, répondit-il ; puis, affirmant qu'il avait parfaitement compris, il se mit à traduire de français en baragouin les paroles de son ami. Mais sa traduction s'éloignait sans doute beaucoup du texte, car le monsieur à la rosette, étouffant par politesse un éclat de rire, l'inter-

rompit brusquement en s'écriant : — Un porteur
d'eau !... mais non, milord, mais non ! vous n'avez pas
compris du tout ! Notre premier magistrat est un parfait gentleman ! c'est un homme titré, à grandes et
belles manières... » Et les explications de recom-
mencer. Quand elles furent terminées, le fils d'Albion
serra cordialement la main du Français, la lui secoua
d'une façon toute britannique, et prit congé de lui.

Je pliai mon journal, le mis dans ma poche, et pour-
suivis mon chemin tout en faisant sur cette aventure
plaisante de sérieuses réflexions.

Je me rappelais, en effet, plusieurs fontaines de
chétive apparence, mais qui jadis *donnaient* de l'eau,
et qu'avaient remplacées divers monuments, les uns
d'une incontestable beauté, les autres plus grands et
plus ambitieux que beaux, mais tous également dé-
pourvus d'utilité. La fontaine Molière est un exemple
des édifices de bon goût, la fontaine Saint-Michel un
triste spécimen des autres.

La fontaine de l'ancienne place Saint-Michel tout
naturellement me revient en mémoire la première. Elle
ne prodiguait pas seulement son onde aux porteurs
d'eau et aux ménagères ; elle invitait les passants à
s'en abreuver, et Santeul avait composé cette invitation
dans une langue morte, il est vrai, mais dont le voisinage du pays latin justifiait l'emploi :

Hoc sub monte suos reserat sapientia fontes ;
Ne tamen hauc puri respue fontis aquam.

> Si pour toi, sur ce mont austère,
> Les sources du savoir s'épanchent à pleins bords,
> Ne dédaigne pas les trésors
> De cette humble source d'eau claire.

Cette inscription m'en rappela une autre charmante que je suis certain d'avoir lue aussi sur une fontaine, et que depuis longtemps je n'ai pu retrouver.

> Quæ dat aquas saxo latet hospita nympha sub imo.
> Sic tu, cum dederis dona, latere velis.

> La nymphe qui pour vous daigne épancher cette onde,
> Cache au sein des rochers sa retraite profonde :
> Passants, imitez sa pudeur ;
> En offrant le bienfait, cachez le bienfaiteur (1).

D'autres fontaines avaient également leurs inscriptions qui rappelaient une pensée morale, quelque souvenir historique, ou le nom de leur fondateur et la date de leur érection, et toutes avaient le mérite suprême de remplir leur destination.

Celles du Châtelet, du marché des Innocents, de la place Saint-Sulpice, du carrefour Gaillon ont depuis longtemps cessé d'être *utiles*. Celle de la pointe Saint-Eustache a disparu ; il en est de même de la fontaine de la rue du Regard, dont le bas-relief (Léda) décore aujourd'hui le revers de la fontaine de Médicis. Les six têtes de lions de Saint-Louis-d'Antin et les deux de

---

(1) La traduction de ces deux distiques est de M. Clovis Michaux, juge honoraire au tribunal de la Seine, l'un des plus purs et des plus charmants poètes de notre époque, correspondant de l'Académie de Caen.

l'École-de-Médecine ouvrent en vain leurs gueules dérisoires, desséchées par un tour de clef donné à leurs robinets. Je pourrais multiplier ces citations.

Quelques fontaines autrefois poussaient la prévenance envers les passants jusqu'à leur offrir une petite coupe de fer suspendue à une chaîne de même métal ; il y avait ordinairement à l'attache de la chaîne un crochet où chacun, après s'être désaltéré, rattachait la tasse pour la mettre hors de la portée des éclaboussures et des injures de la race canine. Tout cela était bienveillant, presque maternel. Combien de fois, moi-même, dans ma première jeunesse, sortant du Luxembourg après une partie de balle ou de barres, me suis-je rafraîchi, grâce à la petite tasse enchaînée à la modeste fontaine de la grille de l'Odéon, après avoir dégagé lestement ma main de celle de ma bonne mère, qui redoutait la trop grande fraîcheur de l'eau pour un enfant échauffé par la double ardeur des jeux et de la canicule ! Triste et doux souvenir ! Cette source bienfaisante, *embellie* à une date déjà bien ancienne d'une affreuse contrefaçon de la Vénus de Médicis, fut un beau jour entourée d'une balustrade qui en défendit l'accès ; puis la Vénus, au lieu de sortir du sein des ondes, ne sortit plus que d'une maigre cuvette de pierres bien sèches ; puis enfin la Vénus vient à son tour de disparaître dans un bouleversement général du quartier. La statue était bien mauvaise, cela est vrai ; mais il eût été injuste de le lui reprocher : on sait bien que quand une femme est laide, fût-elle déesse, c'est qu'elle ne peut pas faire autrement.

Loin de supprimer aucune des fontaines *utiles*, le premier Empire y avait ajouté, dans un intérêt de salubrité, une multitude de *bornes jaillissantes*, répandant plusieurs fois par jour une eau dont chacun pouvait profiter. Maintenant, au vu et au su de tous, et sans que personne ose s'en plaindre, on supprime ces bornes, aujourd'hui celle-ci, demain celle-là, et systématiquement selon toute apparence, pour les remplacer par des *bouches-sous-trottoirs* coulant immédiatement dans les ruisseaux, assainissant les rues, mais souillant leurs eaux et les rendant impropres à tous les usages domestiques. Hélas! on les rend en même temps impropres à éteindre les incendies !

Vous êtes-vous jamais rendu compte, messieurs les dispensateurs des bienfaits municipaux, de l'énorme charge que vous imposez aux pauvres gens en les obligeant à payer chaque jour leur provision d'eau ? Vos hôtels du faubourg Saint-Germain ou de la Chaussée-d'Antin sont pourvus d'abondantes concessions d'eau de Seine, dont la valeur se confond avec le prix exorbitant des loyers ; mais ces concessions n'existent pas dans les maisons des quartiers moins heureux. Là, tous les matins il faut acheter l'eau de la journée, et l'acheter d'autant plus cher qu'on est plus malheureux et logé plus haut. On l'économise au détriment de la propreté, de l'hygiène, et par conséquent, de la santé des familles. Mais quelque parcimonie qu'on y mette, cette dépense ne saurait aller, pour un ménage de trois ou quatre personnes, à moins d'une dizaine de francs par mois, cent ou cent vingt francs par an ! Or

savez-vous bien que cent francs par an feraient, au bout
de quinze ou vingt ans, la dot de deux enfants dans
une famille de bons et sages ouvriers ?

Ah ! messieurs les Édiles parisiens, craignez une
comparaison entre vos calculs budgétaires et les procé-
dés des bons Échevins d'autrefois ! Vous cherchez, et
de bonne foi sans aucun doute, mille moyens de procurer aux classes laborieuses la vie à bon marché ! Eh !
vous en avez un bien simple qui ne dépend absolument
que de vous : ajoutez à vos fontaines de pur *agrément*
l'*utilité* qui leur manque. Vous serez bénis par les neuf
dixièmes de la population de Paris, et vous aurez ac-
compli le précepte d'Horace :

Omne tulit punctum qui miscuit utile dulci.

CH. BATAILLARD,

De la Société impériale des antiquaires de France,
correspondant de l'Académie de Caen.

LE MAL DE PARIS

Un de nos Édiles actuels glorifiait devant nous, il y
a quelques jours, l'accroissement de la population parisienne, qui se produit surtout dans le sens des classes
ouvrières et nécessiteuses.

— Il a fallu, vous le savez, à la Ville de Paris plus
de dix siècles, disait l'administrateur improvisé, pour
se constituer une population de 600 mille âmes. Eh

bien, depuis 1789, cette population a triplé et au delà. Selon moi, c'est la preuve la plus évidente de la supériorité de l'Administration moderne sur l'ancienne Prévôté.

Après avoir jeté au vent cette hérésie municipale, le moderne Échevin s'arrêta quelques instants comme pour respirer le parfum de son innocence Administrative, puis se tournant vers moi :

— Qu'en pensez-vous, monsieur le Directeur, me dit le nouveau Magistrat ?

— Vous avez dépensé, monsieur, lui répondis-je, plus d'un quart de siècle pour devenir un négociant habile et justement considéré; il vous faudrait plus de temps encore pour faire un véritable Édile, par cette raison que la Ville de Paris est un peu plus difficile à gouverner qu'un comptoir.

Vous souriez à l'augmentation inouïe, précipitée, monstrueuse de la population parisienne, si vous eussiez étudié, longuement médité, vous gémiriez, monsieur !...

Oui, c'est un mal profond, mortel peut-être, que cette émigration de la France pauvre aux dépens des grandes cités, au préjudice de Paris surtout.

Les administrateurs, les écrivains, les poëtes, sur le front desquels Dieu a laissé tomber un rayon de lumière qu'on appelle le génie, tous ont signalé au Pouvoir de tristes vérités, et donné à l'expérience de nos Édiles modernes de terribles avertissements.

Dans une lettre au roi Charles X, le comte Chabrol de Volvic, Préfet de la Seine, s'exprime en ces termes :

« Sire, plus ces agglomérations ouvrières augmen-
» tent dans Paris, plus elles exercent une attraction
» irrésistible et fatale sur nos campagnes et nos villes
» secondaires. Si l'on n'y prend garde, elles jetteront
» infailliblement la France pauvre dans le département
» de la Seine, qui comptera quatre millions d'habitants
» au commencement du vingtième siècle. Alors l'Ad-
» ministration municipale subira plus de trois millions
» de nécessiteux lui réclamant un travail permanent,
» quand même, pour le pain de chaque jour...
»   ..... Vos Préfets de Police laissent bloquer la Capi-
» tale par une ceinture d'usines ; Sire, ce sera le cordon
» qui l'étranglera un jour. »

Cette lettre est du 17 janvier 1830 !...

Pendant le carême de 1860, assistant à une confé-
rence du révérend père Félix à Notre-Dame, de grandes
et nobles pensées exprimées en un magnifique langage
par l'orateur sacré nous causèrent une impression
profonde, et notre affection pour Paris retint les paroles suivantes que notre devoir d'écrivain et d'administrateur est de faire tinter à l'oreille de nos hommes
d'État et de nos Édiles parisiens :

« Malheur, disait le révérend Père Félix, malheur
» aux sociétés où se multiplient, de jour en jour, les
» populations qui n'ont pas de foyers à défendre, de
» berceaux à protéger, ni de tombes à honorer...
» Voulez-vous savoir ce qu'il y a de plus rare à Paris ?
» On dit que ce sont les Parisiens. Ce n'est pas un jeu
» de mots que je fais sur nos malheurs ; il serait trop

» cruel; c'est un signe des temps, qui alarme mon
» cœur sur les destinées de ma patrie !... Je me de-
» mande ce qu'il doit advenir tôt ou tard de ce cœur
» de la France, centre de la vie moderne, qui perd,
» avec l'amour de la famille et le culte du foyer, la plus
» ferme défense de la patrie ?...

» L'homme qui n'a pas de foyer, presque toujours
» est un homme dangereux; il se sent seul, et facile-
» ment il prend en haine la société qu'il accuse de
» son isolement. Rien ne le rattache à sa patrie; il ne
» tient ni au passé ni à l'avenir; il n'y a pour lui que
» le jour qui passe. Si le malheur vient à le toucher, il
» croit sentir sur lui la main cruelle d'une société qui
» le brise; et il sent que son cœur contre elle amasse
» des colères. Dès lors, toute sa force, s'il a de la force,
» et tout son génie, s'il a du génie, ce n'est plus pour la
» société une défense, c'est un danger ; ce n'est pas un
» bouclier prêt à la couvrir, c'est un glaive prêt à la
» frapper !... »

Les poëtes, ces missionnaires de Dieu, entrevoient
aussi de grandes calamités, punitions immanquables
de la défaillance de nos Administrateurs modernes, en
présence de cet enfantement monstrueux d'une immense cité ouvrière, qui doit annuler un jour la ville
du luxe, des plaisirs, la Reine des beaux-arts.

Voici quelques vers dus à M. Paul Ferry, sur *le Mal
de Paris*.

Ce mal qui te possède est une nostalgie ;
J'en fus atteint moi-même avec trop d'énergie

Pour ne point m'opposer à sa contagion
C'est LE MAL DE PARIS, funeste attraction,
Qui dépeuple nos champs et rouille nos charrues,
Pour grossir la poussière et le limon des rues,
Mal terrible, anxieux, brûlant comme un cancer,
Importé, suscité — par les chemins de fer.
Que crie au paysan le convoi quand il passe?
« Paris? » Son œil alors, poursuivant dans l'espace
Le démon ambulant qui vole vers Paris,
Ne voit plus qu'à ses pieds les sillons sont fleuris ;
Il oublie, ô printemps ! ta promesse féconde...
Et lui, le nourricier de Paris et du monde,
Abdiquant son grand rôle avec sa liberté,
Il va payer tribut à l'immense cité.
Et loin de lui la ronce envahira la plaine,
L'épi sera chétif à la moisson prochaine :
Un labeur honorable ici chargeait son bras,
Sa vie est inutile ou coupable là-bas.
Mais le Mal de Paris corrodait ses artères,
Et sa fièvre l'arrache aux champs héréditaires !
Cette émigration des hameaux aux cités
Est grosse de périls et de calamités ;
La terre s'appauvrit, le sol est sans culture,
Les bras à l'estomac refusent la pâture,
L'avalanche sur nous roule du haut des monts,
Le malaise est dans l'air qu'aspire nos poumons,
Et quand partout le vide est fait dans les chaumières,
Paris, Messieurs, Paris, élargit ses barrières !...

Ces vers du poëte constatent de tristes vérités, mais
ne les accusent pas toutes. Sans aucun doute les chemins de fer accélèrent l'émigration des campagnes et
des villes secondaires, au grand préjudice de Paris.
Mais les chemins de fer sont des moyens, des facilités
pour les émigrants, non les causes réelles, primor-

diales de ce déplacement de plus en plus considérable. Ces causes, d'où proviennent-elles ? — De l'immensité des travaux exécutés dans Paris.

Le paysan qui voit la locomotive dévorer la distance, l'artisan et l'ouvrier de la province qui suivent du regard cette longue suite de wagons entraînés par la vapeur vers Paris, tous ces gens-là subissent, il est vrai, une certaine hallucination. Mais qui les décide ? La certitude d'un travail mieux rétribué, d'une existence plus facile et le mirage d'une fortune que la concupiscence improvise toujours dans un avenir prochain.

LOUIS LAZARE.

PLANTATIONS PARISIENNES

Nous avons sous les yeux un plan de Paris et de ses environs. Ce plan est de l'année 1760. Que voyons-nous dans l'espace compris entre les remparts que le génie de Louis XIV avait transformés en boulevards, et la ligne circulaire que décrit de nos jours le talus gazonné des fortifications ?

Nous comptons 97 châteaux princiers entourés de parcs magnifiques, de prairies et de bois d'une vaste étendue, puis de grands jardins appartenant à des communautés religieuses, et des champs immenses, certainement cultivés avec soin, parce que leurs produits, légumes, fruits ou fleurs, se vendaient au poids de l'or dans la grande ville.

Châteaux, parcs, prairies, bois, champs, jardins, cherchez-les sur le plan de Paris de 1867; tout a été morcelé, détruit. A leur place, des voies pour la plupart mal alignées, des ruelles qui semblent tracées avec le sabre d'un garde-champêtre fonctionnant après de nombreuses libations en l'honneur du dieu Bacchus, comme disaient nos pères, des maisons construites en exécration des règlements des cités où sont parquées de pauvres créatures du bon Dieu, auquel la spéculation tarife la lumière, rogne le soleil, bouges homicides cent fois plus cruels que ceux que l'humanité de nos Édiles vient d'effacer de la carte du vieux Paris.

Il ne faut pas oublier que la Capitale se trouve dans une vallée encaissée par des collines. Les beaux jours n'y dépassent guère le nombre de 120, les jours couverts s'élèvent à 150, les jours de pluie à 136, auxquels on doit ajouter 63 de brouillards.

Un pareil état de l'atmosphère explique la longueur des hivers, et ensuite des printemps si froids et si aigres. Le climat humide de Paris enlève aux fers et aux bois leur couleur primitive. Il dégrade les marbres, noircit les statues et flétrit sur les joues de l'enfant la fraîcheur du jeune âge.

Quelle est la cause première du plus ou moins d'insalubrité générale d'une ville encaissée entre des collines ? Évidemment, c'est la situation même de ces collines.

En effet, si les hauteurs de Paris sont couvertes de

champs, de jardins, de parcs et de bois, la Capitale en profite, Paris en reçoit un air pur. Le vent, n'importe d'où il vienne, le vent lui apporte toujours comme une essence d'herbes, un parfum de bois et de fleurs qui neutralise plus ou moins, mais qui neutralise les émanations délétères de l'intérieur de la ville.

Au contraire, si ces collines se trouvent pour ainsi dire cerclées de constructions, et qu'au milieu de cette couche de pierres, de plâtre et de moellons, se dressent d'innombrables usines dont les cheminées vomissent une fumée toujours malfaisante, il est certain que le vent balaye constamment dans Paris une atmosphère lourde, épaisse et viciée, venant apporter son triste contingent d'insalubrité au milieu d'une agglomération de deux millions d'habitants entassés dans plus de soixante mille maisons.

L'Administration actuelle agit donc sagement en multipliant les plantations dans Paris, surtout sur les hauteurs de la Capitale.

La transformation des buttes Chaumont, en une magnifique promenade publique, est un bienfait pour Paris, principalement au point de vue de la salubrité dans cette ville.

Nos Édiles ont fait acte également de la bonne et sage administration, en réunissant la plaine de Charenton au bois de Vincennes.

Ils seraient également bien inspirés en augmentant le nombre des squares dans les quartiers du centre, surtout s'ils donnaient à ces jardins des dimensions moins restreintes.

Examinons maintenant les plantations qui prospèrent ou souffrent dans Paris.

Sur nos boulevards et dans nos promenades, l'orme est l'essence qui domine encore ; puis, viennent successivement le platane, le marronnier, le sycomore, le tilleul, l'acacia et le vernis du Japon.

L'orme est de tous les arbres utilisés à Paris, celui qui résiste le plus énergiquement à la poussière qui, se détrempant avec la pluie, couvre le feuillage d'une espèce d'enduit qui l'étouffe et tue l'arbre.

L'orme, selon nous, présente de nombreux inconvénients : d'abord, il pousse lentement, et sa transplantation est difficile.

Mentionnons ici un fait historique :

Le doyen des arbres de Paris est un orme colossal que possède l'Institution Impériale des Sourds-Muets, au milieu de la principale cour de cet établissement. Ce phénomène végétal s'élève à une hauteur de 50 mètres ; il compte 5 mètres de circonférence au-dessus du sol. Son fût, droit et uni, est surmonté d'une touffe de branches vigoureuses ressemblant, de loin, à la tête d'un oranger. Surmontant les toitures les plus élevées, cet arbre s'aperçoit facilement des environs de Paris. L'orme des Sourds-Muets est, dit-on, le dernier survivant des arbres faisant partie des grandes plantations ordonnées par Sully, sous Henri IV, vers 1605 ; il aurait donc aujourd'hui plus de deux siècles et demi.

C'était anciennement un usage général de planter un orme devant la grande porte de nos églises.

Dans son poëme sur les rues de Paris, Guillot en parle ainsi, vers l'an 1300 :

> Puis de la rue du Cimetière,
> Saint-Gervais et l'ormetiau (*le petit orme*).

Après la messe, nos pères se réunissaient à l'ombre de cet arbre ; les juges y rendaient la justice, et l'on y acquittait les rentes. Dans un compte de 1443, il est fait mention de quelques vignes et morceaux de terre appartenant au duc de Guyenne, en raison de son hôtel situé près de la Bastille. Les fermiers étaient obligés de payer la rente à l'orme Saint-Gervais, le jour de Saint-Remi et à la Saint-Martin d'hiver.

Voici comment la trop fameuse commune de Paris, dans laquelle, pour l'honneur de la Capitale, on ne comptait presque pas de Parisiens, traita cet orme, objet de la vénération de nos pères :

« COMMUNE DE PARIS

» Le 1ᵉʳ ventôse, l'an II de la République une et indivisible.

» La Société populaire de la section de la Maison commune demande que l'on fasse abattre l'arbre planté par le fanatisme, appelé l'*Orme Saint-Gervais*.

» Après quelques débats, le conseil général arrête *en principe* que cet arbre sera abattu ; mais que quant à son emploi, il sera renvoyé à l'Administration des travaux publics, ainsi que pour l'exécution du présent arrêté.

> » Signé Lubin, vice-président ; Dorat-Cubières,
> secrétaire greffier-adjoint.

» Pour copie conforme :

» COULOMBEAU, secrétaire-greffier. »

Revenons aux autres essences :

Le *platane* prend faveur, et c'est justice ; sa prestance est noble, il grandit vite et droit ; son feuillage est bien dessiné :

Telles sont ses qualités :

Malheureusement il jaunit vite, se racornit, et semble souffrir longtemps même avant de se dénuder.

Le *marronnier* est le plus bel arbre d'alignement ; il devance les autres essences. Sa séve vigoureuse fait éclater les bourgeons avant que ses frères aient secoué leur léthargie. Son feuillage forme des voûtes épaisses de verdure toujours impénétrables aux rayons du soleil. Toutefois, nous avons fait cette remarque : les chaleurs et la poussière décomposent très-vite les feuilles de cet arbre, qui est dénudé bien avant l'orme et le vernis du Japon. Il pousse alors de nouvelles feuilles et de nouvelles fleurs, ce qui nuit beaucoup à sa végétation.

On sait que le marronnier est originaire des climats tempérés de l'Inde. Le premier pied fut planté en 1615, dans le jardin de l'hôtel de Guise, qui devint plus tard l'hôtel de Soubise, où sont établies maintenant les archives impériales ; le second de cette essence orna le Jardin du Roi en 1656.

Le *sycomore* est éminemment religieux. Zachée, chef des publicains, se mêla dans la foule le jour de l'entrée du Sauveur dans Jérusalem. Pour mieux voir

Jésus-Christ, il monta sur un sycomore. Le peuple coupa des branches de cet arbre, et les étendit sur le chemin. C'est en mémoire de cette entrée de Jérusalem que l'Église a consacré l'usage de bénir les rameaux.

Le sycomore prospère naturellement en France ; l'écorce est d'un rouge brun sur les jeunes rameaux, grise et noire sur les vieilles branches et sur le tronc. La tige est droite, nue dans sa partie inférieure, et garnie au sommet d'un feuillage épais, étalé. Lorsque cet arbre est placé dans un terrain frais, profondément remué, son accroissement est extraordinaire.

Le sycomore ne réussit pas bien sur nos promenades, lorsque le bitume couvre les racines de cet arbre ; ceux qui sont placés dans cette situation périssent en grand nombre chaque année, ou n'offrent qu'une végétation rachitique qui annonce la décrépitude au moment où ils devraient être en pleine séve et dans l'épanouissement de leur beauté.

Le *tilleul* est susceptible et difficile; tous les terrains ne lui conviennent pas. Dans un sol dur et sec, il souffre, ses feuilles se dessèchent, tombent — il meurt.

Le tilleul ne réussirait pas sur nos boulevards.

On le rencontre dans nos promenades et jardins publics, mais, hélas! souvent, trop souvent, il est victime du croissant et de la serpe.

Au jardin des Tuileries, la belle terrasse bordant la rue de Rivoli est plantée de tilleuls *étêtés* chaque année au commencement du printemps. Aussi, ces arbres sont-ils tous étiolés et mourants, tandis que ceux qu'on voit sur la terrasse du bord de l'eau, n'ayant jamais subi cette mutilation, ont une noble et magnifique prestance.

Voyez maintenant les tilleuls de la place Royale, comparez-les à ceux du boulevard Bourdon ; ces derniers ont une grande étendue, tandis que ceux de la place, coupés et rasés chaque année comme ceux des Tuileries, n'offrent qu'une végétation triste et malheureuse.

L'acacia est originaire de l'Amérique ; on l'appelle aussi *robinier*, du nom du botaniste Robin, qui, le premier, l'introduisit en France vers 1650. Le tronc de cet arbre est droit, mais son écorce ridée. Ses feuilles sont armées à leur base de deux aiguillons très-piquants ; les fleurs ont une teinte blanche rosée, et forment des grappes pendantes dans les aisselles des feuilles supérieures.

L'acacia-boule, dont le feuillage est très-léger, a, selon nous, l'inconvénient, dans nos promenades, de produire une espèce de miroitement, et de disséminer les ombres. Ensuite, dès qu'il vieillit, cet arbre se dénude promptement et perd toute sa beauté.

On pourrait le planter autour des hôpitaux, sur des terrains en pente ; comme le tilleul, il répandrait dans l'atmosphère une odeur douce, un parfum agréable et salutaire.

Le *vernis du Japon* possède un feuillage allongé et luisant, impénétrable à la poussière et à la pluie. Il croît avec rapidité ; c'est à notre avis l'arbre qui a le mieux résisté ; on peut en voir des échantillons sur le boulevard du Temple, le boulevard des Italiens et dans la rue Royale-Saint-Honoré.

Malheureusement, le feuillage du vernis du Japon est très-allongé, et produit de brusques changements d'ombres et de lumières, qui fatiguent la vue.

Tels sont les qualités et les défauts des arbres employés dans Paris, par le service des plantations.

Tout en rendant justice au bon goût et à l'habileté du chef de ce service, l'un des plus importants de la Préfecture de la Seine, il est utile de rappeler que nous nous sommes élevé, en maintes circonstances, contre l'abus résultant de la *transplantation* des arbres d'un certain âge.

Cette transplantation est d'abord excessivement coûteuse, elle amène ensuite infailliblement le dépérissement de presque tous les arbres, qui finissent par mourir quelques années après.

C'est ici le cas de répéter ce que disait maître André le jardinier au roi Henri IV : « Sur cent arbres transplantés à l'âge de quinze à vingt ans, plus de quatre-vingts doivent mourir. Que voulez-vous, Monseigneur le Roi, il faut bien se garder de contrarier notre bonne mère nature, et de vouloir forcer la main au bon Dieu... Le chagrin tue l'exilé, qui sait ? L'arbre aussi peut-être. »

Louis Lazare.

RECTIFICATION DE LA RUE AUX OURS

ET

PROLONGEMENT DE CETTE VOIE PUBLIQUE

La rue aux Ours est appelée à devenir le tronçon d'une grande artère qui, partant du Marais, doit aboutir un jour à la place des Victoires.

C'est à ce titre surtout qu'elle présente un véritable intérêt.

Un décret impérial du **29** septembre 1854, relatif au boulevard de Sébastopol, porte, en outre, que la rue aux Ours sera remplacée par une nouvelle voie de **20** mètres de largeur, dont l'exécution, déclarée d'utilité publique, aura lieu par voie d'expropriation.

Or, une partie de la rue aux Ours a été expropriée, l'autre est restée dans son ancien état. Plus de douze années se sont écoulées depuis la promulgation du décret en question, et les habitants et propriétaires des immeubles qui restent à exproprier seraient heureux d'être enfin fixés sur l'époque à laquelle aura lieu l'expropriation qui les menace toujours.

En lisant sur les plaques officielles ce nom de rue aux Ours, les étrangers, les provinciaux, et même bon nombre de Parisiens se demandent si, dans l'enfance de Paris, des ours, cachés dans les forêts voisines, ne venaient pas troubler le repos des bons habitants du quartier.

Les plaques municipales, hâtons-nous de le dire, reproduisent plus justement une erreur ou une altération de nom. Lorsque l'île de la Cité devint trop étroite pour les contenir tous, nos braves et dignes aïeux, en prenant possession du magnifique plateau qui s'étendait au loin sur la rive droite de la Seine, n'y rencontrèrent pas d'ours ni aucun autre animal carnassier.

La rue aux Ours faisait partie au douzième siècle d'un bourg très-considérable appelé le bourg l'Abbé, que l'enceinte construite par ordre de Philippe-Auguste enferma presqu'en totalité dans sa bonne Ville de Paris.

Ce n'étaient pas des ours qu'on rencontrait dans ce petit coin du gros bourg l'Abbé ; mais on y faisait un grand commerce d'*oies*, dont la chair plaisait fort aux Parisiens, qui arrosaient volontiers ce régal d'un bon vin de Suresne, lequel a singulièrement dégénéré depuis.

Nos vieux chroniqueurs nous apprennent aussi que les oies s'appelaient des *oües*, et que l'une des voies publiques où l'on en vendait de préférence, en prit naturellement le nom.

Plus tard, les vendeurs d'oies se firent rôtisseurs, et l'on voyait les broches tourner dans la rue aux Oies, comme la vaisselle plate et les bijoux briller dans la rue des Orfèvres. Sauval nous rapporte un ancien proverbe qu'on répétait alors qu'il s'agissait de se moquer d'un gourmand : « Il a, disait-on, le nez tourné à la friandise comme Saint-Jacques-l'Hôpital. »

Pour bien comprendre ce proverbe, il faut savoir que le portail de l'église Saint-Jacques-l'Hôpital s'élevait en face de la rue aux Oies, précisément à l'endroit où nous voyons de nos jours un magasin de nouveautés, dont l'enseigne a conservé le nom de l'établissement, qui hébergeait les pauvres pèlerins, à leur retour de Saint-Jacques de Compostelle.

Les Turcs qui, sous le règne de Louis XIV, vinrent à Paris à la suite de l'ambassadeur Ottoman, ne trouvèrent rien de plus agréable que les rues aux Oies et de la Huchette, en raison de la fumée succulente qui en parfumait l'atmosphère.

Or, c'est à partir du dix-septième siècle que certains actes de l'édilité parisienne constatent l'altération du nom de la rue dont il s'agit. Elle est alors déjà désignée sur les plans officiels sous la dénomination de rue aux Ours.

Sous la régence du duc d'Orléans, les propriétaires de cette rue pétitionnèrent à l'envi pour se faire restituer l'ancienne et appétissante appellation. On sait que l'Écossais Law avait établi les bureaux de sa banque dans la rue Quincampoix. L'affluence des gens qui venaient s'y occuper d'affaires fut si considérable, que l'on transforma cette rue en une espèce de bourse, en la fermant à ses deux extrémités par des grilles, qui s'ouvraient le matin à huit heures et se fermaient le soir à six.

Les personnes de qualité entraient par la rue Aubryle-Boucher, le menu peuple par la rue aux Ours. Mais toute distinction s'effaçait dans ce repaire de l'agiotage. Nobles et laquais, marchands et ouvriers, gens d'épée et gens de robe, magistrats et filous, marquises et servantes, Français et étrangers, haletaient, criaient, rusaient à qui mieux mieux. On ne savait à qui entendre chez les marchands de comestibles, et l'or y coulait à flots. Une perdrix mise à une espèce d'enchères monta un jour jusqu'à 200 livres, une oie se vendit 350 livres.

Telle maison que la Ville de Paris a expropriée il y a quelques années dans la rue aux Ours pour le boulevard de Sébastopol, et payée moins de 100,000 francs, se vendait 350,000 livres en 1719.

Malgré cette étonnante bonne fortune, les propriétaires et les boutiquiers de la rue aux Ours n'étaient pas satisfaits, et voulaient encore davantage. Ils pensaient que l'ancienne et appétissante dénomination de rue aux Oies affrianderait encore les Parisiens, et surtout les étrangers, tandis que le nouveau nom était une cause incessante de répulsion.

Ils adressèrent donc, à cet effet, plusieurs suppliques au premier Magistrat de la Ville de Paris. L'une de ces pétitions mérite d'être reproduite :

Paris, 22 janvier 1719.

A MESSIRE CHARLES TRUDAINE

Prévôt des Marchands

ET A MESSIEURS LES ÉCHEVINS DE LA VILLE DE PARIS

« Les habitants de la *rue aux Oies*, tous signataires

» de la présente, se plaignent de la mutilation qu'on a
» fait subir au nom , qui distinguait autrefois leur
» rue des autres voyes publiques de Paris.

» Ils font observer à messieurs de la Ville qu'il n'a
» jamais existé *d'ours* ni autres bêtes carnassières et
» malfaisantes dans la susdite, tandis qu'au contraire
» on a toujours vu, de temps immémorial, des oies,
» dont la qualité est si bien établie, qu'on ne saurait,
» sans injustice, leur ravir cette bonne réputation.....

    » Agréez, etc.....

      » Les délégués :

        » BRUNET, LOISEAU ET TARTEMPION. »

Hélas ! les oies qui faisaient la fortune de la rue aux
Ours, se sont toutes envolées ; ce sont les habitants
de cette voie qui le disent. En cherchant bien, peut-
être en trouverait-on encore ?

           LOUIS LAZARE.

LA

POINTE OCCIDENTALE DE L'ILE SAINT-LOUIS

On voit, à la pointe occidentale de l'île Saint-Louis,
plusieurs maisons qui ont échappé à la trouée prati-
quée pour le prolongement du pont Louis-Philippe.
Ces maisons, qui forment *quille*, défigurent de ce
côté le splendide panorama de Paris. L'autorité municipale ferait donc bien de les exproprier, et d'établir

un square sur leur emplacement. Une statue colossale de saint Louis serait heureusement placée au milieu de ce square et dans une île qui porte le nom d'un souverain qui fut à la fois un héros, un législateur et un saint.

LES

ANCIENS BOULEVARDS EXTÉRIEURS

ET

LA COMPAGNIE DES OMNIBUS

Autrefois, une ligne d'omnibus desservait tous les boulevards extérieurs de la rive droite.

Aujourd'hui, les voitures s'arrêtent près de l'emplacement où se trouvait l'ancienne barrière de Belleville, en laissant en dehors du mouvement tous les boulevards de l'est, qui sont cependant les plus dignes d'intérêt :

Voici les noms des voies publiques qui souffrent de cet état de choses :

Boulevards de Belleville, longueur	434	mètres
— des Couronnes,	287	—
— des Amandiers,	561	—
— d'Aunay,	355	—
— de Fontarabie,	586	—
— de Charonne,	648	—
— de Montreuil,	370	—

Boulevards de Saint-Mandé,	450	—
— de Picpus,	620	—
— de Reuilly,	336	—
— de Charenton,	468	—
— de Bercy,	827	—
— de la Rapée,	282	—

Total, 6,225 mètres

Comme on le voit, ce sont les localités qui ont le plus pressant besoin d'un mode économique de transport auxquelles a été enlevée la ligne d'omnibus des boulevards extérieurs, et cela dans un parcours de six mille deux cent vingt-cinq mètres !

ISOLEMENT DE L'ÉGLISE SAINT-MÉDARD

Cette amélioration, réclamée depuis plus d'un demi-siècle, doit enfin recevoir prochainement son exécution. Ce sera évidemment un immense bienfait pour toute cette partie de l'ancien 12ᵉ arrondissement, dont l'abandon contrastait avec le luxe des quartiers de la rive droite.

Pour opérer le dégagement de cet édifice religieux, les propriétés situées dans la rue Mouffetard, entre les rues Daubenton et Censier seront expropriées et démolies.

Ces propriétés portent, sur la rue Mouffetard, les numéros de 129 à 153 inclusivement.

Voici en peu de mots l'origine de l'église Saint-Médard. Ce n'était au douzième siècle, qu'une chapelle dépendant de l'Abbaye Sainte-Geneviève. Cette chapelle devint plus tard l'église paroissiale d'un bourg ou village appelé Riche-Bourg, puis village de Saint-Mard ou Saint-Médard.

Ce bourg ne se composait, au douzième siècle, que d'un petit nombre d'habitations; il ne fut réellement peuplé qu'au seizième siècle. Les clos du Chardonnet, du Breuil, de Copeau, de Gratard, des Saussayes, de la Cendrée, étaient compris dans son territoire. Les bâtiments de l'église de Saint-Médard, réparés, agrandis à différentes époques, présentent plusieurs genres d'architecture. Le grand autel a été entièrement reconstruit en 1655. En 1784, l'architecte Petit-Radel voulut décorer cet édifice en ajoutant à sa construction primitive des ornements grecs et en transformant ses piliers en colonnes cannelées. — Olivier Patru, célèbre avocat, et Pierre Nicole, connu par des *Essais de morale,* ont été enterrés dans cette église.

Derrière le chœur était un petit cimetière, où fut inhumé, en 1723, le diacre Pâris, zélé janséniste, sur le tombeau duquel venaient danser et faire des contorsions diaboliques une foule de fanatiques qu'on a désignés depuis sous le nom de *convulsionnaires.* Les jeunes filles se faisaient surtout remarquer parmi ces enthousiastes; à peine avaient-elles touché la pierre de ce monument qu'elles éprouvaient de violentes agitations, faisaient des mouvements extraordinaires qui nuisaient un peu à l'harmonie de leur toilette. A celles

qui gambadaient, on donnait le nom de *sauteuses*;
celles qui hurlaient et poussaient des cris étranges, ou
imitaient l'aboiement des chiens, le miaulement des
chats, reçurent les qualifications d'*aboyeuses* ou de
miaulantes.

Voltaire les ridiculisa par quelques vers, et la spirituelle duchesse du Maine, par le quatrain que voici :

> Un décrotteur à la royale,
> Du talon gauche estropié,
> Obtint, par grâce spéciale,
> D'être boiteux de l'autre pied.

Le remède à un tel mal devait donc être l'indifférence ou le ridicule.

Par une ordonnance du **27** janvier **1733**, l'Autorité
prescrivit la fermeture du cimetière Saint-Médard. Le
lendemain, on trouva sur la porte du cimetière l'épigramme suivante :

> De par le roi... défense à Dieu
> De faire miracle en ce lieu.

Les convulsionnaires tombèrent alors dans l'oubli,
— l'épigramme y contribua bien plus que l'ordonnance.

Louis Lazare.

———

DE

LA CIRCULATION DES VOITURES

SUR LES BOULEVARDS

Depuis l'extension des limites de Paris, on compte environ 60,000 voitures de toute espèce roulant dans cette ville.

Les voies publiques où le pêle-mêle de ces véhicules amène le plus d'accidents, sont :

1° Le boulevard Montmartre, au croisement de la rue et du faubourg du même nom ;

2° Le boulevard de Sébastopol, à la rencontre du boulevard Saint-Denis ;

3° La descente du boulevard de Bonne-Nouvelle, vers la porte Saint-Denis ;

4° La rue de la Chaussée-d'Antin, à son débouché sur les boulevards des Italiens et des Capucines, en face de la rue Louis-le-Grand ;

5° Enfin le boulevard Saint-Martin, à la rencontre de la rue et du faubourg du même nom.

Nous avons constaté nous-même ce fait que la circulation sur le boulevard Montmartre s'est trouvée interrompue jusqu'à dix-sept fois dans l'espace d'une heure.

Les autres voies publiques ci-dessus désignées sont

à peu près aussi souvent obstruées. Toutes cependant possèdent une dimension considérable. Le boulevard Montmartre a 35 mètres de largeur; celui de Sébastopol, 30; le boulevard Saint-Denis, 37; le boulevard Saint-Martin, 33, etc.

Chaque jour, la traversée de ces voies devient plus périlleuse; le macadam, dont les matériaux laissent tant à désirer, transforme, durant les pluies et les neiges de l'hiver, la chaussée de nos boulevards en un fleuve jaune et limoneux mal encaissé entre les bordures des trottoirs.

L'hésitation et la répugnance que les piétons, les dames surtout, éprouvent à se risquer d'une rive à l'autre, augmentent encore la fréquence déjà si grande des accidents.

La maladresse et l'entêtement des cochers enfin ajoutent souvent à ce pêle-mêle, en rendant la traversée impossible durant plusieurs minutes.

L'Administration Municipale serait donc bien sagement inspirée, si elle cherchait les moyens de diminuer les périls d'une circulation excessive, à laquelle toute espèce de réglementation fait défaut.

Les avis et les projets n'ont pas manqué certainement à nos Édiles depuis une dizaine d'années. On leur a demandé bien souvent pourquoi ils ne tenaient pas la main à l'exécution rigoureuse de la très-sage et très-utile ordonnance de M. le Préfet de police Piétri. Ce Magistrat, on se le rappelle, prescrivait aux cochers de prendre toujours leur droite, au lieu de s'emparer, comme ils le font tous, du milieu de la chaussée, où la rencontre infaillible des voitures produit l'encombrement qu'ont à redouter les malheureux piétons.

On sait que les cochers *se sont assis sur l'ordonnance préfectorale*, pour nous servir des expressions qu'employait un jour devant nous avec impudence un des récalcitrants. Eh bien ! avant tout, ce qu'il importe, c'est d'avoir promptement raison de cette outrecuidance, qu'une grande Administration ne devrait jamais tolérer.

Là ne s'arrêtent pas les réclamations du public. D'où vient, ajoute-t-il, que l'on permette à toute heure du jour, au moment où Paris est en pleine activité, la circulation de ces immenses pièces de bois sur les boulevards intérieurs ?

Une seule de ces voitures cause l'étranglement de la voie, et malheur aux piétons à la seule oscillation d'une de ces pièces de bois !

Et ces lourds chariots chargés de pierres énormes, dont le poids fait trembler nos maisons, pourquoi les laisser impunément usurper la chaussée de la grande promenade parisienne ?

On répliquera peut-être ce qu'un chef de service nous a déjà répondu : « Il faut bien alimenter de matériaux les chantiers de construction. »

Le transport de ces matériaux serait cependant plus facile et ne présenterait aucun inconvénient aux heures matinales. La Ville de Paris ne doit pas être laissée à la discrétion de messieurs les maçons et tailleurs de pierres. Les architectes que nous avons consultés sont d'ailleurs unanimes à déclarer que rien n'empêche les transports dont il s'agit de se faire dès le matin, et de manière à laisser, dans l'après-midi, la voie libre et dégagée d'aussi dangereux barrages.

DE BERNAGE.

ÉTUDES HISTORIQUES.

—

PARIS

En 1710.

—

D'ARGENSON, *lieutenant-général de police* (à Jérôme Bignon, Prévôt des Marchands de la Ville de Paris). Messire, vous avez désiré connaître le monde de bohêmes et bandits arrêtés lors de l'émeute qui a éclaté le 19 janvier dernier, émeute à laquelle la cherté du pain a servi de prétexte?

Messire JÉRÔME BIGNON. — Maître d'Argenson, mon but, en vous adressant cette demande, a été de m'éclairer sur les différentes classes dont se compose la population de Paris, que je crois profondément altérée par un mélange provincial trop prononcé. J'ai l'intention de soumettre ensuite un rapport à Sa Majesté sur cette question, que nous traiterons ensemble, si tel est votre bon plaisir.

D'ARGENSON. — Ce sera un grand et insigne honneur

pour moi, messire, de voir mon nom à côté de celui d'un magistrat, dont la sagesse et la prud'homie égalent le savoir. — Huissier! qu'on amène le nommé Eustache d'Espignac dit Fleur-d'Épée. — (A Jérôme Bignon). C'est le chef des émeutiers.

(Le bandit est introduit).

D'Argenson (à l'émeutier). Votre nom ?

Le Bandit. Benjamin Lautier.

D'Argenson. C'est un nom d'emprunt; vous vous appelez Eustache d'Espignac.

R. Vous avez deviné, monseigneur.

D. Où êtes-vous né ?

R. A Auch.

D. Pourquoi êtes-vous venu à Paris ?

R. J'étais soldat au régiment d'Aunis; mon capitaine m'insulta, je le tuai. Comme il n'est pas permis d'en agir ainsi, je me sauvai à Paris et m'enrôlai parmi les francs-mitoux de la cour des Miracles.

D. Vous savez ce qui vous attend ?

R. Une corde bien solide...

D. Mais dans quel but avez-vous organisé cette émeute? Tous vos bandits qui hurlaient contre la famine avaient les poches pleines de pain. Si vous me dites toute la vérité, je puis vous laisser la vie.

R. Cela n'est pas suffisant, monseigneur.

D. Et que vous faut-il de plus ?

R. Votre parole de me laisser à Paris.

D. Pourquoi cette préférence ?

R. Parce qu'on vit à Paris, et qu'on broute en province. Paris! le vin! le jeu! les femmes! des coups d'épée à donner ou à recevoir ! Mais Paris, c'est un paradis terrestre.

D. Assez, assez. Je vous promets la vie, et je consens à vous laisser dans Paris, si vous me dévoilez tous les mystères de votre association. Dans quel but cette émeute ?

R. La cherté du pain, c'était une frime. Tous les gueux et bohémes de Paris vous en veulent, monseigneur.

D. Et pourquoi ?

R. Parce que vous voulez les expulser de Paris, où ils nagent dans les délices... Nous avions l'intention, pour nous épargner la province, de vous brûler dans votre hôtel ou de vous jeter dans la Seine, afin de vous adresser tout rôti au diable ou de vous envoyer en paradis par eau.

D. Combien êtes-vous à Paris de bohémes, bandits ou routiers ?

R. 8,500 environ.

D. D'où viennent ces bohémes ?

R. Notre association se recrute de soldats que la discipline contrarie, de cultivateurs que le travail fatigue, et d'ouvriers que la province ennuie.

D. Combien comptez-vous de Parisiens dans vos rangs ?

R. Peu ou point.

D. La raison ?

— C'est que le Parisien tient à sa famille, et qu'il a peur de lui être nuisible, tandis que le bohême provincial, n'ayant personne à compromettre dans Paris, s'amuse à l'occasion, vole quand il peut, et tue quand cela lui plaît...

(Extrait du Mémoire présenté au Roi le 23 février 1710, et rendant compte de l'émeute qui éclata dans Paris le 19 janvier 1709, à l'occasion de la cherté du pain. Ledit mémoire portant les noms de Jérôme Bignon, Prévôt des Marchands, et Le Voyer de Paulmy, marquis d'Argenson, lieutenant-général de police.)

LE BOULEVARD DES AMANDIERS

Le boulevard des Amandiers est ainsi dénommé provisoirement parce qu'il doit aboutir à l'emplacement sur lequel s'élevait autrefois la barrière des Amandiers.

Ce boulevard partira de la place de la caserne du Prince-Eugène, traversera l'avenue Richard-Lenoir (ancien canal Saint-Martin), écornera la rue de la Folie-Méricourt, à sa rencontre avec celle des Trois-Bornes, pour couper ensuite en diagonale la rue de Ménilmontant. Puis, la voie nouvelle atteindra la rue Saint-Maur, d'où elle se dirigera, en traversant d'immenses terrains consacrés encore, pour la plupart, à la culture maraîchère, jusqu'à l'emplacement autrefois occupé par la barrière des Amandiers.

L'intérêt bien entendu des finances de la Ville, autant que les besoins de la circulation dans cette partie si excentrique du 11ᵉ arrondissement, font souhaiter que l'on n'apporte aucun retard à l'exécution du boulevard des Amandiers.

En effet, les vastes terrains que doit traverser cette grande voie sont maintenant encore à des prix peu élevés, tandis que les délais qu'aurait à subir l'ouverture du nouveau boulevard se traduiraient infailliblement en un grave préjudice pour le budget de la Ville; par suite des nouvelles constructions qui peuvent s'élever dans ces emplacements, et aussi parce que le boulevard du Prince-Eugène va, en se bordant d'habitations, réagir dans le sens de l'augmentation du prix des terrains sur tout l'ancien quartier Popincourt.

En ce qui concerne l'intérêt du 11e arrondissement, on s'aperçoit, à la simple inspection du plan de Paris, combien l'immense quadrilatère, limité au nord par l'ancien boulevard extérieur, au midi par la nouvelle avenue Richard-Lenoir, à l'est par la rue de la Roquette, et à l'ouest par la rue du Faubourg-du-Temple, est privé de communications importantes. Dès que l'on se trouve engagé dans une des rues trop rares qui y sont ouvertes, on ne tarde pas à regretter l'absence de voies diagonales qui abrégeraient fort heureusement des espaces si longs à parcourir.

Au point de vue général de la circulation, comme au point de vue stratégique, n'oublions donc pas la grande importance de cette voie; elle permettra de tourner le faubourg du Temple vers l'est et de gagner sans encombre la caserne du Prince-Eugène par une ligne droite, au lieu de s'engager dans un défilé tortueux.

Ces considérations, toutes d'un ordre supérieur, ont été sans doute abordées avant nous par nos Magistrats, lorsqu'ils ont arrêté en principe la création de ce boulevard, dont l'exécution aura lieu vraisemblablement dans un délai rapproché.

Louis Gayant.

PROLONGEMENT DE LA RUE SAINTE-MARGUERITE

JUSQU'AU BOULEVARD DU PRINCE-EUGÈNE

Voici une demande qui nous est adressée par une grande partie des habitants du faubourg Saint-Antoine. Il s'agirait de prolonger la rue Sainte-Marguerite jusqu'au boulevard du Prince-Eugène. A plusieurs reprises, nous nous sommes imposé l'obligation d'aller étudier sur place cette réclamation, qui nous paraît aujourd'hui parfaitement motivée.

Comme on le sait, la rue Sainte-Marguerite commence à la rue du Faubourg-Saint-Antoine, 145 et 147, et finit à la rue de Charonne, 68 et 70; sa longueur est de 291 mètres. Cette voie publique est bordée de chaque côté de tristes et misérables constructions et de garnis dont la malpropreté soulève le cœur.

Aussi, lors de la dernière épidémie, la population de cette rue a-t-elle été cruellement décimée.

Le prolongement de la rue Sainte-Marguerite jus-

qu'au boulevard du Prince-Eugène amènerait la transformation d'une localité qui a tant besoin d'air et qui
réclame si souvent l'intervention de la police pour des
raisons de salubrité et autres. Ce serait encore un utile
trait-d'union entre la grande artère du faubourg Saint-
Antoine et le nouveau boulevard.

Après avoir parcouru la rue Sainte-Marguerite, qui
n'a pas communément une largeur de plus de 7 mètres,
nous avons visité l'église qui porte le nom de cette voie
publique, ainsi que le terrain qui lui est contigu, et
qui servait autrefois de cimetière à cette paroisse. Dans
ce cimetière furent déposés, le 10 juin 1795, à sept
heures du soir, les restes mortels de Louis XVII, qui
ont été inhumés dans la fosse commune.

La nuit suivante, le cercueil qui contenait le corps
du pauvre enfant fut enlevé secrètement et déposé dans
une autre partie du même cimetière. Une ordonnance
royale rendue le 14 février 1816, après le vote d'une
loi dont Châteaubriand avait été le promoteur, prescrivit l'érection d'un monument expiatoire à la mémoire de Louis XVII ; mais on dut renoncer à son exécution, faute de pouvoir retrouver ces tristes débris.

Le cœur du prince, conservé, dit-on, par le docteur
Pelletan, lors de l'autopsie, fut placé dans un vase de
vermeil, qui resta plus tard en dépôt à l'archevêché de
Paris. Ce vase, ajoute-t-on, aurait été, le 14 février
1831, la proie des insurgés qui pillèrent l'archevêché.

Louis Lazare.

LES ABORDS DE L'ÉGLISE SAINT-GERVAIS

—

Projet de création d'une voie diagonale partant de la rus Saint-Antoine au carrefour de la rue de Jouy, pour aboutir à l'angle du quai des Célestins.

———

Nous avons rendu compte, lors de leur exécution, des travaux concernant le portail de l'église Saint-Gervais. On sait que ce portail est l'œuvre de Jacques de Brosse, l'architecte du palais du Luxembourg.

La sollicitude de l'Administration ne s'est pas bornée à la partie principale et la mieux en vue de cet édifice religieux. Le chevet de l'église Saint-Gervais, étouffé entre des masures qui l'enserrent dans la petite rue des Barres, sera bientôt dégagé. Déjà la Ville a exproprié la maison n° 9, et sans doute son intention est de terminer l'élargissement de la rue Grenier-sur-l'Eau, pour mettre à découvert la porte du chevet, qui se trouverait dans l'axe de cette voie transformée.

Cette rue des Barres, dont l'aspect est si triste et si misérable aujourd'hui, comptait au moyen âge de splendides hôtels, qui en ont fait une voie éminemment historique.

Au n° 4, on voyait l'hôtel Charni, dont la plus grande partie a été détruite lors du percement de la rue du Pont-Louis-Philippe en 1833. Cette habitation, connue précédemment sous le nom d'hôtel Saint-Maur, appartenait à Louis de Bourdon, l'un des amants d'Isabeau de Bavière, femme de Charles VI. Comme le roi n'était pas un époux complaisant, Louis de Bourdon fut mis à la question, puis enfermé dans un sac et jeté dans la Seine avec cette inscription sur son linceul :

Laissez passer la justice du roi !

Dans ce même hôtel, lors de la révolution, siégea le comité civil de la section de la Commune. C'est là que fut porté sur une chaise, le **10** thermidor, à deux heures du matin, Robespierre jeune, qui s'était précipité d'une fenêtre de l'Hôtel-de-Ville donnant à l'est sur une petite ruelle alors dénommée rue du Tourniquet-Saint-Jean.

En montant la rue des Barres, on gagne la rue Saint-Antoine, dénommée aujourd'hui rue François-Myron, célèbre Prévôt des Marchands sous Henri IV. On sait qu'un tronçon de cette voie publique s'est trouvé détaché de la grande artère lors du prolongement de la rue de Rivoli.

A l'extrémité de cette partie détachée de l'ancienne rue Saint-Antoine, on atteint le carrefour de la rue de Jouy. Ce carrefour et la rue qui lui donne son nom nous rappellent un excellent projet, dont l'exécution devait avoir lieu en 1853 et que l'Administration actuelle ferait, nous le croyons, sagement de poursuivre. Il s'agissait de créer avec les rues de Jouy, du Figuier et des Barrés (1) une voie diagonale, partant de la rue

(1) La rue des Barrés est une autre rue que la rue des Barres.

Saint-Antoine pour aboutir au quai des Célestins, et relier à la caserne Napoléon celle des Célestins.

Ce trait-d'union si utile s'obtiendrait par la rectification des alignements des trois rues, et cela sans entraîner des dépenses considérables.

Ne quittons pas la rue de Jouy sans citer l'hôtel du n° 7, qui, dans l'origine, appartenait au Prévôt de Paris, Hugues Aubriot. Cet hôtel fut rebâti par François Mansart. Il avait été acquis par Antoine d'Aumont, pair, maréchal de France et gouverneur de Paris. Plus tard, il appartint, en vertu d'un contrat du 6 décembre 1766, à Pierre Terray de Rozières. C'était un très-habile financier et un plaisant original, que cet abbé Terray. Le peuple ne l'aimait guère. Un jour l'abbé Terray venait d'établir un nouvel impôt, et les bourgeois de Paris criaient comme si le financier les eût écorchés tout vifs. Une députation de marchands et de boutiquiers de la rue Saint-Denis se rendit dans la rue de Jouy, chez l'abbé, pour lui faire des représentations.

L'orateur, dans la chaleur de l'improvisation, laissa tomber ces paroles : « Monsieur l'abbé, vous nous prenez toujours notre argent dans la poche. — Où diable » ailleurs voulez-vous que j'en prenne, mes amis? » réplique Terray, et la députation de sortir furieuse !

Elle s'en vengea le soir même, en effaçant, près de la place des Victoires, le nom de rue Vide-Gousset, pour lui substituer celui de *rue Terray !*

Louis Lazare.

ABORDS DES HALLES CENTRALES

L'Administration Municipale a signifié ses offres aux propriétaires et locataires des maisons ci-après :

Rue de Rambuteau, n°s 86, 88, 90 et 92.

Rue de la petite Truanderie, 12, 14, 15 et 16.

Rue de la grande Truanderie, 13 et 15.

Rue de la Réale, 2.

Voici l'origine de ces quatres voies publiques :

Rue de Rambuteau

Elle a été ouverte en vertu d'une ordonnance du 5 mars 1838. Les habitants des quartiers traversés par cette voie publique, voulant donner à M. le comte de Rambuteau un témoignage de leur reconnaissance, sollicitèrent de l'Administration supérieure l'autorisation d'inscrire, aux angles de cette rue, le nom du Magistrat auquel la Ville de Paris était redevable de nombreuses et utiles améliorations.

Cette autorisation fut accordée par décision royale du 12 novembre 1839.

Nous croyons être agréable à nos lecteurs, en esquissant ici la physionomie si avenante du comte de Rambuteau, si justement qualifié de *magistrat-gentilhomme*.

Claude-Philibert Barthelot, comte de Rambuteau,

est né en Bourgogne, en 1782. Sa famille le destinait à l'École polytechnique ; mais la mort de sa mère empêcha le jeune homme de suivre cette belle carrière. Toutefois, son esprit juste, son caractère modéré, ses manières pleines d'urbanité que complétait l'ancienneté de son nom, lui procurèrent bientôt une belle alliance. Il épousa mademoiselle de Narbonne, fille de l'ancien Ministre de la guerre sous Louis XVI.

Napoléon, qui appréciait le comte Louis de Narbonne, fit son gendre chambellan. L'excellent ton du jeune dignitaire, son affabilité, son jugement sain et droit, étaient des qualités que l'Empereur estimait pardessus tout. Aussi Napoléon, qui affectionnait son jeune chambellan, l'attachait à sa personne *pendant treize trimestres consécutifs*.

Nous retrouvons plus tard le comte de Rambuteau à la préfecture du Simplon, puis à celle de la Loire. Ici c'est un Magistrat plein d'énergie, là un organisateur habile, partout un homme de cœur. En 1815, les électeurs de la Loire envoient leur Magistrat bien-aimé à la Chambre des députés, avec ce passe-port : *L'élection du comte de Rambuteau est un hommage de la reconnaissance publique !*

En 1827, il est nommé député de Mâcon ; enfin, le 22 juin 1833, une ordonnance royale fit du comte de Rambuteau le premier Magistrat de la Ville de Paris.

Ce choix fut plein d'esprit. C'était bien le Magistrat qu'il fallait à la tête de la première Administration Municipale du pays. On sortait d'une révolution ; le devoir était de pacifier. La nature conciliante du nouveau Préfet se prêtait merveilleusement à ce noble rôle. Le Magistrat n'avait rien à faire oublier. Son passé répondait de l'avenir, et il était sûr d'être aimé des Parisiens en se laissant aller doucement au courant de son caractère facile et bienveillant.

Dans notre ouvrage sur les rues et monuments de Paris, nous avons rappelé les éminents services rendus à la Capitale par le comte de Rambuteau, qui regardait les nobles fonctions de premier Magistrat de la grande ville *comme une espèce de sacerdoce qu'on est heureux et fier d'exercer dignement.* On pouvait dire en parlant du Préfet de la Seine : *Le comte de Rambuteau, c'est le cœur dévoilé par l'esprit !*

Rues de la Grande et Petite Truanderie

L'emplacement occupé par ces deux rues faisait anciennement partie du petit fief de Thérouenne, dont la moitié environ fut cédée à Philippe-Auguste par Adam, archidiacre de Paris, puis évêque de Thérouenne. L'autre partie qui n'était pas utile à la construction des Halles resta en la possession du Prélat, et fut bientôt envahie par des marchands de toute espèce, qui firent construire les ruelles qui sillonnaient le grand marché Parisien.

Plusieurs historiens ont prétendu que ce nom de Truanderie provenait de ces bohêmes ou truands, qui allaient *gueuser* dans les rues de Paris, et le soir revenaient dans leur repaire, situé dans le voisinage des Halles. Cette assertion ne saurait être soutenue. Non-seulement les Halles étaient devenues, vers le milieu du treizième siècle, le plus vaste dépôt de l'approvisionnement de Paris, mais leurs abords se trouvaient envahis encore par des marchands de toute espèce. Ils tracèrent des rues ou plutôt des ruelles, parce que le terrain s'y vendait au poids de l'or, bâtirent des maisons étroites et serrées, qui formèrent en cet endroit un quartier commerçant et très-encombré , une véritable ruche parisienne, dans laquelle on n'eût jamais toléré des truands ni d'autres bandits.

Le nom de Truanderie a pris racine des vieux mots *Tru, Truage*, qui signifient tribut, impôt, subside. En effet , dans le carrefour qu'on désignait encore au commencement de ce siècle sous le nom de *place Ariane*, se trouvait un bureau où l'on percevait les droits ou taxes sur les marchandises, qui entraient dans Paris pour être vendues aux Halles.

A la pointe du triangle que formaient les rues de la Grande et Petite Truanderie, existait un puits célèbre dans les annales du peuple Parisien, et qu'on appelait le *Puits d'amour*. Là, pendant des siècles, les amants venaient s'y jurer fidélité.

On disait autrefois d'un mari, qui ne chassait pas sur les terres de ses voisins : *Il a bu de l'eau du Puits d'amour.*

Rue de la Réale

Elle faisait également partie du fief de Thérouenne. En 1280, elle s'appelait *rue Jehan Bigues*, du nom d'un bourgeois élu le 15 août 1280, Échevin de la Ville de Paris. Son nom actuel lui vient d'un propriétaire qui l'habitait en 1620.

Telles sont les origines des quatre rues de Rambuteau, de la Grande et de la Petite Truanderie, ainsi que de la rue de la Réale.

Louis Lazare.

Prolongement de la rue des Deux-Portes-Saint-Jean

JUSQU'AU NOUVEAU MARCHÉ DU TEMPLE

-o—o-

(Voir le plan officiel dans cette livraison.)

Entre les quartiers de l'Hôtel-de-Ville et du Temple, il n'existe de communication pour les voitures que par la rue du Temple. Cette voie, qui dessert une circulation surabondante d'activité, est malheureusement étroite, sinueuse et presque toujours encombrée. C'est dans le but de suppléer à l'insuffisance de cette voie que l'Administration a conçu le projet depuis quelques années, d'élargir les *rues des Billettes, de l'Homme armé, du Chaume, du Grand-Chantier, des Enfants-Rouges* et *Molay*.

Mais la disposition des deux premières rues ci-dessus indiquées, dont les axes se contrarient, devait en nécessiter le redressement complet.

Enfin, il était indispensable de raccorder la direction de ces deux voies avec celle de la rue des Deux-Portes.

Notre plan, qui est une réduction du plan officiel déposé pour l'enquête, il y a quelques années, aux mairies des 4e et 3e arrondissements, présente les dispositions suivantes :

1° Redressement et élargissement à **15** mètres des *rues des Billettes et de l'Homme armé*. Tout l'élargissement sera pris du côté des numéros impairs. Les maisons bordant le côté droit seront conservées presqu'en totalité, et se trouveront même pour la plupart en arrière du nouvel alignement. Elles devront donc avancer, mais seulement à l'époque où il deviendra indispensable de les reconstruire.

2° Élargissement à **15** mètres des *rues du Chaume, du Grand-Chantier, des Enfants-Rouges* et *Molay*, en prenant encore l'élargissement sur le côté des numéros impairs de ces rues.

Le redressement et l'élargissement des *rues des Billettes* et *de l'Homme Armé*, de même que l'élargissement de la *rue du Chaume*, dans la partie comprise entre la rue des Blancs-Manteaux et la rue de Rambuteau, seront opérés par voie d'expropriation pour cause d'utilité publique.

Les élargissements des rues, à la suite ne seront exécutés que par mesure ordinaire de voierie.

Dans la première livraison du troisième volume de notre collection Municipale, notre directeur a rédigé un article sur l'ouverture de cette voie, entre les quartiers de l'Hôtel-de-Ville et du Temple. Nous renvoyons nos lecteurs à ce travail d'ensemble.

Le Ferron.

PARIS

SES ACQUISITIONS ET SES ALIÉNATIONS

PAR ANDRÉ HAUSSMANN (1).

VIII. — *Décomposition du Tarif en trois tableaux.*

Tout notre tarif a d'abord été rédigé en un seul tableau synoptique; mais comme sa grande dimension entrerait difficilement dans la justification de ce volume, nous allons le décomposer en trois parties, ou tableaux séparés, qu'il sera plus aisé de mettre en pages.

PREMIER TABLEAU

Classification des Constructions suivant leur ancienneté, leur État d'Entretien, et les Matériaux qui y ont été employés.

PREMIÈRE SUBDIVISION

TRÈS-VIEILLES CONSTRUCTIONS, ASSEZ BIEN ENTRETENUES, MAIS D'UNE DISTRIBUTION SURANNÉE.

20e *classe.* — Murs de face et de refend en pans de bois; plafonds lattés jointifs, couverture en très-vieilles

(1) Voir le Ve volume, pages 154 et suivantes, et le VIe, pages 140, 161 et suivantes.

tuiles de pays ; coffres de cheminées pigeonnés en plâtre, dans le bâtiment et en dehors des combles ;

19e *classe*. — Murs de face, partie en moellons et partie en pans de bois; murs de refend en pans de bois; plafonds lattés jointifs; couverture en bonnes vieilles tuiles, façon Bourgogne en partie, et partie en ardoises ; coffres de cheminée pigeonnés en plâtre à l'intérieur et, à l'extérieur, en briques de pays ;

18e *classe*. — Murs de face, partie en moellons et partie en briques de pays ; plafonds lattés jointifs; couverture partie en tuiles de Bourgogne et partie en ardoises ; coffres de cheminée pigeonnés à l'intérieur et en briques de Bourgogne à l'extérieur ; volets intérieurement aux croisées, sans caissons ;

17e *classe*. — Murs de face, partie en moellons, partie en briques façon Bourgogne, et partie en pierres de taille; plafonds lattés jointifs ; couverture, partie en tuiles de Bourgogne et partie en ardoises et plombs; coffres de cheminée en briques de Bourgogne à l'extérieur et en briques de pays à l'intérieur; jalousies aux croisées et volets, dans des caissons, à l'intérieur ;

16e *classe*. — Murs de face, partie en pierres de taille et partie en moellons ; plafonds lattés jointifs ; couverture en ardoises et plombs; coffres de cheminées en tuiles de Bourgogne partout; demi-persiennes aux fenêtres ; volets intérieurs dans des caissons ;

15e *classe*. — Murs de face en pierres de taille et sculptures ; plafonds lattés jointifs ; couverture en ardoises et grandes parties en plomb ; persiennes aux fenêtres et volets en caissons à l'intérieur ; balcons d'appui aux croisées ; coffres de cheminée en briques de Bourgogne et couronnement en pierre.

DEUXIÈME SUBDIVISION

CONSTRUCTIONS DÉJA ANCIENNES, MAIS D'UNE BONNE CONFÉC-
TIÓN, TRÈS-BIÉN ENTRETENUES, AVEC UNE DISTRIBUTION
MODÉRNE.

14e *classe.* — Murs de face, sur la rue, en moellons et, sur les cours, en pans de bois ; plafonds à augets ; planchers en chêne, couverture en tuiles de pays ; coffres de cheminées pigeonnés en plâtre; têtes en plâtre;

13e *classe.* — Murs de face, sur la rue, en moellons et briques, et à l'intérieur en pans de bois ; plafonds à augets; planchers en chêne; couverture partie en tuiles façon Bourgogne et partie én ardoises ; tubes de cheminées hourdés en plâtre intérieurement, têtes en briques de pays ;

12e *classe.* — Murs de face en moellons, briques et pierres de taille; plafonds à augets ; planchers en chêne ; couverture en ardoises; tubes de cheminées hourdés en plâtre ; têtes en briques façon Bourgogne ;

11e *classe.* — Murs de face en moellons, briques et pierres de taille; plafonds à augets ; planchers en chêne; couverture en ardoises ou en zinc; tubes de cheminées en tuyaux Gourlier, ou en briques de pays; têtes en briques façon Bourgogne ;

10 *classe*. — Murs de face en pierres de taille, briques et moellons; plafonds à augets; planchers, partie en bois, partie en fer; couverture en zinc; cheminées en tuyaux Gourlier ou en briques de pays; têtes en briques façon Bourgogne;

9 *classe*. — Murs de face en pierres de taille et moellons; plafonds à augets; planchers en fer ou en chêne; couverture en zinc; cheminées en briques cintrées et têtes en briques façon Bourgogne; persiennes aux fenêtres;

8 *classe*. — Murs de face en pierres de taille et sculptures; plafonds à augets; planchers en fer; couverture en zinc et en plomb; cheminées en briques cintrées et têtes en briques façon Bourgogne; balcon praticable à encorbellement; persiennes aux fenêtres et balcons d'appui.

TROISIÈME SUBDIVISION

CONSTRUCTIONS TOUTES NEUVES, TRÈS-ÉLÉGANTES, EN TRÈS-BON ÉTAT, CE QU'IL Y A DE MIEUX COMME CONSTRUCTIONS SOIGNÉES ET COMME BONNES DISTRIBUTIONS.

7 *classe*. — Murs de face, sur la rue, en moellons et pierres de taille, et sur les cours, pans de bois; planchers en fer; couverture en zinc ou en ardoise; tuyaux de cheminées en briques de pays, têtes en briques de Bourgogne imité;

6 *classe*. — Murs de face en moellons, briques et pierres de taille; planchers en fer; couverture en zinc

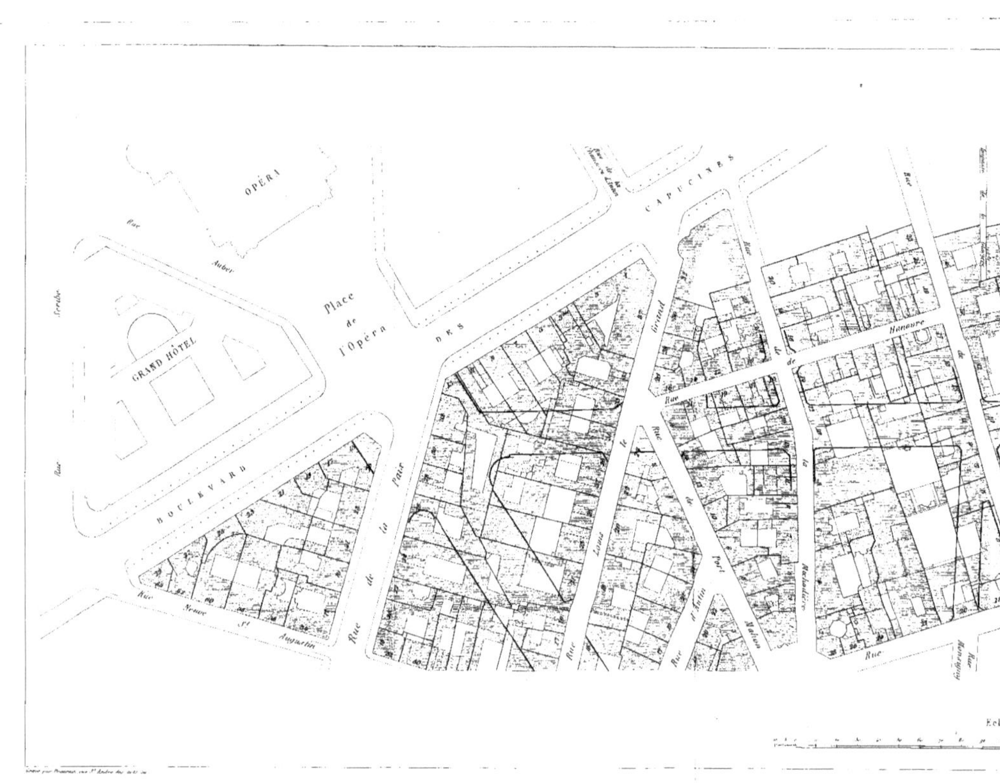

OPÉRA
Rue Auber
Rue Scribe
Rue
GRAND HÔTEL
Place de l'Opéra
BOULEVARD
DES
CAPUCINES
Rue de la Paix
Rue Neuve St Augustin
Rue de la Paix
Rue de Gramont
Rue de Port Mahon
Rue Louis le Grand
Honoré
Rue
Rue des Capucines
Échelle

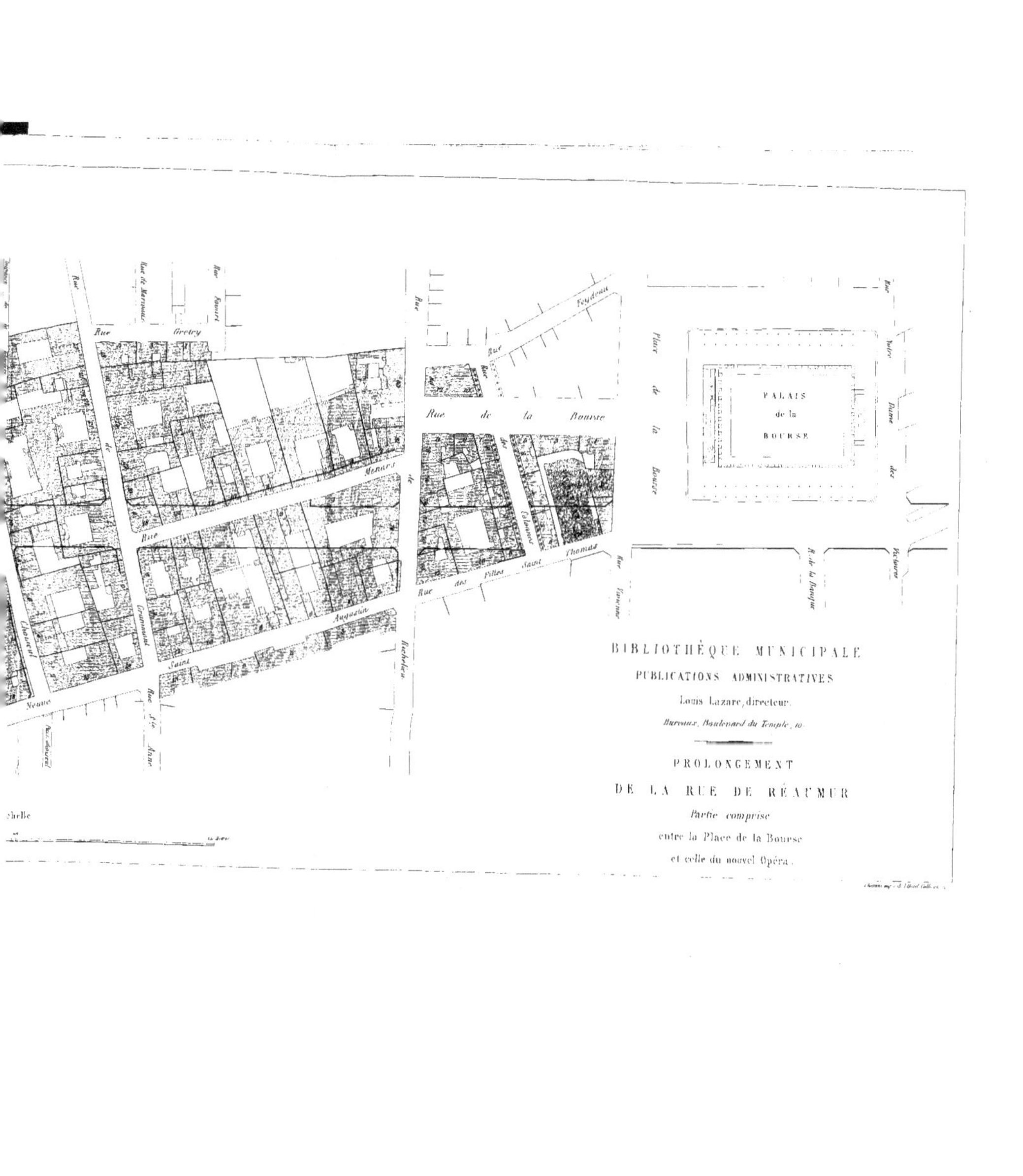

PALAIS
de la
BOURSE
Rue de Marivaux
Grétry
Favart
Feydeau
Rue de la Bourse
Place de la Bourse
Menars
Rue des Filles Saint Thomas
Augustin
Rue Saint
Richelieu
Neuve
R. de la Banque
BIBLIOTHÈQUE MUNICIPALE
PUBLICATIONS ADMINISTRATIVES
Louis Lazare, directeur.
Bureaux, Boulevard du Temple, 10.
PROLONGEMENT
DE LA RUE DE RÉAUMUR
Partie comprise
entre la Place de la Bourse
et celle du nouvel Opéra.

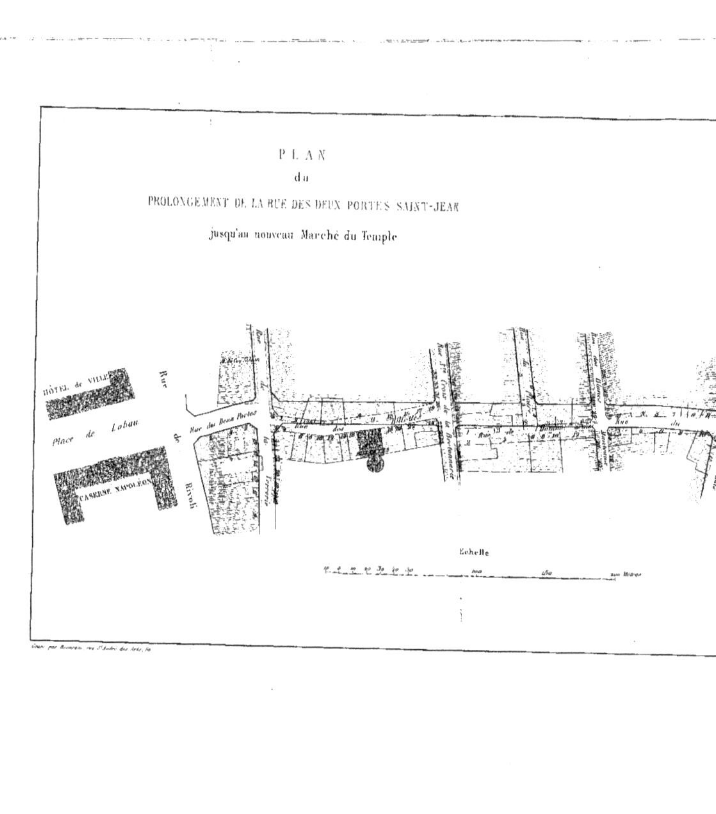

PLAN
du
PROLONGEMENT DE LA RUE DES DEUX PORTES SAINT-JEAN
jusqu'au nouveau Marché du Temple
HÔTEL de VILLE
Place de Lobau
CASERNE NAPOLÉON
Rue de Rivoli
Rue des Deux Portes
Echelle

ou en ardoises; tuyaux de cheminées en tuyaux Gourlier; têtes en briques façon Bourgogne; jalousies aux croisées ;

5ᵉ *classe*. — Murs de face en moellons, briques et pierres de taille; planchers en fer double T; couverture en zinc; tuyaux de cheminées en briques cintrées; têtes en briques façon Bourgogne; jalousies aux croisées;

4ᵉ *classe*. Murs de face en moellons, briques façon Bourgogne et pierres de taille ; planchers en fer double T; couverture en zinc, tuyaux de cheminées en briques cintrées et têtes en briques, façon Bourgogne; persiennes aux fenêtres ;

3ᵉ *classe*. — Murs de face en pierres de taille, moellons et briques façon Bourgogne; planchers et linteaux en fer double T; couverture en zinc et plomb; cheminées en briques cintrées, têtes façon Bourgogne; couronnement en pierres de taille; persiennes aux fenêtres; balcon d'appui; volets brisés en caissons, à l'intérieur, et lambris, chêne et sapin; menuiserie et serrurerie bien établies ;

2ᵉ *classe*. — Murs de face en pierres de taille et sculptures ; planchers, linteaux, poitrails en fer double T; couverture en zinc et plomb; cheminées en briques cintrées , têtes façon Bourgogne, couronnement en pierres; persiennes brisées aux fenêtres; balcons d'appui aux croisées; volets brisés en caissons à l'intérieur et lambris chêne; menuiserie et serrurerie de premier choix ;

1ʳᵉ *classe*. — Murs de face en pierres de taille dures

et riches sculptures ; planchers, linteaux et poitrails en fer double T ; colonnes en fer ; couverture en zinc et plomb ; cheminées en briques façon Bourgogne et cintrées ; couronnement en pierres de taille ; persiennes brisées aux croisées ; verre double aux croisées ; balcons d'appui à toutes les croisées ; balcon praticable en encorbellement ; enduit de bitume à rez-de-chaussée, volets brisés en caisson, à l'intérieur, et lambris en chêne ; menuiserie et serrurerie de luxe.

Observation générale sur la classification.

Si les données du bâtiment à estimer ne concordent pas exactement avec l'une des vingt classes ci-dessus décrites, il se fera une compensation entre les données avantageuses qui manqueraient et celles avantageuses qu'on trouverait en plus : on opérerait pareillement à l'égard des conditions désavantageuses, on compenserait aussi les données avantageuses, avec d'autres désavantageuses au même degré, et l'on arriverait ainsi à trouver la classe du tarif qui convient par réduction et équivalence.

DEUXIÈME TABLEAU

Dimensions des Constructions et accessoires d'ornementation, de décoration et de service :

1re CATÉGORIE : Un étage carré, de **2** mètres 60 centimètres de hauteur, sans caves ; grenier perdu :

1er *genre.* — Très-simple ;

2me *genre*. — Corniches, cheminées de marbre, glacés et cadres dorés; ornements en carton pâte, dorures; papiers de tenture; baguettes dorées; appareils d'eau et de gaz;

2me CATÉGORIE : Un étage carré de 2 mètres 60 centimètres de hauteur, sans caves; mansarde de 2 mètres 60 centimètres de hauteur dans le comble :

1er *genre*. — Très-simple;

2me *genre*. — (Comme à la première catégorie ci-dessus);

3me CATÉGORIE : Un étage carré de 3 mètres 50 centimètres de hauteur; un étage de caves; mansarde (comme à la 2me catégorie) ;

1re *genre*. — (Comme ci-dessus);

2me *genre*. — Idem.

4me CATÉGORIE : Un étage carré de 3 mètres 50 centimètres et un entresol de 2 mètres 60 centimètres de hauteur; cave et mansarde, comme à la 3me catégorie);

1er *genre*. — (Comme ci-dessus) ;

2me *genre*. — Idem ;

5me CATÉGORIE : Trois étages carrés, jusqu'à la hauteur légale de 11 mètres 70 centimètres; un étage de caves; mansarde dans les combles, complétant la hauteur de 11 mètres 70 centimètres;

1er *genre*. — (Comme ci-dessus) ;

2me *genre*. — (Comme ci-dessus);

3me *genre*. — Façade monumentale, ornée de figures ou de statues; escalier de pierre; colonnes, marbres, etc.;

6me CATÉGORIE : Trois ou quatre étages carrés, jusqu'à la hauteur légale de 14 mètres 60 centimètres ; un étage de caves ; mansarde dans les combles, complétant la hauteur légale de 14 mètres 60 centimètres ;

1er *genre.* — (Comme à la 5me catégorie) ;

2me *genre.* — Idem ;

3me *genre.* — Idem ;

7me CATÉGORIE : Cinq étages carrés, jusqu'à la hauteur légale de 17 mètres 55 centimètres ; un premier étage en sous-sol et un second étage de cave, en contre-bas ; mansarde ou étage carré, complétant la hauteur légale de 17 mètres 55 centimètres, dans l'angle de 45 degrés ;

1er *genre.* — (Comme à la 5me catégorie) ;

2me *genre.* — Idem ;

3me *genre.* — Idem ;

8me CATÉGORIE : Cinq étages carrés, jusqu'à la hauteur légale de 20 mètres ; cave et sous-sol, comme à la 7me catégorie ; mansarde, ou étage carré, complétant la hauteur légale de 20 mètres, dans la circonférence légale :

1er *genre.* — (Comme à la 5me catégorie.)

2me *genre.* — Idem ;

3me *genre.* — Idem.

TROISIÈME TABLEAU

Tarif de la valeur *abstraite* **et comparative d'UN MÈTRE SUPERFICIEL de construction, neuve ou ancienne, à l'usage de maison d'habitation, dans Paris.**

Suivant les conditions indiquées dans les premiers et deuxièmes tableaux, qui précèdent, rappelées ici par les simples numéros des classes, catégories et genres.

CATÉGORIES	GENRES	RÉPARTITION, EN 20 CLASSES, DES CONSTRUCTIONS																			
		TRÈS-VIEILLES						DÉJA ANCIENNES							TOUTES NEUVES						
		20e	19e	18e	17e	16e	15e	14e	13e	12e	11e	10e	9e	8e	7e	6e	5e	4e	3e	2e	1e
1e	1	1	2	3	4	5	6	7	8	9	10	11	12	13	14	15	16	17	18	19	20
	2	21	22	23	24	25	26	27	28	29	30	31	32	33	34	35	36	37	38	39	40
2e	1	41	42	43	44	45	46	47	48	49	50	51	52	53	54	55	56	57	58	59	60
	2	61	62	63	64	65	66	67	68	69	70	71	72	73	74	75	76	77	78	79	80
3e	1	81	82	83	84	85	86	87	88	89	90	91	92	93	94	95	96	97	98	99	100
	2	101	102	103	104	105	106	107	108	109	110	111	112	113	114	115	116	117	118	119	120
4e	1	121	122	123	124	125	126	127	128	129	130	131	132	133	134	135	136	137	138	139	140
	2	141	142	143	144	145	146	147	148	149	150	151	152	153	154	155	156	157	158	159	160
5e	1	161	162	163	164	165	166	167	168	169	170	171	172	173	174	175	176	177	178	179	180
	2	181	182	183	184	185	186	187	188	189	190	191	192	193	194	195	196	197	198	199	200
	3	201	202	203	204	205	206	207	208	209	210	211	212	213	214	215	216	217	218	219	220
6e	1	221	222	223	224	225	226	227	228	229	230	231	232	233	234	235	236	237	238	239	240
	2	241	242	243	244	245	246	247	248	249	250	251	252	253	254	255	256	257	258	259	260
	3	261	262	263	264	265	266	267	268	269	270	271	272	273	274	275	276	277	278	279	280
7e	1	281	282	283	284	285	286	287	288	299	290	291	292	293	294	295	296	297	298	299	300
	2	301	302	303	304	305	306	307	308	309	310	311	312	313	314	315	316	317	318	319	320
	3	321	322	323	324	325	326	327	328	329	330	331	332	333	334	335	336	337	338	339	340
8e	1	341	342	343	344	345	346	347	348	349	350	351	352	353	354	355	356	357	358	359	360
	2	361	362	363	364	365	366	367	368	369	370	371	372	373	374	375	376	377	378	379	380
	3	381	382	383	384	385	386	387	388	389	390	391	392	393	394	395	396	397	398	399	400

IX. — *Usage du tarif précédent.*

Supposons qu'on désire évaluer une propriété, située à Paris, dans la 4ᵐᵉ zone concentrique (c'est-à-dire à 1750 mètres de distance d'un point quelconque de la ligne droite centrale, allant de la place Vendôme à la rue de la Paix), où le prix *abstrait* du terrain est de 50 unités. Si nous multiplions par le nombre *concret* de 10 fr., par exemple, nous aurons un prix de base de 500 francs. — Nous supposerons que le calcul des *plus-values*, compensées avec les *moins-values*, donne 5 p. 100 à retrancher de ce prix de base ; il restera, pour le terrain en question, que nous supposons d'une superficie de 400 mètres, un prix courant commercial de 475 francs le mètre carré, ce qui donnera une estimation de 190,000 francs.

Supposons qu'il y existe 200 mètres de bâtiments, de deux espèces différentes : d'abord 150 mètres de constructions de 3ᵐᵉ classe, et de 7ᵐᵉ catégorie, 2ᵐᵉ genre : on trouvera une valeur *abstraite* de 318 unités, ce qui, pour les 150 mètres, donnera un produit de 47,700 unités ; supposons que les 50 mètres de surplus sont des constructions de 6ᵐᵉ classe, 4ᵐᵉ catégorie, 1ᵉʳ genre, donnant une valeur abstraite de 135 unités, et pour les 50 mètres un produit de 6,750 unités : l'ensemble des constructions représentera 54,450 unités. Admettons encore qu'un examen attentif fasse reconnaître qu'il y a lieu de retrancher une *moins-value* de 4 p. 100, soit 2,178 unités : il restera, pour les bâtiments réunis, 52,272 unités.

Supposons que, pour l'année où se fait l'estimation, le prix de règlement des légers ouvrages de maçonnerie est de 3 francs 75 centimes le mètre : le produit donnera, pour l'estimation des bâtiments, une valeur concrète et commerciale de 196,020 francs.

Réunissant, à cette estimation des bâtiments celle du terrain nu, qui est de 190,000 francs, on trouvera une valeur totale de 386,020 francs pour le prix commercial de l'immeuble.

Il est à remarquer que les 200 mètres de terrain vide ne vaudront 475 francs le mètre que s'ils peuvent être utilisés, en tout ou en partie, à de nouvelles constructions, qui ne nuiront pas sérieusement à celles existantes. Si, au contraire, il était impossible de tirer jamais un parti productif de ces 200 mètres de terrain, leur estimation devrait éprouver une *moins-value* motivée par la servitude de jours, de vues, de passage, au profit du bâtiment, qui, de son côté, éprouverait, par le même motif, une *plus-value*, mais moins élevée que la *moins-value*. — Le produit de l'immeuble devrait être consulté, pour déterminer le chiffre de la moins-value à retrancher, pour le terrain vide et celui de la plus-value à ajouter à l'estimation des bâtiments.

TABLE DES MATIÈRES

HUITIÈME VOLUME

Paris. — Typ. Morris et Cᵉ, rue Amelot, 64.

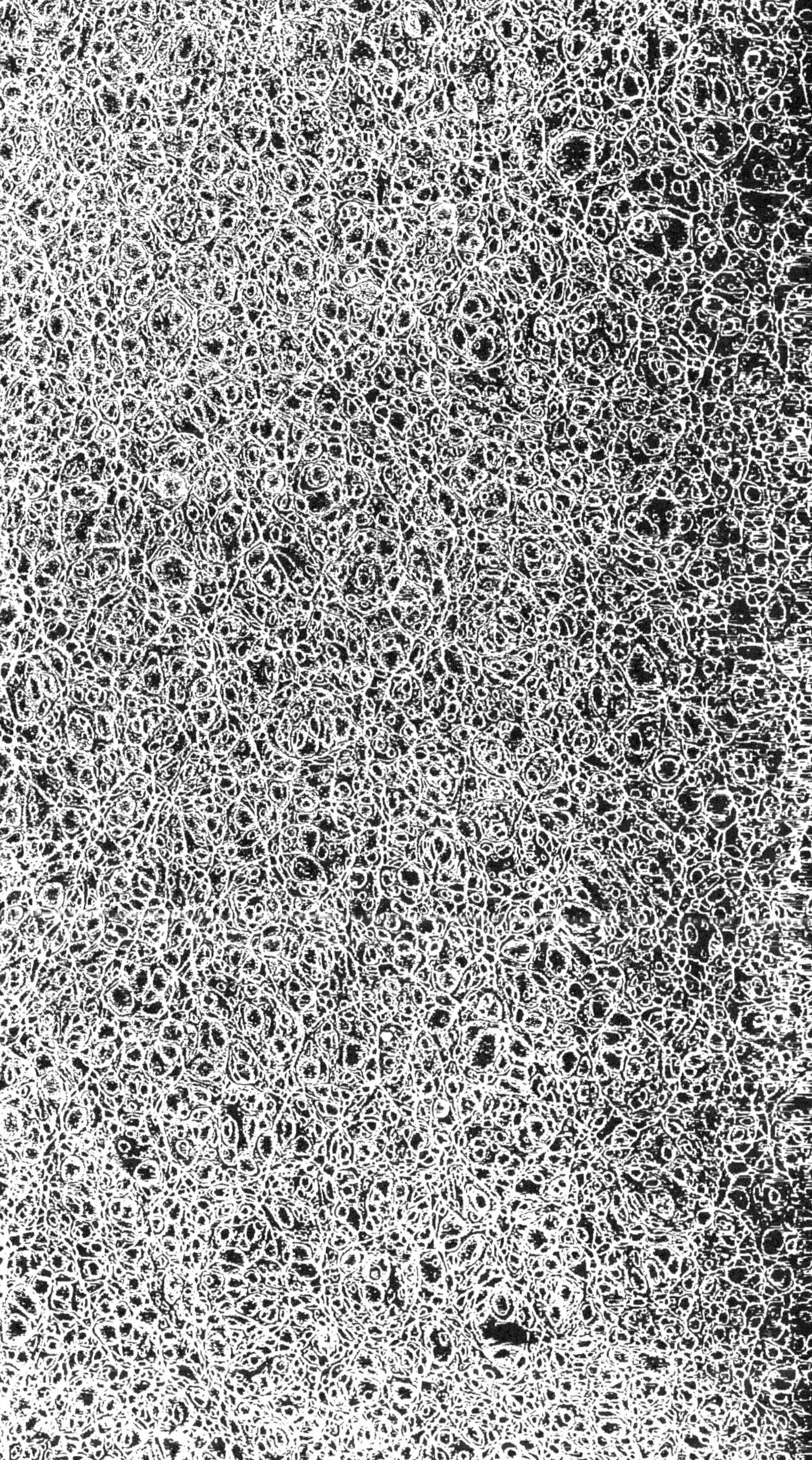